教育部人文社会科学研究青年基金项目资助成果
海归创业的竞合关系及其网络治理对创新绩效影响：
基于嵌入性视角研究（No.15YJC630104）

温州大學 WENZHOU UNIVERSITY 华侨华人研究系列丛书

Entrepreneurship by Returnees:
Coopetition based on the Social Embeddedness

海归创业：嵌入性视角的竞合关系

任宗强 著

经济日报出版社

摘要

我们正站在一个新的历史交汇点，世界处于百年未有之大变局，新工业革命正在深刻改变社会发展方式与格局，国内社会经济保持平稳健康发展并焕发出强大的生机活力，综合国力步入世界前列，形成全面开放的新格局、日益增长的大市场以及日趋完善的现代化经济体系。处于这样一个大有可为的历史机遇期和让人憧憬的新时代，大众创业万众创新也正蓬勃开展，大量留学归国人才跟随着无数前辈负笈求学、报效祖国的足迹，积极投身创新创造创业实践，逐渐成为生物医药、新能源新材料、航天工程等科技创新的生力军，当下我国已形成新中国成立以来最大规模的留学人才“归国潮”。

海归创业者是高端人才回流价值最具象化的体现，创业式回国也被认为是最具动态性，可实现更高层次个人抱负的一类海归模式，对经济发展与科技创新的催化作用更明显。因为留学人员具有开阔的视野和前沿的学识，理应走在创新前列，在时代的舞台尽展风采，把自己的梦想融入人民实现中国梦的壮阔奋斗之中。站在当下时代的坐标中，创新正当其时、圆梦适得其势。

但现实中不少海归创业在融入现有产业、社会、市场等方面存在“近乡情怯”“水土不服”“不接地气”等困境，导致面临很大的创业失败风险：嵌入性不足会让创业者“曲高和寡”“孤悬网外”难以融入本地网络，带来商业化、不接地气、融资难等问题；而嵌入过度会让创业者深陷“盘丝洞”甚至被本地网络挟裹，带来创新不足、同质化竞争加剧等问题，本研究将创业嵌入性、竞合二元性与网络治理整合在一个框架内，系统研究和揭示海归创业的内在机理及其关系治理方式。

（1）海归创业嵌入性与竞合关系。创业者在初期都会根据自身情况有目的的选择一种关键嵌入性，如关系嵌入性、结构嵌入性或制度嵌入性；进入发展期后，作为技术型创业者，结构嵌入性的作用会更明显，决定了创业企业在产业中的地位，而且企业核心技术越靠近上游，结构嵌入性越强，核心竞争力越大；如果结构嵌入性降低，则需要通过关系嵌入性来弥补，并且需要较大投入来维护这种关系嵌入性。

研究证明嵌入性会影响竞合关系强度：关系嵌入性会影响合作与竞争强度，但对合作强度影响明显大于其对竞争强度的影响；结构嵌入性对合作强度和竞争强度的影响作用都显著，说明结构嵌入性是海归创业者通过技术互补性与替代性嵌入本地网络，会产生很强的竞合张力；制度嵌入性对合作强度具有显著影响，但对竞争强度没有影响，这主要与政府设计制度的出发点有关，因为很多产业政策规划都旨在鼓励新兴产业发展、促进合作共享。

（2）竞合关系与创业绩效。从合作强度与竞争强度对绩效的影响来看，合作强度是影响创业绩效的主路径，而竞争强度对创业绩效的影响则较弱，呈现出“合作为主、竞争为辅”的作用状态。进一步分析表明，竞合相对强度与创业绩效呈现倒U型效应，竞合强度差值过大或过小都不利于促进绩效，只有在高强度水平达到竞合平衡才是提高创新创业绩效的最佳海归创业网络组合方式。

（3）网络治理对嵌入性与竞合关系的调节作用。

非正式网络治理会正向调节关系嵌入性与合作强度之间的关系，也会显著负向调节结构嵌入性与合作强度关系，非正式社会网络治理正向调节制度嵌入性与合作强度的关系性，但不显著。

非正式网络治理正向调节关系嵌入与竞争强度作用，也正向调节结构嵌入与竞争强度关系，但都不显著，非正式性社会网络协调机制会显著正向调节制度嵌入性对竞争强度的影响。这也说明非正式的社会网络治理方式对合作的影响更为明显，而对竞争的影响则较弱。

正式网络治理能负向调节关系嵌入性对合作强度影响，也能正向调节结构嵌入性对合作强度影响，但效果都不显著，正式社会网络治理方式会正向调节制度嵌入性对合作强度的关系。

正式网络治理能负向调节关系嵌入性对竞争强度作用，但不显著；正式网络治理可正向调节结构嵌入性对竞争强度的作用，也能在弱显著水平上正向调节制度嵌入性对竞争强度的作用。正式网络治理方式（比如协会、联谊会）在本研究中作用不是很明显，这也反应了当前现实中社会组织的功能职责弱化现象，政府应当加强对创业服务与中介机构的支持。

但这些调节机制都是基于单个路径的分析结果，只能为企业与政府决策提供某个方面的反馈，而当这些因素组合在一起则会呈现出复杂系统的涌现特性，具有多重反馈的非线性效应，在实际操作中需要考虑不同因素组合产生的多重反馈效应。

（4）竞合作为一种机遇与创新的来源，通过内置的竞争与合作二元性为获取和创造价值提供了更加巨大的潜力。竞合张力反映了创业者在复杂多变的社会网络中占有和利用资源的情况，而嵌入网络中的创业者一般要面对非对称的竞合张力，这种势差会驱动着企业通过创新来获取社会网络内的相对优势，因此，嵌入程度所产生的竞合张力与企业创新绩效是直接相关的，推动着新创企业的边界扩张与成长状态，从这个意义上说：创业者选择结构占位比专注于扩大市场销量更关键。

（5）网络嵌入性不均衡会导致竞合关系变化。当关系嵌入与结构嵌入都不足时，由于创业者难以融入本地关系圈，不会产生很强的竞争关系，但随着结构嵌入的增强，缺乏社会关系支持将放大创业技术产品的替代效应而弱化其互补效应，进而加剧竞争。反之，当嵌入过度时，则会导致竞争不足而合作过于紧密，随着产品同质化增大导致竞争愈演愈烈：一是关系嵌入过度的强连结将创业者锁定在本地错综复杂的关系网络；二是结构嵌入过度导致技术产品的本地销定，会挟裹创业者随着本地产业兴衰起伏。

本研究丰富了创业嵌入性、竞合关系以及网络治理方面的理论研究，导致技术产品的本地锁定，在结构嵌入性、竞合张力、社会网络治理方式等方面论证并提出了可操作化的方法，并结合研究发现，从海归创业者和政府的角度提出了对策建议，相关研究成果可为学术研究、创业实践以及政府决策提供参考。

关键词：海归　创业　竞合关系　张力　网络治理

Abstract

We are at a new period of historical convergence, where the world is in the midst of unprecedented changes, and the new industrial revolution is profoundly changing the pattern of social development. China' s economic development remains stable, its comprehensive national strength ranks among world tops. China is making new ground in pursuing opening up on all fronts, building a growing market and a modernized economic system. We are now in a promising new era that nationwide initiative spurring entrepreneurship and innovation unleash plenty of possibilities. Following the tracks of previous generations who have contributed to China, a large number of returnees have actively devoted themselves to the practice of innovation and entrepreneurship. They are becoming the majority of scientific and technological innovations in biomedicine, new energy, and new materials, aerospace engineering, etc. At present, China has formed the largest wave of returned students since the founding of new China.

Entrepreneurs of returned students represent the most concretization of senior talents. Being entrepreneurial returnees is also considered to be one of the most dynamic way to achieve personal ambitions to breed the development of economy and technology. Because of their broad vision and advanced knowledge, they should lead the way in innovation, perform themselves in a new era, and their dreams should be embedded to the China dream. In brief, it is regarded as the perfect time for innovating and realizing dreams.

However, many returnee entrepreneurs confront a great risk of business failure due to timidity, inappropriateness, and impracticality in adapting to existing industries, society, and markets. The deficient embeddedness will cause problems such as commercialization, impracticality, and financing difficulties, making it complicated for entrepreneurs to integrate into local networks. However, over-embeddedness could trap entrepreneurs and even entrain them to local networks, resulting in a shortage of innovation and increased homogeneous competition. The entrepreneurial embeddedness, coopetitive duality, and network governance is integrated into a framework to systematically reveal the inherent mechanisms of entrepreneurship and its relational governance.

1.Entrepreneurial embeddedness and coopetition relationships of returnees.

Entrepreneurs will choose key embeddedness, such as relational embeddedness, institutional embeddedness, or structural embeddedness, purposefully based on their circumstances at first. The structural embeddedness of technology-based entrepreneurs becomes more pronounced when a firm enters the development phase, which determines its status within the whole industry. Furthermore, as the core technology of a firm is more upstream, the more structural embedded it is, and therefore the greater its core competency. If structural embeddedness is reduced, it needs to be compensated by relational embeddedness, and a large investment is required to maintain it.

It is demonstrated that embeddedness affects the intensity of competitive relationships. Relational embeddedness impacts the intensity of cooperation and competition but has a considerably larger effect on the intensity of cooperation than competition. Structural embeddedness plays a significant role in both of them. It is illustrated that structural embeddedness is the embedding of entrepreneurs into the local network through technological complementarities and substitutions, which creates strong competitive intensity. Institutional embeddedness has significant effects on the intensity of cooperation but not on competition, which is mainly related to the origin of the government' s institutional design since many industrial policy programs are aimed to encourage the development of new industries and promote cooperation.

2.Competitive relationship and entrepreneurial performance

Cooperation intensity is the main factor that contributes to entrepreneurial performance, while competitive intensity has minor contribution on entrepreneurial performance. Furthermore, the relative intensity of competition and entrepreneurial performance show an inverted U-shape effect. The best way for combining returnee entrepreneurial network is to achieve a competitive relationship balance at a high-intensity level to improve innovation and entrepreneurship.

3.The moderating effect of network governance upon embeddedness and competitive relationships.

Informal network governance can positively regulate the relationship between relational embeddedness and cooperation intensity, and negatively regulate the relationship between structural embeddedness and cooperation intensity. Informal social network governance may positively regulate the relationship between institutional embeddedness and cooperation intensity in unsignificant way.

Informal network governance positively moderates the relational embeddedness and competition intensity, and positively moderates the relationship between structural embeddedness and competition intensity, but they are all not significant effect. The informal network governance positively regulates the impact of institutional embeddedness on competition intensity.

Formal network governance can negatively regulate the impact of relationship embeddedness on cooperation intensity, and can positively regulate the impact of structural embeddedness on cooperation intensity, but all these effects are not significant. Formal social network governance can positively regulate the relationship between institutional embeddedness and cooperation intensity.

Formal network governance can negatively regulate the effect of relational embeddedness on competition intensity, but it is not significant. Formal network governance can positively regulate the effect of structural embeddedness on competition intensity significantly, and it can also positively regulate the effect of institutional embeddedness on competition intensity at the weak significant level.

However, all these regulatory mechanisms are based on the single-path of unidirectional effect that can only provide one aspect of business and government decision making. The combination of these factors exhibits the emergent characteristics of complex systems, with multiple feedback and nonlinear effects. For example, focusing on informal network governance (private social) is necessary to enhance cooperation when relational embeddedness is strong and technical competitiveness is not. When engaging in advanced technology entrepreneurship, it is clear that informal network governance effectively (associations and chambers of commerce) strengthens technological competitiveness.

4.Coopetition as a source of opportunity and innovation to trigger greater potential for capturing value through the duality of coopetition.

Coopetition tensions reflect how entrepreneurs occupy and exploit resources in complex social networks. Entrepreneurs embedded in networks are usually faced with asymmetric competitive tensions that drive firms to gain comparative advantage within social networks. Therefore, the competitive tensions generated by embeddedness are directly related to the firms' innovation, driving their expansion and growth. In this sense, choosing the right structure is more critical than expanding markets.

5.Imbalances in network embeddedness lead to changes in competitive relationships.

When both relational and institutional embeddedness are inadequate, competitive relationships are not created due to the entrepreneur's difficulty in integrating locally. However, as structural embeddedness increases, the absence of social support amplifies substitution effects of entrepreneurial products and weakens its complementary effect, thereby intensifying competition. In contrast, over-embeddedness leads to insufficient competition and over cooperation. Relational over-embeddedness puts entrepreneurs into a complex network of local relationships. Institutional over-embeddedness entrains entrepreneurs as local industries rise and fall, and eventually increases competition due to product homogeneity.

This research enriches the theory of entrepreneurial embeddedness, competitive relationships, and network governance. It proposes operationalized approaches to structural embeddedness, competitive tensions, and social network governance styles. This research can be used as a reference for academic research, entrepreneurship practice, and governmental decision making.

Keywords: returnees, entrepreneurship, competitive relationships, tensions, network governance

目 录
CONTENTS

第一章　前言

一、现实背景

自1847年容闳赴美留学开启中华民族留学先河，23年后，他极力促成了1871年清政府选派官费留美幼童学习的创始之举，中国人正式成规模的留学大门由此缓缓打开。此后纵使地上兵戎不断，海中波涛汹涌，一批批中国学子依然手执救亡号角，吹向异国他乡。但见莘莘学子学海寒窗，砥砺学问，开引思想洪流；追求真理，救国救民，报效神州故园①。黄宽、詹天佑、黄兴、蔡元培等等，在中华民族砥砺前行的历史中熠熠生辉，接受西方先进的理念和科学技术，从而推动实现国家的近代化、“使中国日趋于文明之境”。

伴随着无数前辈的脚步，一代代海归精英选择回国开掘中国市场蓝海，以实现产业报国、复兴中华的抱负。新中国成立后，出国留学规模从小到大，留学方式从单一到多元，如今已经成为全球最大的留学人员输出国，留学足迹遍布世界各地（苗丹国等，2019）。根据教育部统计数据，1978—2018年底的出国留学人员总数已接近600万人次（不含中小学阶段），40年间的留学回国人员总数约为370万人次（苗丹国等，2019），在科技创新日益重要的今天，这数百万的“海归”是中国科技创新的最重要力量之一（许自然，2017），大批海归人才成为各自行业领域的佼佼者。当前，我国正进入结构转型升级和创新驱动发展为主要特征的新常态，日新月异的发展变革和不断涌现的机会为海外人才提供了广阔的事业平台，国家、地方和用人单位纷纷出台政策、创办创业孵化载体吸引海外英才回归就业创业，“我们比历史上任何时期都更接近实现中华民族伟大复兴的宏伟目标，我们也比历史上任何时期都更加渴求人才”，在欧美同学会成立100周年庆祝大会上，习近平总书记的讲话振聋发聩，也是向天下英才发出的深切召唤和诚挚邀请，创新正当其时，圆梦适得其势，新中国成立以来最大规模的海外留学人才归国潮澎湃而至（崔清新等，2017）。

---

① 历史纪录片《百年留学》，广东电视卫星频道和广东电视新闻频道。

海归创业者是高端人才回流价值的最具象化体现（许自然，2017）。Cerase（1974）认为，创新创业式回国是最具动态性，也是实现更高层次个人抱负的一类海归模式，其对经济发展与科技创新的催化作用更明显。我国已成为全球创业活动最活跃的地方之一（全球创业观察中国报告，2014），“大众创业，万众创新”的号召掀起了中国新一轮的创业热潮，当下是海归创业的最好时代，越来越多的海归精英选择回国创业、搭乘中国速度与机会。海归创业者所具有的新思路、新视野、新知识和跨文化背景也赋予其更具有创新的能力，成为创业舞台上独树一帜的角色（韩靖，2017），很多杰出海归创业者成为科技创新的生力军、推动中国创业发展的领跑者。很多研究报告显示了海归创业的主要特征：

从创业产业分布上来看，《2017 海归人才就业创业报告》指出，互联网科技行业已成海归就业首选，海归创业集中于教育培训、电子商务、生活服务等领域。《2018 中国海归就业创业调查报告》指出，海归创业行业选择排名前三位的行业分别为：信息传输、软件和信息技术服务业（17%）、批发和零售业（15%）、教育（11%）①，总体来看，海归创业多数集中在战略新兴产业，并开始向众多民生领域延伸，比如在零售、租赁等服务业领域的商业模式创新。

从创业者特征来看，海归创业呈现年轻化，近七成创业者在 30 岁以下，90 后已成为海归创业大军的中坚力量。“具有国际视野”代替语言成为海归在国内发展的主要优势，创业行业的选择更注重家庭背景和行业兴趣[3]。人们对留学价值的衡量更为全面，强调能力与素质的提高，这点也在创业中得到更好体现。

从区域分布上来看，北京、上海、深圳、广州一线城市是海归最期望就业的城市，这些城市资源丰富、区位优势明显、多元化和国际化程度高，也是他们创业的首选地；但随着我国城市国际化发展加快，海归可选择的城市更多，杭州、南京、武汉、成都等新一线城市吸引海归的潜力不断释放，成为海归创业的新聚集地；另一方面，最新的 2019 年中国海归就业创业调查报告显示“家乡对于海归的吸引力显著上升，加之对家乡具有更多情感和基础，更多受访海归愿意回家发展；调查显示选择回到家乡的海归占比从 2018 年的 9% 增长到 2019 年的 30%②。

---

① 全球化智库（CCG）、智联招聘《2017 中国海归就业创业调查报告》《2018 中国海归就业创业调查报告》。

② 全球化智库 (CCG)、智联招聘《2019 中国海归就业创业调查报告》。

但海归创新创业热潮的背后，总体形势却不容乐观，普遍面临水土不服问题，存在明显的“三三”现象（1/3 发展较好，1/3 勉强维持，1/3 破产失败）（王辉耀，2007），即使在今天最好的创业时代，面临的创业失败风险仍不低甚至更高了，2017 年海归就业创业调查显示过半数创业者曾创业失败。虽然海归所具有的国际资源、前沿知识、眼界视角和思维方式等都具有独特优势，但由于对国内市场环境、行业规则、做事方法、人情世故等的不适应和缺乏经验，造成创业初期困难重重。既要面对宏观层面的资本市场、经济政策等方面问题，也有中观层面的产业结构、区域市场、需求挖掘等问题，还有微观的运营管理、团队组建等，甚至小到户籍落户、子女入学等诸多难题，很多创业者感叹创业九死一生，创业被很多留学生看作一条向往而又让人胆怯的修行。

（一）海归创业面临的水土不服导致成功率低

越来越多的优秀人才带着海外的先进技术和经验回到中国，开始自己的创业追梦之旅。从调查情况看，很多海归创业者自身优势还是非常明显，特别是在技术产品和理念模式方面，创业困境主要体现为本地化过程中“水土不服”。回国后很难找准结合点，这些结合点包括技术、市场、地域、人情、政策等方方面面。很多海归的正常留学阶段正是他们人生最宝贵的青春年华，也是他们夯筑人生观、价值观和塑造认知思维、积累知识的重要阶段，他们在海外学习时间基本要在 3 年以上，如果再有所建树，则要 8 至 10 年的时间，这就意味着他们与国内社会和人际关系圈相对脱离，由此带来的思维鸿沟、人脉断层等成为他们归国创业的掣肘（胡锐，朱蓉，2016），有人形象地将回国创业三难概括为“找人、找钱、找政策”，这些创业通病是由于不熟悉国内商业规则、人情社会、市场环境、政策法规等造成的（彭伟，2017），从创业外在因素来看，主要表现为如下三个方面：

一是商业市场的适应。所谓海归创业不接地气，主要是对本土市场环境和商业关系不熟。国内各地的需求特征、文化习俗等千差万别，而且市场近年来发展变化快，多元化、个性化等趋势日趋明显，供给端和需求端的矛盾集中，但留学生群体脱离国内社会多年，对这种日新月异的变化很难适应，即使怀揣着先进技术和商业模式回到国内也无法顺利开展创业，很多海归创业者坦言“把创业想得太简单了，回国才发现对国内消费趋势、产业政策动向和竞争格局等都知之甚少”。例如，1985 年出生的陈某在英国待了 6 年，毕业后在伦敦工作2年后回到浙江台州从事民宿创业，他把欧洲的田园生活风格带回国内，但不了解国内民宿营销、群体偏好以及交通辐射圈等导致很快失败。而另一位海归创业者吴某于2013年携成像核心技术从美国回来，赶上VR风口并迅速融到三轮风投，但后续因为创业者不了解国内的员工与团队管理文化，不理解“大企业靠制度、小企业靠人情”的内涵，过度采用西方企业的任务导向规则而忽视人情化管理，不断裁员与招聘没法形成稳定团队导致大家离心离德，最后企业分崩离析。

二是人情关系的适应。海归创业者往往谈“人情关系”色变，中国是一个典型的人情社会，创始人社会资本是创业企业获取资源的重要渠道（姚铮，顾慧莹，2019），各地风俗习惯、语言文化等千差万别，待人接物、言语举止皆有讲究，中国式关系（guanxi）维持着一种人情世故的秩序。很多海归从海外到国内、从学海到商海，要面对一张全新的人际关系网络，两种不一样的江湖，也是两套完全不一样的法则。特别是对于海归创业来说，开启一项新商业必然会对原有企业产生竞争压力，这时关系网的作用尤为重要，很多海归都会选国内校友多、亲戚朋友多的城市落脚，可以在获取资源、开拓市场等方面事半功倍，因为割裂本土网络嵌入会导致资源匮乏甚至创业危机（彭伟，2017）。例如，从美国回国创业的刘某在北京从事安防科技创业，但是却缺少人际关系支持，难以获得竞标、客户偏好等信息，在市场开发方面屡屡碰壁，最后不得不回到家乡，依托亲朋好友在本地市场一点点开拓，才维持下来。

三是政策环境的适应。当前，国内法律体制不够健全、市场规则还在完善中，不公平竞争环境、地方保护主义、地方政府政务不公开透明等等问题还比较突出，近年来，各地政府部门改革力度空前，如数字政务、“最多跑一次”“放管服”等改革措施成效显著，各地对人才也格外重视，纷纷推出招才引智相关政策，提供良好的环境和服务，构架海外创新人才回国创业新支点，海归就业创业调查（2018）显示，“政策对海归的吸引力依然很强，35%人认为人才政策会影响就业或创业的城市选择”，但每个城市的引才政策都不一样，产业发展规划、提供平台载体等也不一样，有的园区在发展时尚产业，而另一个园区在发展生物医药产业，这些政策环境对海归创业初期尤为关键，例如，有些海归创业考虑厂房土地问题而从上海、浙江温州等地区转向江西上饶地区，但华傲数据CEO贾西贝自己就坦言“如何选择适合自己的地点和政策是最头痛的问题”，针对海归的政策选择焦虑，公司推出的线上产品“归谷”，依靠大数据分析政策，用算法匹配出最适合创业者的政策、最优惠的条件和孵化能给予的更好发展，供海归选择（刘芳宇，2016）。

（二）海归创业面临更大的挑战

近年来，我国经济快速发展，政府营造了良好的创新创业环境，国内市场不断扩大、基础设施建设日渐完善，营商环境不断改善，社会服务体系日趋完善。海归回国创业在面临前所未有的机遇的同时，也迎来更大的挑战，这种挑战不是来自海归回国数量的增长，而是来自整体商业环境和社会的发展变化，对于海归创业则处典型的机遇与挑战并存、机遇大于挑战的阶段。

一是国内创业门槛不断增高，海归创业所依赖的思维模式优势在逐渐淡化（张夏，2015），造成这种现象主要原因有三个方面：一是全球化交流和互联网快速发展，前几年所流行的依靠商业模式创新、管理思维等独辟蹊径占据市场方法，技术含量不高、趋于同质化也很容易被模仿超越，难以形成核心竞争力，例如，在前几轮互联网风口中的 C to C（copy to China）模式绝大部分都烟消云散了。二是国内市场日趋成熟，消费向个性化多元化发展，一种新的消费产品或者时尚在开拓市场方面就面临很大挑战。三是产业的格局已经基本确定，对产品技术创新形成阻力，如果与现有产业链嵌入性不足，也很难形成规模市场，例如，与 BAT 模式趋同的电商创业模式就很难存活。

二是创业成本持续增高，这种成本主要来自人力资源与运营成本，目前，海归创业越来越集中在高科技领域以及高端时尚产业，对员工技术能力和素质要求较高且提供相应较高的薪酬福利，与此同时，在产品开发、市场推广以及团队建设等方面的投入也越来越大。例如，很多生物制药和医院、检测机构等深度合作，需要进行较长周期临床检验；研发智能环保设备项目要与冶炼化工、发电等大企业进行中试、调试等紧密合作。

三是资本充裕而投资理性，目前中国资金充裕，资本市场逐步完善，创业者找到合适的资本远比二三十年前容易得多。但如今国家政策导向和投资人普遍关注硬科技和软实力的结合，更注重全面考察创业者的综合能力、创业团队的技术背景以及技术创新前景等，靠烧钱吹泡沫的创业概率会越来越小，这就需要创业者有更多积累，不仅在核心技术上足够硬，还要对市场有足够的洞察理解。

海阔凭鱼跃，天高任鸟飞，广阔的中国市场为创业者提供了巨大的潜力空间，近年来兴起的“大众创业、万众创新”热潮更是唤起了人们潜在的创业想法、激发了大家的创新潜能，与此同时，这样的导向也促进了各地政府的制度创新设计，推动了创新战略的落地实施，也为经济转型升级积蓄了能量。海归创业者在时代的舞台尽展风采，但同时也面临着一般创业风险，以及群体所特有的风险和挑战，汪潮涌（2016）曾提到海归创业在中国经济经历的五次浪潮中，总体来看并不是很成功，其主要原因就是“地气接得不够”“水土不服”。因为创业本身不是一件纯粹的情怀事业，而是高度嵌入一个外部环境形成新要素、新主体的有机组合过程（范巍、蔡学军，2013），需要构建新的渠道方式和管理形态来获取政府、市场、资金和人才等重要创业资源，并将自身技术、理念与市场进行双向对接融合完成商业化。这个过程对留学生创业来说也是一个重新适应国内市场、社会与文化习俗的本地化过程，如何才能“玩转”不一样的创业，利用自身优势在创业中创新（张夏，2015），实际上归结为一个关键的问题：去哪里创业更好？更具体的包括：寻找产业链与市场配套、寻找人际关系丰富、政策环境优惠的区域。

二、理论背景

虽然学者们对留学生的研究由来已久，但对这一特殊群体的创业行为研究近年来才兴起，而2015年国家提出“大众创业、万众创新”号召更是推动了相关研究，我们以“海归＋创业”为主题在中国知网搜索（截至2020.02.19），发表论文数量如下图1-1所示．从中也可以看到大体趋势。

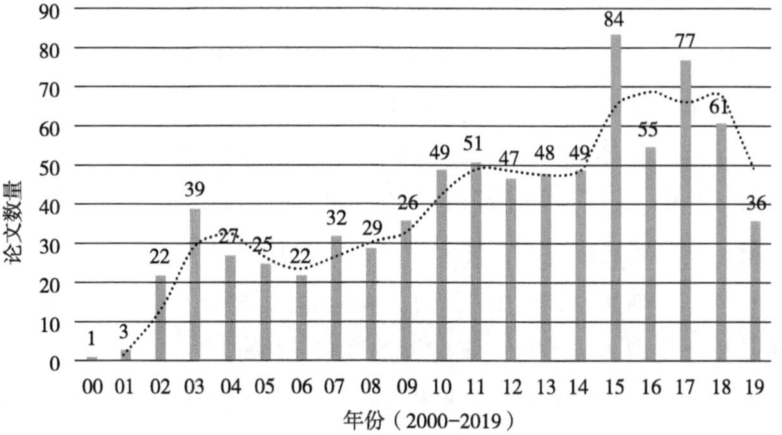

图1-1　相关研究文献数量

海归这一群体的特殊性导致其创业行为有别于普通大众创业，这些特殊性主要来源于其海外学习经历产生的思维认知、行为习惯及文化习俗差异，例如，注重隐私、平等自由等。人们从不同的理论视角研究分析了海归创业的影响因素、过程和结果等，有人认为海归群体独有的跨国资本是其创业的主要优势（Li，et.al，2012），也有学者关注到海归既嵌入于海外网络又嵌入于本土网络的“双重网络嵌入”特征（彭伟 等，2018，何会涛，袁勇志，2012）。现实中不少海归创业者在融入现有产业、社会、市场等方面存在“近乡情怯”“水土不服”“不接地气”等问题：既有曲高和寡、陷入四面楚歌者，也有深陷“盘丝洞“而失去特色、最后泯然众人矣或黯然离开者，这些现象都可归结为网络嵌入性问题，如何分析这种嵌入性产生的竞争与合作的行为，并采取有效的对策措施创建并维护一种良好关系，促进创业成功，是创业管理领域一个亟待研究的问题。

（一）海归创业的嵌入性特征及其产生的竞合关系明显

网络嵌入性视角对解释创业现象具有很高的匹配度，已成为解释创业现象的一个主导理论（Bhagavatula，Elfring et，al，2010，戴维奇，2012）。海归创业是一个典型的网络嵌入过程，不仅嵌入在社会网络关系中（如亲朋好友），还嵌入在商业关系网络构成的产业链中（如产业集群），智联卓聘创始人郭盛（2015）形容“扎堆城市、扎堆行业、扎堆人脉”对海归创业非常重要，这些嵌入关系会受到不同地区政策环境的影响，例如，宁波市出台政策打造千亿级生命医药产业集群。创业本身就是在新区域开创一个新事业的过程，不可避免的会影响或重构原有的社会关系、商业关系甚至产业体系，这也就导致其与原有体系内个体带来竞争或合作的关系，譬如，Brandenburger & Nalebuff（1996）指出创造价值是合作过程，而获取价值则是一个竞争过程。创造市场、获取经营优势时合作，而分配市场或者业务相似的企业间不得不竞争（蔡宁，吴结兵，2002）。只有平衡竞合关系才能避免低度嵌入导致的无效率以及过度嵌入导致的“锁定”等现象（Uzzi，1997）。因此，Gnyawali et.al（2006）认为竞合网络具有连续和动态的张力（tension），可以有效管理这种张力的组织将能够获取更大的网络价值。但现有研究较少分析海归创业嵌入性导致的竞合关系及其产生的结果。

（二）海归创业嵌入性视角的网络治理机制

创业网络的构建有利于新创企业获取资源、技术以及组织合法性等支持，提高创业绩效（Gulati，1998；彭伟，2017），但面临的各种复杂关系也让海归创业者“近乡情怯”，他们需要在这些错综复杂“盘丝洞”内平衡与各方竞合关系、维持适度网络嵌入，并重新组合构建起新要素、新主体、新资源的利基生态（杨震宁等，2013），这就涉及网络治理的问题。对于社会网络的治理，人们提出不同的思路，例如，契约控制、关系规范、信任、利益交换等（Johns，1997；彭正银，2002；孙国强，200；刘益等，2006），大部分学者都认同：网络是介于组织层级关系与市场交易关系两者之间的长期关系（Thorelli，1986；李维安，2005），相应地，网络治理也是行政治理和市场治理中间的第三种治理方式（Bowles，2004；顾昕，2017），其本质是协调的机制，但现阶段对创业网络管理的研究还相对不足（耿超，2012）；而且都是基于关系的单一视角分析网络治理方式，集中在强连结或者弱连结对创业的作用（侯佳薇等，2017），没有从创业嵌入性的特征去分析治理机制对竞争与合作关系的二元性影响，这就不可避免地带来模糊甚至似是而非的结论。例如，有学者证明海归创业者的创业网络强度与资源获取正相关（侯佳薇等，2017）；但也有学者认为，资源获取过程中弱关系比强关系更有效（Leyden，et.al，2014），海归企业家善于利用弱关系来识别商业机会（黎赔肆，李利霞，2011）。

三、研究问题

结合上述现实背景和理论背景描述，我们提出本研究的三个主要问题，（1）海归创业是如何嵌入到本土网络中的，其主要方式和特征是什么？（2）海归创业以不同方式嵌入本土网络后，面临的竞争与合作关系如何，或者竞合的张力是如何分布的？（3）海归创业者如何利用社会网络治理方式去平衡外部的竞合张力，为自己创造一个良好的外部环境。通过应用创业理论、社会网络理论及竞合理论，对这三个问题做出分析与回答，为海归创业的健康发展提供指导，具体如下：

（一）海归回国创业嵌入本土网络的方式与特征，丰富了海归创业网络理论

海归创业不是简单的智力流入与流出（Brain Gain or Drain）（Lucas，1990），而是要回归到故乡这片日新月异的新天地重新寻找机会并构建起新要素、新市场、新资源的组合，面临着情感、市场、资源、政策等多方面矛盾与权衡，造成其网络嵌入性表现更突出，有学者将创业活动和嵌入性联系起来，分析认知、结构、文化以及政治嵌入性等对海归创业的影响（Zukin & Dimaggio，1990；和矛，2007）。譬如，Wright et.al（2008）发现拥有技术背景的海归创业者更倾向于选择非高校创业园，而有丰富海外商务经历的海归人士倾向选择高校创业园。梁萍平（2012）发现海归会在创业的不同阶段主导性地选择某种或某几种嵌入性来满足其创业需要。从现实背景来看，海归创业可概括为三种嵌入方式（如下图 1–2 所示）：一是依托乡情亲情和投亲靠友的关系嵌入；二是基于产业市场选择的结构嵌入，如很多 IT 创业海归集中在北京、而金融创业的海归会优先考虑上海；三是基于政策导向的制度嵌入，例如，被地方政府出台的优厚政策吸引而落户创业。虽然人们提出来“定位（location）”非常重要，但海归创业到底选择去哪里的背后考量是什么，以及对后续发展带来什么影响，还没有被系统研究并提出科学有效的对策。

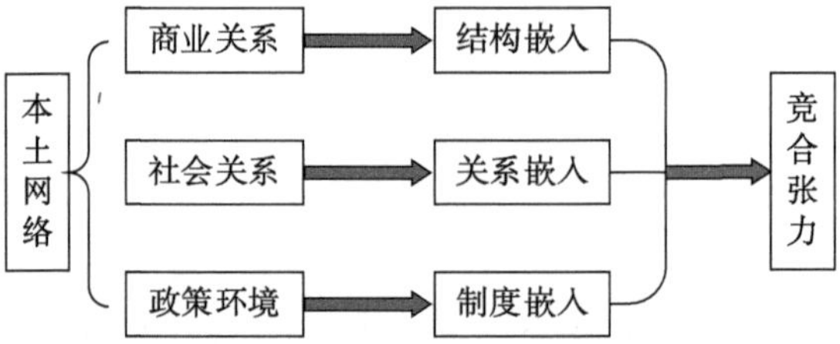

图 1–2　嵌入性与竞合关系

（二）海归创业在本土网络中的竞合关系，揭示了竞合张力（tension）产生机制

创业作为一种创立新基业的资源组合，嵌入到一个网络中必然会影响、改变甚至重塑原有的社会网络关系和结构，不可避免与多方主体产生错综复杂的竞争与合作关系，这些同时存在的竞争与合作将在创业者之间形成竞合

张力。例如，拼多多会对淘宝、京东、苏宁等电商老巨头带来冲击，神州专车会对出租车行业带来冲击，海归创业在选择嵌入方式时候，肯定会考虑到其面临的竞合关系，但这种影响作用还没有得到明确的检验，比如，当海归创业选择关系嵌入时，是否是合作为主，或者面临着强连结的关系网络？而结构嵌入时是否就一定带来较强的竞争关系呢？对这些问题的研究，有助于帮助企业调整竞合权变战略实现优势互补合、资源共享，拓展发展空间，走出“新进入者劣势”的路径锁定（张怀英，2018；Luo，2007）。

（三）海归创业的社会网络治理，细化了社会网络治理方式对平衡竞合关系作用

合适的竞合关系可以让创业者平衡各方关系，更好地融入本土，因为除了政府层面的管理协调、市场层面的交易契约、法律层面的规范约束，具体的创业运营层面更需要通过社会网络治理方式来激励、约束和协调网络成员的行为，灵活地应用适应多元化复杂关系的协调机制（Jones et.al，1997；Capaldo2014）。例如，拥有相同经历和相似思维的海归群体更容易抱团取暖，很多海归的团体、协会都为海归创业提供有力的支持帮助；Farquharson & Pruthi（2015）认为直接进入型海归创业者可通过与家庭和朋友的强联结弥补与本地政府的弱联结；也有创业者通过协会缓和与竞争对手的关系，这些不同的社会网络治理手段会被什么样的应用情景所选择呢？效果如何？这些问题还不明确，即：各种社会网络治理方式在不同嵌入方式下对竞合关系的作用效果还有待实证检验。

四、研究意义

海归创业是新兴经济体及新兴市场在全球经济一体化过程中特有的经济现象与模式，也是我国在创新发展和全球化进程中一股重要的新兴力量，该领域的研究方兴未艾，人们通过从不同视角分析这种现象的各个方面以挖掘其内在机理，但整体上，目前海归创业的研究仍处在起步阶段，正逐步从宏观层面向系统化方向发展（胡洪浩，2014；李乾文、蔡慧慧，2016）。

（一）实践意义

海归回国创业不是智力和项目的简单搬家，而是在一个在新区域市场中整合、优化与创新进行价值创造的过程，当前，新一轮留学回国创新创业高潮正风生水起，为国内经济发展带来新动能，从海归创业的嵌入性视角，分析海归“再本土化”的创业机理与过程有助于启发海归创业者合理建构和维护多方关系、通过多赢格局实现创业创新；也为政府及相关机构支持海归创新创业、改善创业环境提供决策参考，从而充分发挥留学红利在我国创新驱动发展战略中的重要作用。

1. 揭示海归创业的“再本土化”的结构关系，更好指导海归创业“接地气”

海归虽然具有海外网络、思维视野、技术知识等方面优势，但也面临着“再本土化”挑战（王辉耀、路江涌、林道谧，2012），回到陌生的故乡开创新基业，既不同于他们工作生活的海外环境，也不同于他们研究学习的象牙塔，需要考虑机遇、市场、城市、人才、资金等诸多因素，还需要平衡维系政府、客户以及亲朋好友等多方关系，这些都成为海归创业道路上绕不开的结，一度让不少海归近乡情怯。本研究从海归回国选择创业地点的动机考量出发，分析他们嵌入性方式与特征，及其在创业历程中面临的竞争与合作关系，提出治理方式，帮助他们平衡各方主体关系，构建良好的创业生态环境，克服新进入者劣势或外来者劣势，促进创业者成功度过初创的脆弱期、走上健康成长之路。

2. 系统化总结海归创业的社会治理机制，为政府创新驱动发展政策提供参考

创业可以加速海归自身的先进技术与知识思想的转化应用与快速扩散，来极大的推动区域科技创新与经济发展。当前，随着双创深入推进，从政府、协会到企业都在积极创新思路、探索新机制，破解海归创业中的实际问题和难点，大力推动海归创业成功落地和健康发展，形成了一套包含实践、经验和理论的系统化成果。本研究基于社会网络理论视角，从结构嵌入性、关系嵌入性和政策嵌入性揭示区域网络中组织的竞争与合作行为，并从网络属性上理解治理机制，这也为政府选择有效的治理模式、维持创新网络的活力，提供具体的可操作性政策参考，并为加强海归企业的本土化融合，带动本土

企业创新创业水平的提升提供参考。

（二）理论意义

海归创业具有智力资本、产业资本与社会资本交织的嵌入性特征，并由此带来了竞争与合作共存的二元性（Ambidexterity）典型特征，当前对于海归这类特殊群体的创业行为及其嵌入网络竞合关系与治理模式都是理论的前沿热点（李乾文、蔡慧慧，2016；李维安等，2014），三者的交集存在也丰富了研究内容。因此，从网络嵌入性视角研究海归创业的竞合关系及其治理模式，具有重要的理论价值，也有助于人们认识这种特殊经济主体在产业结构演化、经济转型升级中的行为和作用。

1. 从创业的嵌入性特征揭示了海归创业的决策前因与内在机制

海归创业的动机形成与决策过程与一般创业相比，更具谋略性（胡洪浩，2014），很多海归在回国创业之前会搜集信息、与亲朋好友社会网络进行沟通（Fei，2011），会选择互补性资源发挥自己优势（Wright et.al，2008），但现有研究却忽视了海归创业者、海归企业之间做出决策的组内差异（郑玮等，2016），海归在国内有相对宽松的决策空间，去哪里是多方权衡的结果，本研究从商业关系的结构嵌入、社会关系的关系嵌入和政策环境的制度嵌入三个维度来分析创业嵌入性过程，有助于理解创业网络嵌入的前因后果。

2. 从社会网络嵌入性揭示海归创业的竞合二元性（Ambidextrality）

竞争与合作相统一的协同既是网络的内在优势，也是企业网络竞争战略发展的必然趋势（彭正银，2007）。人们普遍用二分法分析（不同市场、业务、时间等）竞合关系形成的动机和得益，而很少在同一框架约束下去揭示网络中各主体间纵横交错的竞合二元性。Galkina & Lundgren-Henriksson（2017）认为竞合本身就具有创业的不确定性、冒险创新、寻求机会等，应该运用创业领域的理论进行研究，但却没有引起学者们的注意，而且同时考虑结构和关系嵌入性可以丰富我们对网络中组织行为及合作结果的理解（Capaldo，2014）。本研究将从不同创业嵌入性特征分析竞合张力的动态变化过程，并结合企业自身战略分析竞合张力的调整过程，指出竞合张力有助于企业避免身陷“盘丝洞”，保持适度嵌入、实现协同发展（杨震宁等，2013），丰富社会网络理论中的对关系变量的理解和应用。

3. 从竞合关系视角分析嵌入性的网络治理模式

竞合关系和网络治理都是当下研究的前沿热点（刘衡、李垣，2009；李维安等，2014），目前产业、人才和资本在更广阔的全球化网络中迁移流动，带来从宏观结构到微观行为的全方位冲击与变革，本研究通过竞合关系将嵌入性和治理模式研究整合在一个系统框架内，具有时代背景下的理论创新性，重点揭示在主观（内在关系）和客观（外在结构）影响下的“社会建构”，即不同嵌入方式下，企业间竞合关系变化规律性，以及如何选择有效的治理模式去维持企业间竞合张力平衡，防止过度嵌入或嵌入不足，从而更好理解创新网络提升企业能力的内生性作用，推动协同创新机制实施。

五、研究内容与研究设计

本研究从嵌入性视角将竞合关系和网络治理整合在一个框架内，揭示海归创业网络中各主体间纵横交错的竞合二元性（Ambidextrality），有助于海归创业选择合适创业嵌入方式，并选择相应的有效网络治理方式来维持企业间竞合张力的合适水平，通过社会建构来推动海归创业者融入本土社会与产业，促进协同创新发展、实现多赢格局。因此，主体研究部分重点阐述海归创业网络嵌入性、企业间竞合关系及网络治理模式三者关系，由逻辑上相互关联、内容上有机结合的三个方面研究构成（如下图 1–3 所示）。

（一）研究内容框架

本研究内容试图回答三个方面问题，与之相对应是三个方面研究：

（1）海归创业的本土嵌入性有什么特点？即如何做出在哪里创业的决策。

（2）海归创业的嵌入性会形成什么样的竞合关系？即嵌入网络后如何相处相容。

（3）海归创业者用什么方式去管理网络内各种关系？即采用什么手段去维持竞争与合作均衡。

研究一：分析海归创业的嵌入性与竞合关系。首先分析海归创业基于亲情人缘的关系嵌入、市场产业链的结构嵌入、政策环境的制度嵌入三个方面特征；然后分析在结构嵌入、关系嵌入与制度嵌入三种方式下，海归创业的竞合关系的特点，主要通过案例研究与网络分析结合，总结嵌入性与竞合之间的互动规律性。

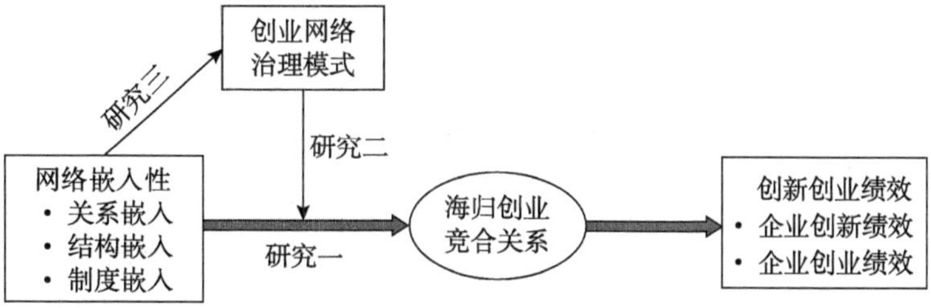

图 1–3　研究内容框架图

研究二：研究海归创业的竞合关系及其网络治理模式产生绩效。通过对国内海归创业的大样本调研统计，建立数理统计模型，探索和验证网络嵌入性对海归创业的竞合关系影响，以及这种竞合关系在网络治理的调节作用下，对绩效产生的影响。结合 Ketchen et al.（2004）、Park，Srivastava and Gnyawali（2014）等学者提出的互动平衡；首先基于不同嵌入方式，分析哪种网络治理手段对解决竞合的矛盾属性、维持与不同主体间的张力具有平衡作用，

研究三：探讨网络嵌入性失衡及其导致的竞合张力情况。用案例对比分析现实中存在的网络嵌入不足以及过度嵌入现象；然后通过系统动力学仿真模型，探索在不同嵌入性条件网络治理模式如何调控竞合张力。

（二）研究路线图

基于创业网络中参与者之间的双向关系层面（dyad level），按照“嵌入性类型—企业间竞合关系—治理模式选择”的主线：即企业嵌入网络的方式不同，面临不同的战略选择与定位，即以竞争为主、合作为主还是两者并重，从而产生不同的竞合张力；然后选择有效的网络治理模式去维持企业间竞合张力平衡，提升企业创新绩效，也推动整体网络的有效运转。具体研究路线图如下：

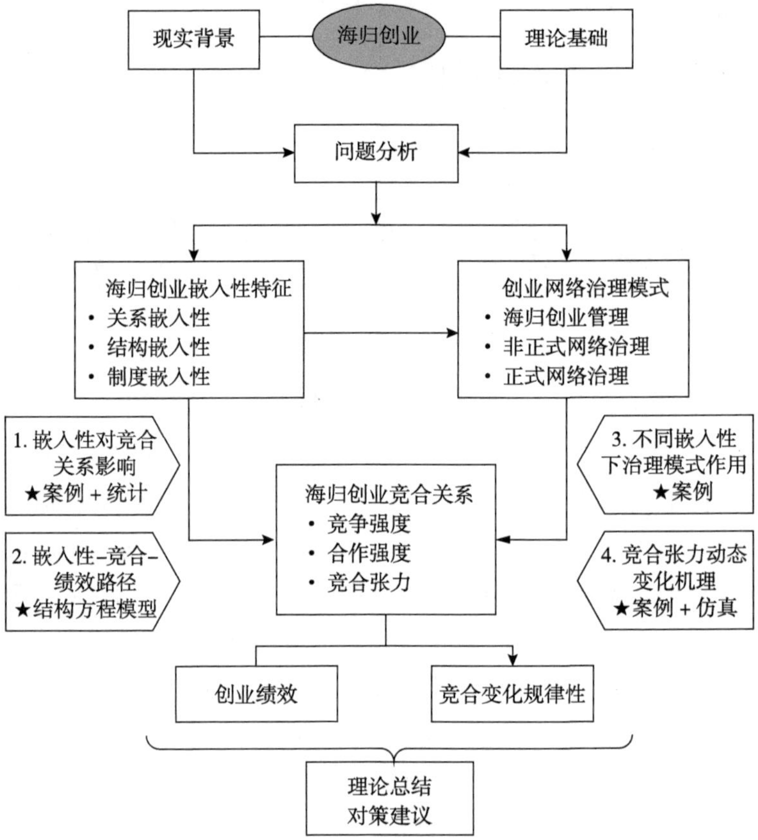

图 1–4　研究技术路线图

（三）主要概念界定

（1）海归创业者：广义的海归（returnee）一般是指从海外返回本土的人，学术研究中的定义是“在国外读大学或研究生课程，然后回国的人”。但 Kenney et al.（2013）指出这不是智力回归（brain gain）文献中使用的词汇，他们给出更一般定义是“在国外完成学业，然后在外国工作生活过一段时间后，独立返回国内工作或创业”，Qin et al（2017）定义海归创业者是指从发达经济体工作或接受教育后返回本国创业的移民（migrants）。Lin et al.（2019）。定义海归创业是指在国外学习和 / 或工作至少两年，然后返回本国创办新企业的当地人（natives）。本文借鉴上述定义，海归创业者是指在中国国内出生，在海外接受过二年以上的大学教育经历，然后回到国内创业的人，本定义包含两个要点：一是淡化了海归的国籍身份而侧重于经历，例如，上海三友医疗器械股份董事长是法国国籍，“文化大革命”后留学法国的首批大学生，于 2011 年回国创业；二是强调海外教育经历，与一般归国人员区分（如华人华侨、外企员工区别）。

（2）创业阶段：从行为上来看，创业是指在国内创办企业并开展商业化运营的行为，有些海归回国后在进行技术项目实践，虽然已经进入到名义的创业阶段，但还没创办企业（注册公司）、开展商业化运作，相关信息数据难以获取，因此，在本研究中创业是指从创意转化正式商业化并注册为法人实体进行独立运作的组织。

从时间上来看，创业是从注册公司开始，将创意转化为产品并商业化的过程，当创业产品实现规模化生产、市场成熟稳定就意味着结束创业时期，最直观的节点是企业国内挂牌上市（创业板、中小板、科创板）或国外上市（纳斯达克、新加坡等），本研究将创业时期界定为上市日期之前，或者企业销售收入进入行业上游水平之前。

（3）海归创业嵌入性：社会网络理论嵌入性包括结构嵌入、关系嵌入、认知嵌入、制度嵌入等多种类型，本研究结合海归创业行为特征，主要关注结构嵌入、关系嵌入和制度嵌入三种经典类型，其中结构嵌入性侧重分析网络主体（actor）所在的网络位置，例如，网络中心度和桥连接。而关系嵌入性则强调网络中结点之间联结关系，例如强联结和弱联结。本研究对结构嵌入进行衍生界定，结构嵌入性是指创业企业（项目）在本地产业链中所处的位置，即在产业网络中所占据的位置。

（4）社会网络治理：本研究简称网络治理，是多元社会主体参与的一种社会治理模式。为便于与互联网治理区分，很多文献将其称为“社会网络化治理”，网络化治理理论强调参与主体多元化、治理结构网络化、治理工具市场化和价值取向民主化（韩兆柱、李亚鹏，2016）。社会网络治理的参与主体有商会或协会、亲戚朋友、乡贤士绅、自治委员会以及第三方中介组织等，可采用的方式有规劝、信任控制、舆情引导、奖励与惩罚等手段，本研究根据需要，将社会网络治理进一步细分为正式社会网络治理和非正式社会网络治理，其中正式社会网络治理是指参加社团、协会等有正式结构化的活动；而非正式社会网络治理是指个人参加的私人与社交类非结构化的活动。

（5）竞合张力与竞合平衡：竞合概念是一个同时包含两种对立矛盾力量

的连续体集合，必须把二者整合为一个维度才能体现竞合本质。竞合张力直观表达形式就是竞争强度与合作强度的总和，因为是竞争与合作是两个对立方向，所以绝对值的加总是绝对张力，而二者差值就是相对张力。

合作强度和竞争强度可以是对称的也可以是不对称的（Bengtsson and Kock，2000），人们常用平衡（balance）这个词来描述竞合关系管理。根据竞争与合作的强度分成四种可能的分布（Park et al，2014），当合作与竞争的强度相当对称时，就会出现更加平衡的竞合，即认为强－强和弱－弱都是平衡的；当二者不对称时就会导致不平衡的竞合，从这个出发点来说，本研究中竞合张力我们采用二者差值法表示的相对张力，这样容易辨识竞合平衡状态。

（四）主要研究方法

（1）文献分析法：在研究目标和研究问题的引导下，对海归创业、网络嵌入性、竞合关系、网络治理等相关文献和资料进行系统的检索收集，并进行结构化的归纳总结，一方面形成本研究的理论支撑基础，另一方面注重其对未来研究方向的建议，找到现有研究不足与理论缝隙，并在此基础上构建论文的研究思路、模型和相关命题，为后面的调查访谈和实证研究提供基础。

（2）案例研究方法：案例研究的有助于探索事物间逻辑关系并形成理论框架。而案例研究注重回答“如何”和“为什么”的问题，强调现象所处的现实情境并能够对其进行丰富描述（Eisenhardt，1989）。按 Yin（2003）的观点，为提高案例研究的效率，应该先根据文献分析提出理论基础、寻找命题初始点，案例研究的有效性很大程度依赖于在理论的指导下对资料的分析，为此，研究将文献理论梳理与企业深度访谈结合、反复完善研究构念、研究模型和研究框架。通过对 20 余家典型创业者（企业）的访谈调研和二手资料等，分类梳理总结海归创业嵌入本地网络的方式、路径和动态演化关系等。

（3）统计分析方法：主要采用因子分析、方差分析、结构方程模型、多元线性回归方法等方法检验子研究命题假设。通过企业访谈、预调查和因子分析方法，设计模型中各构念的测量量表：首先，通过企业访谈和理论分析发展出各构念所需要关注的一些特性和维度；结合已有的相关文献中的测量量表，整合后形成新的测量量表；然后，根据检验合格的样本数据，利用统计软件（SPSS+AMOS）进行相关分析实证检验本文提出的各个假设。

（4）仿真模拟法：对企业成长的问题必须进行系统思考，而不是注重于个别的推动因素或限制因素的分析（杨文斌，2006）；在研究管理和组织行为的多重交互复杂性时，计算机仿真具有独特的优势（Harrison，et.al，2007）。海归创业是多重嵌入性下多元主体交互作用的复杂系统行为，系统动力学采用定性和定量相结合方法，在处理高阶次、非线性、多重反馈复杂时变系统方面具有优势（Sterman，2000 p.8），十分适合用来深入探究企业成长系统问题的内部结构及其运行规律（杨文斌，2006）。本研究应用系统动力学仿真软件 VensimPLE7.3.5 版本（或 Stella v.9.1.3）结合统计结果与案例调研构建仿真模型，探索网络治理模式对嵌入性与竞合关系的作用及动态演化规律，找到正确解决问题的杠杆解。

第二章　文献综述

学术界关于海归创业研究的视角正不断从宏观向微观转变，逐步形成“海归创业影响因素研究—海归创业企业运作模式及过程研究—海归创业结果研究”这一比较完整的研究体系（李乾文，蔡慧慧，2016；胡洪浩，2014），海归回到祖国这个陌生又曾经熟悉的故土开始 0 到 1 的创业过程，会通过关系嵌入、结构嵌入与制度嵌入方式进行本地化，从而产生复杂的竞争与合作关系。竞合关系和网络治理都是当前研究的前沿热点，二者交集区的存在拓展了研究空间，是有待探索的新领域。

一、社会网络视角的海归创业

很多研究和数据统计都证明了海外人才流入与流出从事经济活动是一个普遍现象，例如，Dustmann & Kirchkamp（2002）利用土耳其海归的调查数据发现大约一半以上海归从事与经济有关的活动，其中绝大多数选择创业；欧洲大学学院（EUI）与世界银行对阿尔及利亚、突尼斯和摩洛哥的回流者样本调查发现，超过 1/31 的回国人才会成为雇主或自由业者（Gubert & Nordman，2008）。海归创业者因其背景特殊性而在创业研究中受到越来越多的重视，他们具有深入接触、兼容并蓄母国（home）与东道国（host）的双重文化、技术知识、思维等特点（Lin et al，2019；Qin & Estrin，2015；Schotter，Mudambi，Doz，& Gaur，2017；Wright，Liu，Buck，& Filatotchev，2008）。社会网络在创业中的重要作用已经广为人知（Leyden，Link，& Siegel，2014），很多研究都从社会网络视角研究创业活动，继而研究海归这类特殊群体的创业活动。

（一）海归创业与社会网络

由于创业具有高度的情境依赖性，社会网络对创业非常重要（Autio，et.al，2014；朱秀梅，李明芳，2011），甚至被看作影响创业企业生存和成功的最重要因素（Hitt et.al，2011），起到帮助创业者寻找创业机会、获取资源、开辟市场、提高创业合法性等作用（Lin et al，2019；Lechner & Dowling，

2003）。Lin et al（2019）指出现有研究强调了网络影响海归创业绩效的两个方面：一方面，海归创业者在长期与本国地理隔离之后，缺乏本土网络的资源、信息与合法性支持，会削弱创业绩效；另一方面，社会关系可以跨越时间、空间和组织边界，人力资源流动与智力流入或流出的文献认为地理上遥远的联系持续存在，并充当连结国内外知识流动的渠道，会促进创新。社会网络理论研究海归创业可以分为三个主要视角：

1. 社会资本视角

社会资本与社会嵌入性紧密相关，但二者还有差异。社会资本虽然有时是从个人层面进行分析，但它是群体的一个特征，其本质是在群体层面上产生的利益（Czernek-Marszałek，2020）。社会资本是个人 / 企业可以通过网络获取的存在网络中的关系资源和结构资源（Adler & Kwon，2002），既包含网络本身也包含可通过网络筹集的资源（Bai，et.al，2018）。因此，社会资本是嵌入于并取决于关系网络的规模和关系成员拥有的资本量（杨俊、张玉利，2004）。社会资本提供了有助于识别、收集和分配稀缺资源的网络，特别是提供了企业内部无法获得的信息和生产资源，被视为一种难以复制的无形资源（Peng & Luo，2000）。Coleman（1988）将网络结构与网络行动者之间出现的社会资本水平联系起来，指出了密集网络的好处在于社会资本积累方面具有潜力，这种社会资本不仅是由信息建立起来的，而且还有助于规范和制裁的运作，形成协调关系、减少机会主义行为的有效途径（Gilsing & Duysters，2008）。因此，社会资本对创业公司尤为重要，很多研究也从资源观视角和功能观视角来定义社会资本及其获得资源的理论逻辑（姚铮、顾慧莹，2019），但中国是一个典型的关系型社会，创始人社会资本不仅是创业企业获取情感、设备、资金、技术等资源的重要渠道，也是提高创业地位与合法性的重要方式（章琳、陈一晓，2017；姚铮、顾慧莹，2019）。

2. 嵌入性视角

经济行为受所嵌入的社会网络与情境的影响，诸如历史、文化、制度、关系以及社会结构等因素会影响并塑造企业的机会、资源与行为决策等（Uzzi，1997），创业作为一种典型的新嵌入行为，以网络嵌入性视角对创业现象展开解释具有很高的匹配度，目前也已成为解释创业现象的一个主导理论（Bhagavatula，Elfring et，al，2010；戴维奇，2012；梁萍平，2012）。例如，Kalantaridis & Bika（2006）用英国坎布里亚郡的案例研究本地嵌入与农村创业问题；Bosworth & Bosworth（2014）用英格兰西北部坎布里亚郡酒吧的案例分析了乡村创业的嵌入性模型；Lassalle et.al（2020）研究了网络嵌入在移民创业中创造机会的动态作用，指出嵌入性是解释移民创业行为的一个关键概念，使移民企业家能够获得特定的资源和市场。嵌入性是指创业进入已有市场机会以适应当地情况的特定需求，创造了一种情景化竞争优势（Jack & Anderson，2002）。社会嵌入性是进入、融合并成为结构一部分的过程，人们应用不同的嵌入性维度作为框架，如关系嵌入性、结构嵌入性、文化嵌入性等分析创业行为特征及其结果（李兴光等，2019）。基于嵌入性视角，研究的一个重要方向是海归嵌入本土网络的问题，即融入本土的制度、技术、商业和信息等网络以获得政府补助、风险投资、市场开发等。例如，Geoffrey & Wadhwani（2007）指出跨国创业企业要嵌入的当地网络包括制度网络和商业网络；Qin et al（2017）指出，海归创业者与本土创业者相比，在国内制度环境中缺乏即时嵌入性，很大程度上减缓了他们的创业进入速度；而过度嵌入（强连结）本土网络之中也可能会导致学习刚性和锁定效应，并且需要较高的成本（Czernek-Marszałek，2020）。

3. 双元社会网络视角

从海归群体的国内和国外经历特征出发，人们发现海归创业者回国之后在开拓本地网络时，仍然保留基于国外学习和工作经历的国际网络，具有国内网络与国外网络的双元社会网络特征（张枢盛、陈继祥，2012）。母国和东道国的网络能形成促进创业的协同效应（赵文、王娜，2017；何会涛，袁勇志，2012），例如，他们的海外关系网络有助于企业优先获得风投青睐，彭伟等（2018）也证明了双重网络嵌入能促进海归创业学习从而对企业成长具有显著的正向影响。张枢盛和陈继祥（2012）认为海归创业者国际和国内社会网络的连接强度与结构对创业机会的创新性会产生不同影响，例如，陈代还等（2015）发现国际合作网络对海归科学家的科学产出具有显著影响，而国内关系纽带的作用呈倒U型曲线。赵文、王娜（2017）发现大型海归企业构建丰富的国外社会网络是取得良好绩效的必要条件，而国内社会网络应保持适度嵌入，两种网络嵌入的动态均衡对于海归企业的持续成长具有重要作用。目前相关研究正在逐步深入，通过关注国内和国外两种网络的不同作用，细化到出国前（pre-overseas）、在海外（overseas）和回国后（post-return）的三个时期来反映他们的双向流动（Lin et al，2019）。

（二）网络嵌入性分析框架

自19世纪80年代后期以来，Granovetter（1985）正式提出社会嵌入（embeddedness）以及所谓的新经济社会学（NES）的概念，为经济与社会研究打开了新视野，弥补了经济行为研究方面新古典经济学“社会化不足”和社会学理论“过度社会化”弊端（兰建平、苗文斌，2009；Granovetter，1992；吴义爽、汪玲，2010）。根据嵌入性观点，经济生活特别是经济实体的决策和行动，受到这些实体所运行的社会网络的影响。任何企业都不是孤立存在的，都是嵌入在社会网络之中的，其经济行为的嵌入性始终存在，只是在各个社会中嵌入的程度与方式有所不同（Granovetter，1985；Gulati，1998；许冠南，2008）。

1. 社会网络、社会资本与嵌入性

孙伟、赵盎（2006）认为集群社会网络发挥作用的问题主要分为两种理论观点：一种是以Coleman（1988）的理论为基础的社会资本观点；另一种是以Burt（1992）的理论为基础的结构洞观点；Gulati（1998）也认为，直接影响网络中企业绩效的因素包括两个方面，一个是从整体层面的网络特征，另一个是从个体层面，企业嵌入在网络中的位置。Borgatti et al.（2009）指出社会学网络分析的重点联结（link）类型和网络结构；从社会网络研究的本质来看，关系是网络分析的核心，结构是这些关系相互作用的方式或秩序，社会资本也属于一种嵌入在复杂联结关系的资源（Nahapiet & Ghoshal，1998；Inkpen & Tsang，2005）；因此，社会嵌入与社会资本、社会网络两个概念密切相关。科学研究中，社会网络与社会资本两个概念都被广泛研究（Gulati，1998；Tsai & Ghoshal，1998；Inkpen & Tsang，2005），它们可以补充社会嵌入性的概念——然而，它们并不完全相同，Czernek-Marszałek（2020）对它们做了区分：

> 尽管社会资本有时在个人层面上进行分析，但它却是群体的特征（Putnam，2001），其实质是在群体层面上产生的利益。当然，个体企业家的人际关系（参与者的社会嵌入性）可以转化为群体层面的社会资本，例如 在地方/区域社区的社会范围内，但是这不是必需的。此外，根据社会资本的概念，人的决策和行为主要受到社会规范和价值观的影

响。然而，在 Granovetter（1985、2005）等新经济社会学家们看来，社会学家过于重视规范和价值观，而没有对个人层面的人际关系给予足够的重视。Granovetter（1985）称之为参与者的过度社会化概念。根据 Granovetter（1985 年；2005 年）的说法，正是这些特定行为主体和特定实体之间的特定关系才可能最终影响所采取的决策行为。因此，即使社会规范和价值观被认为是重要的，它们也不是决定性的，也不是研究参与者社会嵌入性的主要焦点。

而社会网络可被视为一种治理模式，在不同网络类型中（例如政策网络、商业网络、研发网络等（van der Zee&Vanneste，2015），社会网络的特征是成员之间的非正式 / 社交关系。然而，在分析社会网络时，研究人员关注的是各个方面的属性，例如，中心度、密度等。某些实体之间的具体关系和这些关系的社会背景（即每种关系的历史、发展、特点或特殊性）如何转化为经济决策，并不一定是分析的重点，而这正是社会嵌入性的本质。

【内容摘自 Czernek-Marszałek，Journal of Destination Marketing & Management 15（2020）】

从上述分析可以看出，嵌入性更关注个体构建的具体关系和这些关系的社会背景，例如，Burt（1992）关注网络的效率，并强调维持联系产生的成本，认为企业应该建立互补且不重叠的非冗余联系，即占据网络中结构洞能为其带来信息与资源的竞争优势，且不同的嵌入性网络关系会影响企业接触的网络资源的数量与质量（Uzzi，1996；Gulati，et al，2000）。特别是在中国这样典型的关系型社会中，创业很大程度上依赖创业者与什么人（actor）建立了社会网络来获得何种支持，这种嵌入性是构建、扩展社会网络的过程（于青青，2019）。

2. 嵌入性分析框架

学者从不同视角和领域对嵌入性进行了大量研究，形成了几种较为典型的分析框架和分类方式。从嵌入的层次来看，Hagedoorn（2006）将嵌入分为二元层次、组织间层次与环境层次（产业区域），并强调不同层次的交互作用；从嵌入方式来划分，可以分为结构嵌入、认知嵌入、关系嵌入等不同方式，例如，从 Zukin & Dimaggio（1990）的嵌入性定义：经济活动在认知、文化、社会结构、政治制度影响下可能造成的现象或状态，可以看出四种常用的分类方式；Lassalle，et al（2020）研究移民创业时候指出创业取决于原籍国和东道国的资源能力，这些资源和能力是创业家在不同网络中不断发展的社会、结构和关系嵌入而获得的，这明显采用了三维度分类方式。

还有很多学者提出了更细微层次的划分：Vlasov et.al（2018）提出了地点—社会—文化与生态嵌入（place - social-cultural and ecological）的框架；Mithell et.al（2001）提出单位工作关系约束的工作嵌入（job embeddness）；Hess（2004）提出了社会嵌入、网络嵌入与区域嵌入（territorial）三维度嵌入分类，Waite（2017）在其基础上提出了一个企业区域铰接模型（firm-territory nexus）作为区域嵌入性与网络嵌入性之间的一个传输系统；杨玲丽（2015）提出了生产性嵌入、服务性嵌入、社会性嵌入和制度性嵌入；王印传、崔欣（2019）提出了产业转移的空间嵌入，而丘海雄、于永慧（2007）还介绍了历史嵌入，认为经济现象受到历史传统的影响，举例汕头市澄海区的工艺毛衫产业集群与潮汕女性的“挑花”工艺传统密不可分；赵琼（2009）以制度嵌入和关系嵌入为切入点，分析银行信贷交易的过程。下表总结了几种分类方式。

表 2-1　嵌入性分类内容举例

分类举例	概念维度	定义内容	代表学者
结构与关系二分法	结构嵌入（structural）	经济行为受到网络结构的影响和制约	Granovetter（1985），Uzzi（1997）
	关系嵌入（relational）	参与者行为受到与其他相关者的关系（信任、互补、亲情等）影响和制约	
技术与业务二分法	技术嵌入（technical）	在产品开发或工艺创新中与外部组织间产生联系，反映了企业合作者之间的技术依赖程度	Andersson、Forsgren Holm（2002）
	业务嵌入（business）	企业与合作伙伴之间的购销业务关系的密切程度，独立交易嵌入性低，长期以长期契约关系为主	
四分法	认知嵌入	参与者在进行理性预算时会受到周围环境及原有思维意识的限制	Zukin，Dimaggio（1990）
	政治嵌入	参与者所处的法律规制、政治体制、权力结构对主体行为形成影响	
	文化嵌入	行为主体在进行经济活动时受周围价值观念、信仰、宗教、传统民俗等制约	
	结构嵌入	等同 Granovetter（1985）关系与结构两种嵌入	

续表

分类举例	概念维度	定义内容	代表学者
三分法	战略嵌入	价值观与战略导向的统一与契合	李平、蒲晓敏、田善武（2019）
	平台嵌入	共享品牌、技术等平台优势资源	
	生态嵌入	产业链与产品的包容、互补与聚合	
三分法	关系嵌入	个人间联系（隶属，经历，联合中心度）	Li，H.M.，Huang，H.C.，Lin，H.P.，et.al（2012）
	结构嵌入	所有权关系（公司间股权 / 董事关系）	
	位置嵌入	技术联系的位置（技术许可与专利合作）	
一元法	技术嵌入	参与者所处技术环境以及它们之间持续的相互作用对其技术决策的影响	Peng、Wang、Kasuganti（2011）
总体法	生态嵌入	经济活动与生态环境适应、亲自认同土地，坚持尊重生态、互惠互利	FKrausmann，Haberl，，Gingrich（2006）

虽然人们提出了很多嵌入性分析框架，但 Granovetter（1985）的结构嵌入性和关系嵌入性经典框架是在经济嵌入性研究中最广泛引用的一种分析框架（兰建平、苗文斌，2009），后续研究基本上都沿袭这种思路，例如，Andersson、Forsgren 和 Holm（2002）将关系嵌入分为二个子层次（subsidiary level）：技术嵌入性与业务嵌入性分析框架等；Li & Yang（2017）将关系嵌入细分为经济关系嵌入和社会关系嵌入两种，其中，经济关系嵌入与实物投资互动有关，而社会关系嵌入与维持关系交往的情感互动有关。本研究考虑到海归回国创业对国内不同地区政策制度的敏感性，以及政策对当前创业的引导作用，将政治制度嵌入也作为一个重要方式，并参考 Granovetter（1985）和 Tsai & Ghoshal（1998）将网络嵌入性分为关系、结构和位置（Gulati & Garguilo，1999；Nahapiet &Ghoshal，1998），提出海归创业的三种嵌入方式：结构嵌入、关系嵌入与制度嵌入。

（三）海归创业的嵌入性分析

海归回国创业这种经济行为完全符合社会网络的嵌入性模式，例如，曹志来、李丹（2015）调查发现城市环境和海归创业者的社会资本这两方面因素对其创业地点选择有显著影响。首先，海归从国外留学工作一段时间后回归到国内各个地区，必然会加入本地化网络中，并以社会关系网络为条件进行规划和实践，而且往往从个人关系网开始扩展；其次，回归到国内，必然有一些确定的动机和目标，包括一些非经济目标的实现，如社交、声誉、地位和权力；第三，回到国内创业不仅会改变原有的社会网络关系，还会影响现有的市场结构与商业关系；第四，海归作为一个群体，他们兼具东西方文化思维，也会有自己独特的认知思维。Uzzi（1997）认为“如果经济活动嵌入在关系网络中，逻辑上第一步就是指出嵌入关系的维度以及影响经济关系的机制”。因此，我们根据上述嵌入性的维度与分类，结合对海归企业的调研分析，综述并论证海归创业的关系嵌入性、结构嵌入性与制度嵌入性的内容。

1. 海归创业的关系嵌入性

最美是故乡，虽然留学生在海外接触了多样化的世界，但是很多留学生都心里喜欢中华文化注重亲情和友情的一面，回国创业自然就会想到亲朋关系网络，很多研究关注了海归创业的社会网络，关系网（非正式网络）在中国经商中的重要作用也广为人知（Peng and Luo，2000）。关系嵌入性主要是指参与者嵌入社会网络后所形成的相互关系，包括交易、合作、朋友、婚姻等各种各样的关系。Dahl 和 Sorenson（2009）进行的一项大规模研究发现，与家庭的亲近程度是创业者区位选择的一个强有力的决定因素，但本研究的海归对象具有独特的社会资本，他们是重回故里，在个人血缘、学习及生活经历上与国内有千丝万缕的联系，当他们在回国创业时，这些社会关系也是他们重要考虑的因素，甚至是首要考虑的因素，因为开启一个充满风险不确定性的事业，需要最可靠而容易获取的支持，除了金钱物质，还包括信任、声誉、地位、亲情等无形资源支持。

在现实中，这种回归创业的关系嵌入性非常普遍，绝大多数海归会被问及“为什么选择这里？”这个问题时候都说“这是我家乡”，当关系嵌入性强的时候，则在选择创业地点时候主要考虑亲情乡情和朋友圈，而对产业配套、制度环境等方面则考虑少一点，例如，牛津大学毕业的计算机专业博士王 Z 在 2014 年回到家乡温州从事大数据科技创业，而没有选择杭州、北京等信息产业发达的城市，因为“这里有家人支持”；江西人熊 YQ 在 2002 年从美国回到国内福州创办 PDF 福昕软件公司，仅仅因为妻子在福州工作教书。

2. 海归创业的结构嵌入性

结构嵌入性是指参与者嵌入在社会网络中的位置，例如，与所有参与者发生联系的中心位置，较高的中心性将带来一系列的资源（Stam and Elfring，

2008），或者占据结构洞掌握更多信息和主动权优势（Burt，1992）。康淑娟、安立仁（2019）提出结构嵌入可凭其特有的知识赢得对价值链成员的影响力，类似于与特定技术嵌入；而关系嵌入则通过良好信任交往帮助其获得信息赢得市场；人们也用价值链嵌入概念来描述国际贸易中要素禀赋、生产分工等（熊彬、范亚亚，2019），例如，Antras（2012）等尝试构建生产链长度、上游度、下游度等指标来反映一国参与价值链生产环节的分工程度和地位；Koopman et.al（2010）通过全球价值链参与指数和位置指标，量化评估一国在全球价值链中的参与程度和分工地位，庄晋财等（2014）提出农民工通过社会网络和产业网络的双重嵌入的概念，将产业网络定义为由相同产业属性的企业通过价值链网络、供应链网络分工协作组成的生产系统，揭示的是具有相同产业属性的企业之间基于分工协作的商业联系。我们借鉴 Giddens'（1984）的结构化理论（structuration）在创业嵌入性的应用（Jack & Anderson，2002），并参考上述相关技术嵌入与业务嵌入的分类理念（Andersson、Forsgren、Holm，2002），依据回归企业所提供的产品或服务在区域产业链中的位置定义为结构嵌入性。

基于产业链定义结构嵌入有其合理性与独特优势：首先，根据以产品或服务为参与者的载体，分析在产业体系中的结构和位置，从而确定企业嵌入网络的结构，具有客观性；其次，与结构嵌入性比较接近的研究，是产业链嵌入与供应链嵌入的相关研究（邢晓东，2011），邢晓东（2011）认为产业链作为一种企业网络的具体形态，企业的产业链嵌入本身就是一个网络化成长的过程。因此，完全可以通过结构嵌入性的分析框架，讨论产业链嵌入对企业成长的影响机制；而且从创造商业价值角度来分析企业嵌入的方式和策略，与企业家（创业）的目标和资本逐利本性一致，毕竟回归情怀之外，还是要生存、盈利与发展，以技术产品嵌入本地产业才具有稳定性；第三，以产业链结构分析结构嵌入性，并没有排除企业家个人关系网络的条件，相反，引导海归创业者更科学地思考“业在何处”，这种产业结构嵌入性与社会关系嵌入性还具有互补性。Moore（1996）提出“商业生态系统”，描述在以市场为资源配置的主体社会中，每一个微观的决策个体与其他个体相互作用，产生各种利益交织、相互竞争与合作的商业活动，组成共同进化的群落（丁宋涛等，2019），这与网络化的社会形态一致。最后，很多学者有类似应用策略可以借鉴，例如，Jack & Anderson（2002）将结构化的概念缩小到嵌入性范畴，以探讨创业者如何在其业务的创建和运营中使用结构，他们强调“不是测试结构化，而是将其作为一种理论方法来探索创业主体与结构之间的联系”，这在实践中可以得到很好应用见解，如以下例子：

1983 年出生的湖北黄石人陈 RH，在华中科技大学硕士毕业后去澳大利亚攻读模式识别与智能系统博士学位，2014 年毕业后回到南京创办“小不点”科技公司，利用互联网和 3D 打印技术提供个性化商品，他的经历与江苏没有交集，既不在江苏读书，也没有亲戚朋友在江苏扎根，之所以选择江苏创业，是因为他从事的产业既有互联网的大数据支撑，也融有实体制造业的元素，而在创业之初他调查发现，江苏制造业产业链完整、信息互联网产业发达、科研高校集中，可以为他创业项目提供完备的支持和全方位市场空间。创业投资考虑的不仅仅是人际关系，更会考虑产业链与技术市场的因素。

3. 海归创业的制度嵌入性

新制度经济学认为制度是人类设计的用于调整和规范其自身相互行为的约束条件，Zukin，&DiMaggio（1990）的书中提到政治嵌入包括政府角色与制度法规，强调经济活动是各种政治力量博弈的结果。作为规范强迫约束力的制度规定了一个在社会环境中运作的同构过程，以规范人们 / 组织的相互行为（Oliver，1996），这些规则所施加的限制定义了社会公认实践准则，也定义了组织将要发展变化的方向类型，因此，遵守社会规则和规范对组织的生存至关重要（Hung，2005）。Oliver（1996）、Hung（2005）将制度嵌入性（Institutional embeddedness）定义为企业和市场行为在社会和规范背景下的嵌套（nesting），因此，制度嵌入性是一种企业层面的构念，它定义了制度对组织特征和行为的影响方式。企业可能表现出不同程度的制度嵌入性，它们的注意力结构（attention）不会在制度化的单一逻辑下过度社会化，也不会彼此分离（Hung，2005）。与关系嵌入的关注点类似，制度嵌入是关注制度因素对各种行为的约束与调节（Nee & Ingram，1998），而且，关系网络也是嵌入于更广的制度情境中，虽然有学者将制度嵌入分为正式和非正式的制度嵌入（杨艳，胡蓓，2013），在本研究中将其界定为正式的制度嵌入，专指政府制定的、具有明确表达形式的发展规划、制度政策、行为规则、评价激励等措施，每个嵌入本地的企业组织都会受到这些规定的约束、塑造与引导等直接强制或间接影响作用。

早期从制度理论的角度对新创企业国际化的研究将制度视为情境变量

（situational），或者看作一个外生因素（Huang，et.al，2017），但是将制度作为背景无法深入理解新兴经济体的企业战略行为和绩效（Narayanan & Fahey，2005）；而且与西方的成熟经济相比，我国正处于市场接轨和政府干预的双重轨道上，要素市场的发展相对不完善，制度框架中蕴含的激励和约束会影响甚至决定某些产业及企业的发展，因此来自政府的制度支持对于创业企业的运营非常重要（刘宇璟，2017），制度更是解释企业战略选择和绩效的重要因素（高辉等，2016）。例如，制度环境变化速度、变化失调度会显著负向影响创业企业绩效（李维光、徐二明，2020），当制度支持程度高时，创业导向与企业绩效的正向关系被加强，也会促进创业者通过制度认知采用新技术（石韵珞、程源，2019）。赖敏等（2018）发现制度环境的完善和政府效能的提升都有助于创新创业的开展，而且二者具有一定的“互补”作用。而我国的法规大多是在地方一级政府制定和执行的，细致了解本地规定集合也非常重要（Qin et al，2017）。例如，很多学者将“制度嵌入性”概念引入旅游业，并将制度所嵌入的价值或执行力度强弱定义为制度的强嵌入性或弱嵌入性，旅游业发展受多层非正式制度和正式制度的嵌入影响，包括政府主导的规划、集体土地经营等政策规定（王宁，2012；陆元亮、宿辉，2019）。

从社会角度来看，创业不仅仅是一种经济活动，在就业、产业发展、科技创新等方面也具有重要的社会价值，是国内外各个国家政府重点支持的领域，例如，美国二战后就逐步构建起完善的创业政策体系，各种创业基金会、政府的创业扶持服务机构及资本、教育等组成的创业生态催生了一轮又一轮的科技转化商业浪潮，奥巴马政府还在 2011 年提出了“startup America”一揽子计划。东亚经济的快速增长就是政府强势干预经济的结果，在促进创业活动方面表现出很强的政府直接介入的特征（Cumming，2007；赵都敏、李剑力，2011）。而我国也提出“大众创业、万众创新”激发市场主体活力、促进创新驱动发展，全国各地各级政府都纷纷出台政策，建设创业园区平台，吸引聚集优质创新资源，用新动能打造区域经济发展新增长点。对于创业者而言，创业是充满不确定性的冒险活动（venture），需要来自政府的呵护、支持和帮助，以减少创业风险。

《2018 中国海归就业创业调查报告》关于人才政策的影响调查显示，35% 的人认为“人才政策会影响就业或创业的城市选择”，可见政策对海归的吸引力依然很强，制度创新是打造创业城市品质的基础。举例阐述一下制度嵌入性：在深圳创新生态和利好政策的引领下，越来越多技术人才入驻深圳，对创新创业的支持已成为外化于行、内化于心的全民共识。从事视觉智能系统的“云天励飞”联合创始人陈宁博士谈及当初在深圳创业，就曾深情感慨“深圳的柔性条件留住了我，这种条件是全方位的、润物细无声式的”，深圳的开放性、包容性和较高的市场化程度深深吸引了他们，政府操作每一步都公开透明，按照规则运作，人际成本很低，创业者不论出身，只要有技术、有成果就能为自己争取项目补助。陈宁博士的企业产品在 2015 年初露端倪、入选“孔雀团队”不到 3 个月，政府 4000 万元的资助资金分文不差地全部到账，为企业发展注入了强劲动力①。

二、网络嵌入性与竞合关系

创业以新产品技术或开创的商业模式进入到现有市场中，不可避免地要与多个主体发生竞争与合作关系，并对现有的社会网络关系和商业关系带来冲击；而这种外部关系与环境的结构、形式与竞争态势又影响到创业的行为和绩效，张怀英（2018）总结了创业企业竞合主体应符合的四个特征：关系的直接性、行为的动态性、目标的共赢性和内容的融合性，并指出创业通过要素、产品或服务与其他主体共同营造了一个纵横交错的产业链，而竞合是企业的高层次战略，统筹规划组织之间的分工合作与市场资源，从而形成持续竞争优势。Galkina & Lundgren-Henriksson（2017）认为竞合类似于一个创业过程，也应该运用创业领域的理论进行研究，例如，降低不确定性、寻找资源、寻求帮助或市场等；但在现有主流创业期刊上发表的与竞合相关的文章也很少。

（一）竞合关系研究

1. 竞合的概念

自 Brandenburger & Nalebuff（1996）正式提出“竞合”（co-opetition）概念以来，竞合观取代了传统的新古典主义竞争观（Basole，et al，2015），逐

---

① 深圳 40 年 40 人之陈宁博士：来深创业，是这辈子最正确的决定，深圳之窗：https：//city.shenchuang.com/city/20201015/1561442.shtml。

渐成为战略管理研究的前沿热点。竞合概念是指不同个人或组织行动者之间的同时存在的竞争（competition）与合作（cooperation）的行为（Bouncken & Fredrich，2012；Chiambaretto & Dumez，2016），它的最大特点是结合了两个对立的逻辑：合作与竞争，竞争与合作不是对立的两种独立战略，而是时刻交织在一起蕴含在竞合战略中的两个方面；有些学者把竞合看作一种行为（如博弈论），或者思维模式；也有人把竞合看作一种结果，提出竞合是一种明确、合理的战略选择，是有意识的战略规划的结果（Czakon et.al，2019）。很多学者运用交易成本、资源基础以及组织行为等理论研究了竞合逻辑、前因变量、互动结构和结果等问题，已初步奠定了该领域的理论基础（Bengtsson et al，2016；Czakon et.al，2020）。

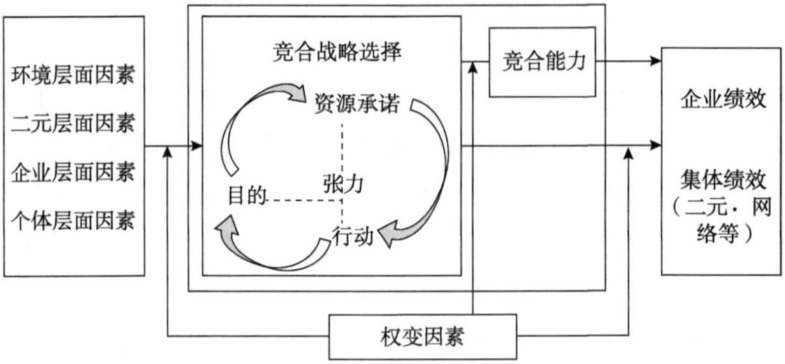

图 2-1　竞合研究概念框架（摘自 Czakon et.al，2020）

Czakon et.al（2020）指出竞合的定义强调了识别竞合的几个基本条件：首要条件是竞争与合作的同时发生或同时存在；第二个基本条件是，企业要以价值创造的意图参与关系，这既包括私人价值，也包括共同价值或共同公共社会价值，并体现了企业所追求的战略。创造价值的意图将共谋与竞争区别开来（Gnyawali & Ryan-Charleton，2018），因为在共谋中，竞争者可能会在特定领域中寻求私人利益达成协调行动，而不是为了技术、产品或市场等新价值，在此利益蛋糕分割过程中，共谋会有效地终止竞争，即是存量利益的分配而不是创造增量的竞争性合作。

2. 竞合的层次维度

Chiambaretto & Dumez（2016）指出在竞合的文献中广泛使用类型学来为概念建立边界，并描述其主要变化。对于竞合关系，人们有不同的分析层次。

从主体来看，Dagnino & Padula（2002）分为典型的二元层面和网络（产业）层面。Bengtsson & Raza Ullah（2016）确定了竞合研究的两种主要方法：参与者（actor）学派和活动（activity）学派，前者涉及网络层面的背景，通常在参与者之间划分合作和竞争；后者关注的是矛盾的一对一竞合关系（纵向或横向）；Resende et al（2018）还提出了一种新的混合学派对竞合关系的多层次分析，外部和内部层面的驱动因素可能会影响企业间、企业内、二元、网络和网络层面的竞合关系。

二元层面就是二个主体之间的对等竞合关系，把对方称为竞争性合作伙伴（coopetitive partners），竞合可能会存在于同一关系中，或者同一关系的不同领域内、不同阶段中，例如，Bengtsson and Kock（2000）狭义地将竞合称为两个公司在某些领域中进行合作又同时相互竞争时出现的一种二元对立的关系；Coy（2006）则明确地将竞合称为“与敌人共眠”。Brandenburger & Nalebuff（1996）指出创造价值是合作过程，而获取价值则是一个竞争过程；或者创造市场、获取经营优势时合作，而分配市场或者业务相似的企业间不得不竞争（蔡宁，吴结兵 2002）。

而在达两个以上的公司的网络层面，Siregar，Dagnino & Garraffo（2009）发现“网络”这个词是与竞合最相关的前十个词之一，实际上，网络与竞合有很强关联性，竞争与合作相统一的协同既是网络的内在优势，也是企业网络竞争战略发展的必然趋势（彭正银，2007）。Dagnino 和 Padula（2002）强调了关系网络中竞合的复杂性：多元主体多种形式参与竞合战略，而价值链上的各种活动则加剧了这种复杂性。Gnyawali & Madhavan（2001）将竞合统一性归结为社会网络中企业之间的互相影响与资源的互补依赖。网络中动态性的资源流动、网络结构和结构占位差异会导致资源在企业之间不平等的分配，Gulati et.al（2000）等认为在战略网络中，一方面，企业从其他参与者那里获取信息、资源和技术；另一方面，无论是企业的竞争还是合作行为，又会受制于整个网络结构和其他主体的行为，这既包括直接的竞合伙伴，也包括非直接的竞合参与者，还表现在与其他公司的 n 阶联系中（Yan & Dong，2018）。通常人们从水平横向和垂直纵向两个方向分析竞合，Bouncken & Fredrich（2012）将竞合界定在不同对象之间：竞争者之间属于横向竞合，而在上下游伙伴之间则是纵向竞合；狭义的竞合战略定义为直接竞争的企业间的合作。而实际上，在网络中只要有链接关系的存在就会产生竞合关系，而且跨越不同层次，从二元双向层面聚合到整体结构层面。

表 2–2　竞合关系研究层次举例

主体层次	维度	内容举例
二元层面	同一领域产品	服装店进货抱团砍价，销售低价竞争
	不同领域产品	电视产品竞争，冰箱产品合作
	不同阶段	前期研发合作，后期销售竞争
网络层面	不同对象不同关系	上下游纵向合作，同行业横向竞争
	不同对象同一关系	联盟内企业之间既竞争又合作
	同一对象不同关系	与竞争者的合作关系，或与合作者的竞争关系

3. 竞合的作用影响

人们对竞合作用的认识是逐渐发展的，前期研究认为，竞争对手之间的合作可能通过促进合谋或以反竞争的方式塑造产业结构来抑制竞争，也有学者从资源基础观来分析，指出关系和企业特定资源的共同作用决定了可以创造多少价值，以及谁能处在占用这些价值的位置上（Ritala et.al，2014）。最近，学者们已经证明，参与竞合的公司能够产生可观的经济租金并实现卓越的长期业绩（Gnyawali & He，2006；Gnyawali &Park，2011；Basole，et al，2015）。很多学者都认为卓有成效的竞合关系能够从多个方面促进企业的发展（李东红等，2020）。Nalebuff and Brandenburger（1996）假设合作竞争能极大地提高公司的绩效。背后的逻辑是：公司在供应商、竞争对手、客户和互补者的价值网络中运作。价值网络中的公司在商业活动中扮演着许多不同的角色，因此，他们可以在追求成功的过程中，同时运用合作和竞争的关系来降低成本，改善风险分担，尤其是在研发领域（Ritala et al.，2009）。通常人们是从两个方面来分析：

一是与竞争者的合作（横向），竞争者之间往往有较高的资源相似性、市场重合度、共同目标以及拥有相近的行业专有知识，且一般面临相似的挑战（Park et al. 2014；李东红等，2020；Gnyawali & Park，2009），可促进相互之间知识共享、风险共担以及共同应对外部挑战等，甚至推动整个行业的技术进步（Gnyawali & Park，2011），例如，Dana et al.（2013）研究新西兰怀帕拉葡萄酒集群合作竞争演变时，就发现协会企业之间“要竞争的唯一途径是相互学习”，合作竞争共存可促进企业持续创新，提高现有知识的利用率和帮助企业提高技术和产品线的多样性，打破技术锁定（Qintana-Garcia & Benavides-Velasco，2004）。

二是与合作者的竞争（纵向），合作者之间存在较高的资源互补性，市场和技术依赖性，文化、市场认知等方面拥有更多的共性，降低研发成本，创造协同优势，通过共享信息知识网络，市场和营销情报以及供应商和分销链来提高经济优势；但激烈的市场竞争会导致合作企业之间的学习竞赛（Hamel，1991），同时要求他们不断改善其业务活动和市场供给，以维持和发展自己的独特竞争优势（Bengtsson & Kock，1999，2000；Gnyawali & He，2006；Bengtsson & Kock，1999；2000）。

同时开展协作和竞争的目的在于获得更好的绩效，但在许多情况下，预期结果并未实现，甚至可能导致负面结果（Czakon et.al，2020），Brandenburger & Nalebuff（1996）对相同情况下、相同参与者，如何产生积极、消极或中立的不同结果进行了说明。竞合毕竟是两种矛盾逻辑的整合，管理不当也可能产生负面和非预期的影响，包括机会主义行为风险的增加（Brandenburger&Nalebuff，1996）、知识剥夺的威胁（Hamel，1991；Oxley&Sampson，2004）、信任的侵蚀（Nieto&Santamar í a，2007）和现有商业模式的破坏（Bonel&Rocco，2007 年）。Bouncken & Krau（2013）对知识密集型中小企业的研究发现，竞合对创新绩效有两面性作用，通过①与伙伴知识共享②向伙伴学习③技术复杂性的调节，竞合可以引发激进的创新，但同时也会损害一些全新的革命性创新。在建立合作关系之前，企业必须考虑到这些不利因素，并明智地评估潜在的合作伙伴。

（二）竞合张力（tension）与测量

1. 竞合张力的含义

同时存在的两种对立力量——竞争与合作，产生了自相矛盾的张力（paradoxical tension），这是竞合概念最核心和最明确的部分（Czakon et.al，2020）。由于分享和保护、共赢和自利的矛盾逻辑，竞合策略会在个人、团队和组织内部之间的多个层次上造成张力。合作产生的需求与竞争产生的需求不同，特别是在感知他人的行为、采取行动和构建关系方面；当认知情感需求与协调分配资源相对立时候，这种差异可能或多或少地引起矛盾张力的变化（Czakon et.al，2020；Park et al，2014）。从目标来说，人们合作的个人利益（private benefits）与共同利益（common benefits）并不总是匹配，由于多重二元性和冲突力量的存在，竞合出现了张力，Gnyawali et al.（2012）认为，张力产生是由于竞争与合作的矛盾要求以及竞合中固有的二元论（如价值创造和占有），因此，公司管理这种张力的能力是从竞合关系中获取高回报的基础（Gnyawali & Park，2011）。

2. 竞合张力的测量

测量竞合张力的是有效管理竞合关系的基础。合作和竞争的强度可以是对称的也可以是不对称的（Bengtsson and Kock，2000）。当合作与竞争的强度相当对称时，就会出现更加平衡的竞争；当这些不对称时就会导致不平衡的竞争。竞合张力直观表达形式就是竞争强度与合作强度的总和，因为是两个对立方向，所以是绝对值的加总。但在实际测量中却存在不同思路，具体在统计方法处理上，详见后面指标测量部分。这里主要介绍几种结构测量法。

“合作伙伴的竞争”思路：Park et al（2014）指出竞争是竞合的核心，人们对竞合的研究大多以竞争为出发点；他们提出：考察一组合作伙伴之间的竞合时，一个自然的出发点是考察合作伙伴之间的竞争强度（intensity），先讨论竞争强度对创新的作用，然后考察合作强度的影响，最后讨论竞争与合作之间的平衡问题，通过选用一些指标来衡量竞争与合作，例如，市场与技术重合度衡量竞争，与伙伴建立的联盟的数量衡量合作。而 Yan & Dong（2018）用行业市场重合度来测量，如果两家同盟公司属于同一主要行业，则将其视为竞合伙伴（coopetitor），并用联系的规模数量来表示强弱程度；Basole et al（2015）用连结组分的数量来描述电信行业内竞合，即一个网络子图中所有连结的数量，也有人采用分段网络密度（已有连结 / 所有可能的链接）来衡量竞合。

3. 竞合关系的管理

一旦确定了竞争性紧张关系，关键问题就是如何处理它们（Le Roy & Czakon，2016），合作竞争包含多种对立的因素和二元性，但战略问题不是在竞争和合作之间做出二选一的抉择，而是管理两者之间的张力（Clarke Hill et.al，2003），或维持和平衡两者（Chen，2008）。逻辑上的问题是哪些因素和管理实践将有助于正面的结果，以及如何避免负面的结果。有人认为只有在某些特定类型的商业环境或工业部门中竞合战略才是成功的（Ritala，2011）；也有学者认为是竞合的概念模糊限制了竞合战略的有效性，同样的概念被用于完全不同的现象，从而导致不同的方向（Bengtsson & Kock，2014）。因此，Czakon et.al（2020）认为没有普遍适用的最佳策略，竞合亦是如此，因为竞合策略的有效性取决于组织面临的权变因素（contingencies），例如，环境动荡性、技术依赖性以及领导风格、权力地位等。但人们还是总结了管理竞合关系常用的一些原则，例如：竞争与合作活动之间的组织隔离、合作活动的共同管理、最高管理者的仲裁、合作竞争悖论的个体整合（Fernandez et.al，2014；Czakon et.al，2020）。

人们常用平衡（balance）这个词来描述竞合关系管理。根据竞争与合作的强度分成四种可能的分布（Park et al，2014），如下图所示：

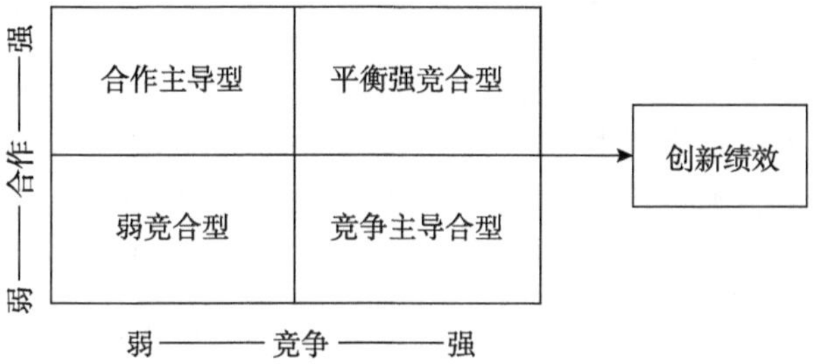

图 2-2 竞合组合框架（摘自 Park et al，2014）

Park et al（2014）将 Bengtsson & Kock（2000）提出的“平等关系”（equal relationship）（合作和竞争是平均分配的）分为平衡的强竞合（当两者都是高的）和弱竞合（当两者都是低的），平衡定义为强合作、强竞争的平衡强竞合型，合作主导型竞合涉及强合作、弱竞争；竞争主导型竞合是弱合作、强竞争；但 Bengtsson et al（2016）认为强 – 强和弱 – 弱都是平衡的。同样，Lado et.al（1997）还介绍了四种“寻租行为”：垄断行为（既不积极也不合作）、合作行为、竞争行为和融合行为（既攻击又合作），他们证明了强竞合平衡（强竞争与强合作）是提高创新绩效最有效的组合方式。

三、社会网络治理与竞合关系

管理者驾驭矛盾的竞争关系并处理个人、团队和组织层面的竞合张力的能力会严重影响竞争策略的有效性（Gnyawali et.al，2016），虽然人们提出了管理竞合的一些原则，例如部门分离、组织整合（内部化）、共同管理等，但这些主要是针对企业内部的职能管理，而当企业嵌入到社会网络与区域经济体系中，主要是带来外部环境变化，特别是创业期的企业，要更多精力来协调外部新建立的各种关系，这就是社会网络治理的范畴。

（一）社会网络治理的形式与意义

治理（governance）可以使用各种机制，例如，契约合同、正式控制、特定指令、报告机制、信任（Das&Teng，1998）、互惠、社会权证，社会控制或关系规范等（Bouncken et al，2016；Mayer & Argyres，2004）。社会网络治理也被视为社群治理（community governance），是行政治理和市场治理中间的第三种治理方式，是个体对所嵌入群体的共同价值观与规范的承诺与遵守（Bowles，2004；顾昕，2017）；Thorelli（1986）认为网络是介于组织层级关系与市场交易关系两者之间的长期关系。Powell（1990）在探讨网络关系时，认为网络内的交易不是市场交易或是管理上的直接命令，而是通过网络成员间彼此互惠、依赖关系、利益与商誉的引导。网络治理形式属于软治理方式，参与者也容易接受新行为和改变现有规则（Christakis and Fowler，2009），网络治理的问题不仅在于建立网络内部和外部的合法性，而且在于解决它们之间潜在的紧张关系（Provan and Kenis，2007）。

很多学者从不同视角归纳出不同模式：譬如认为网络本身就是一种处于企业与市场间治理模式（Larson，1992）。Provan & Kenis（2008）将网络治理分为共同型、领导型和第三方治理模式。谢永平、党兴华（2012）基于核心企业是否形成，把创新网络治理分为自发治理和核心企业主导治理。郑胜华（2014）提出了以治理内容、手段和主体为坐标的三维网络治理模型。Provan and Kenis（2007）提出了共享治理、领导型组织治理和网络管理者治理三种形式，在每种形式中运作的网络管理者必须认识到有效处理网络治理中固有的三种基本张力或相互矛盾的逻辑：效率与包容性、内部与外部合法性、灵活性与稳定性，如何处理这些张力将是网络有效性的关键。此外，还有文化治理、代理人治理以及合伙人治理等（李维安，2014）。而基于我们调查发现，在社会网络治理方面，可以分为正式场合和非正式场合两种治理形式，这两种形式都属于社会关系网络范畴：

一是各类民间组织及非营利机构等结构化程度较高的社会组织治理，例如，商会、产业协会、帮会等，这种治理形式有较为正规的制度、定期的会议、较为完整的组织结构和相对固定的成员等特征，可以为组织成员提供合法性支持、社会声誉以及关系协调等方式；Bouncken & Fredrich（2012）提出在联盟职能中汇集的标准化的专业知识、程序和惯例将提高合作竞争活动的范围、规模和质量。这类实体（结构化）治理虽然不具有法律和行政的强制约束力，但具有很大的社会影响力和公信力，制度化的联盟管理能够积累经验和最佳做法，也为当前和潜在的合作竞争伙伴提供了联系的信息库，但在这种组织体系内，人们会注重维护集体权威而避免引起"众怒"。

二是各种非正式的松散型的情感关系网络，例如，情感来自血缘关系认同的亲戚圈，来自身份认同的同学同事、朋友战友以及来自地域关系的老乡会等，这种血缘认同或者身份认同的社会网络关系在短期内不会消失，但会呈现差序格局特征，根据自身的功能性需要进行扩展（罗家德，2010）。在以情感为核心的社会关系纽带中，除了提供身份认同、资源支持等作用，"重情不重理"是传统中国人行为的普遍逻辑（周建国、童星，2002），这也可能为成员提供额外的社会资本或庇护。

Resende et al.（2018）指出，非正式协调机制（如社会和信任纽带）、角色和正式协调机制（如计划和规则）更有效地确定如何在竞合网络中开展联合活动。由于网络间互动的演进轨迹可能不受高度形式化协议的约束，确定协调实体（例如，社区委员会和技术委员会）和机制（例如，社会纽带、信任、角色、计划和规则）可能有助于关系的可持续性。此外，通过合作经验积累起来的信任可能会促使双方达到更高水平的协调，并进一步提高关系的可持续性（Mariani，2016）。因此，社会网络治理适应了当前网络化趋势下社会结构不断分化、利益需求多样化的复杂社会系统（邓建高等，2016），由于中国人具有"差序格局"与"人情关系"的特质（费孝通，1985；罗家德，2012），中华文化本质上就重视非正式的社会关系，关系网（非正式网络）在中国经商中的重要作用也广为人知（Peng and Luo，2000），在资本市场并不完善的中国，这种非正式关系往往能够充当正式关系的替代物并获得额外收益（陈和平、龚孩谚，2017）。当前我国正处于社会转型时期，社会结构正发生着急剧的变化，人际关系结构表现出由情感型人际关系结构向理性型人际关系结构变化的趋势（周建国、童星，2002），从社会网络治理的角度来说，就是通过商会、协会等这种结构化组织的社会治理将日趋重要。

（二）嵌入性视角的社会网络治理

社会网络研究的聚焦点是关系和关系模式，而不是行动者的属性（Kilduff & Tsai，2003），是从全局角度去分析问题并提出解决方案，由于企业通过社会网络的嵌入性进入本地网络并与周围人发生各种关系，逐渐建构起自我中心网络体系（Egonetwork），因此，社会网络治理与嵌入性方式有着天然的联系。Rowley et.al（2000，p.370）认为关系嵌入和结构嵌入在治理联盟者行为和绩效方面起到控制体（control agent）作用。从嵌入性理解治理，也是从网络属性上理解治理机制（Capaldo，2014），即经济行动总是用社会性定位的，不可能仅仅用个人动机来解释；社会制度不可能以某种必然的形式自动地产生，而通过"社会建构"形成（Granovetter，1990），且不同嵌入方式下的治理模式各有差异。

1. 关系嵌入性的社会网络治理

集中在"点线"关系上，从嵌入关系中形成声誉、信任和规范等社会资本去分析"协商的秩序"。关系嵌入性具有一定主观能动性，需要彼此间基于既定目标和认知建立信任关系，通过持续交易形成稳定的内在惯例（陈学光、徐金发，2006）、对集体行为起到制约与调节作用，非正式的行为规范促进了信任、集体学习和共同治理的形成（池仁勇，2009）。例如，Nooteboom（2004）、Robin（2006，2007）和 Joel（2009）等都认为企业间强的关系嵌入性会增加相互之间的信任、交流和了解，这些社会资本在网络强度和企业管理创新之间起着中介作用（谢洪明等，2012），陈艳莹（2006）研究了关系嵌入治理，认为信任是网络治理的核心，而 Bouncken & Fredrich（2012）认为信任并不是唯一重要的相关因素，提出依赖性是另外的一个重要相关因素。因为社会关系非常复杂，相关研究结论也不一致（许冠南，2008），有学者认为弱联结更有利于获取有用信息，而另一些学者则认为，强联结能促进网络中企业的信息共享，Uzzi（1997）则提出了关系嵌入影响绩效的嵌入不足与嵌入过度的"倒 U 型模型"。

海归创业会依靠关系嵌入性来选择社会网络治理措施，改善公司发展外部环境。Qin & Estrin（2015）对印度海归创业研究发现，同辈网络特别是那些连接校友和族裔专业人员的网络，通过网络产生了强大的社会放大效应，这些社会网络是引导海归创业的重要渠道。Farquharson & Pruthi（2015）认为直接进入型海归创业者可通过与家庭和朋友的强联结弥补与本地政府的弱联结；而非直接进入型海归创业者更依赖于国外的教育联结，因为他们的家庭联结几乎不能提供任何获得资源的渠道。中国家族企业家往往优先考虑与自己有亲缘关系的家族成员，其次是有地缘、业缘等关系的熟人朋友作为核心股东的成员（马金城，王磊，2009）。我们调研也发现，海归创业者会依靠朋友圈引进风投资本，或者在企业股改过程中引入具有丰富社会资本的人士（如退休官员、族群长辈）来帮助扩展市场。

2. 结构嵌入性的社会网络治理

集中在“点位”结构上，具有客观被动性，即位置决定收益，网络结构在一定程度上决定了网络运行的有效性，对于网络结点而言，位置决定地位，如何调整自身行为，占据有利于自身的网络位置；对于网络整体而言，如何平衡结点之间的利益，以构建能带来整体利益最大化的网络。例如，外部联结及网络位置对董事会履行建议职能的作用存在两面性（秦兴俊等，2017）；Bouncken & Fredrich（2016）证明企业嵌入在一个更大网络联盟中会促进吸收学习（inlearning），联盟伙伴数量会调节竞合与吸收学习的关系 Gnyawali，He & Madhavan（2006），通过实证发现，竞合网络中企业之间的网络配置和结构位置差异反映了它们之间的资源不对称，这种不对称导致了企业竞争行为的差异。Jones et.al（1997）综合交易成本与社会网络理论，从结构嵌入视角提出限制结点进入、集体制裁等社会化机制。从结构来看，网络治理主要包括网络中的结点、结点之间的联系以及网络整体形态，也包括对网络中结点数目、地位与占位调整等问题的研究（孙国强，2004；刘东，2007）。

目前从结构嵌入性视角研究社会网络治理措施的文献还很少，主要是基于结构洞理论提出相关治理策略。从实践调研来看，海归创业者也会根据结构嵌入性选择具体的社会网络治理措施，例如，通过协会与本地（产业）内其他同行业分配市场资源，或者接近行业内龙头企业建立合作关系，能迅速扩展网络关系从而减少进入市场阻力。

3. 制度嵌入性视角的社会网络治理

政策安排具有主观被动性，即政策红利能带来收益。政府政策是通过影响创业环境、创业市场、创业主体而作用于创业活动的，从创业角度来说，一个好的地方政治生态与制度环境，一方面可以减少创业的摩擦性成本，营造良好创业环境，例如，纠正市场失灵、优化知识产权保护来抑制不正当竞争（陈昭锋，2001）；另一方面可以帮助创业者度过初期难关，降低创业风险，促进创业成长，例如，宁波市出台重大自主创新产品首购首用政策，对采购应用新材料的下游企业给予购买补助与保费补助，苏州市推动政府部门带头购买新兴业态企业产品和服务，这些措施有利于创业企业新产品打开市场；政府鼓励创业的税收优惠、小额贷款、资金补贴、场地安排等扶持政策都能有效促进创业企业成长（周劲波，陈丽超，2011）。

Aldrich 和 Waldinger（1990）提出了机会结构（opportunity structure）的概念，强调市场条件的重要性，包括市场领域的规模、市场的可及性及其增长潜力，因为这些都会影响商业机会，毕竟市场在制度结构内运作，制度结构提供了确定谁可以交易以及应该如何开展业务的规则和规定（Waldinger 等，1990）。新兴经济体具有独特的制度环境，在许多方面（无论是监管，规范还是认知）都处于发展变化过程中，当整个体制环境发生巨大变化，同时正规机构仍不发达时，关于制度变革的信息通常只能通过经验和网络来获得（Qin et al，2017）。例如，袁建伟（2014）发现香港跨界华人企业家的网络构建更专注于企业家所代表的商业组织与官员所代表的政府机构之间的专业信任与制度性信任；东南亚一些国家的华人族群通过与当地政治精英结盟来获得发展空间（Gomez & Hsiao，2001；袁建伟 2014）。从海归创业角度来看，Qin et al（2017）发现，与本土创业者相比，海归创业者在国内制度环境中缺乏即时嵌入性，因此，创业者在选择社会网络治理方式上，可能会借助亲戚朋友圈或者参加协会、商会、政治协商会议等方式获取制度红利、强化制度性信任。

四、文献评述与启示

虽然很多研究都从社会网络视角研究创业活动，继而研究海归这类特殊群体的创业活动，但大部分研究没有系统深入的分析嵌入性对其创业活动的影响，尤其是创业中的竞合关系及其对应的社会治理措施，对海归创业这种特定群体的经济与社会行为的科学理性解释不足。而竞合关系和网络治理都是当前管理学研究的前沿热点（刘衡、李垣，2009；李维安等，2014），将二者的交集应用在海归创业与创新研究会产生很多有意义的理论发现和实践启示。

从现实来看，在大众创新万众创业的热潮感召下，越来越多海归回到国内这片广阔天地，书写个人事业与时代发展交相辉映的华章（邹雅婷，2016），但海归人才可能会面临“水土不服”的风险，在寻找机遇、创新开拓以及理念碰撞的同时（王辉耀，2013），也必然会对原有社会与商业网络带来冲击，如何在这种曾经熟悉又陌生的环境中，科学有效地处理各种复杂关系，通过多赢格局实现创业创新是海归人才面临的一个直接现实问题。同时，为这些情系故土的海外游子提供良好环境，充分发挥他们在增强创新发展的内生动力、经济转型升级方面的独特优势，也是国家政府和社会在当前建设人才强国、实施创新驱动发展战略的一项重大任务。

（一）海归创业的嵌入性

1. 海归创业是一种典型的网络嵌入活动

人们越来越多地使用社会网络方法来了解商业行为，尤其是创业行为，然而，对创业网络的研究因范式假设的不同而有很大差异（Johannisson，1995）。嵌入性能充分揭示海归创业者对本土环境的适应情况，而本土化越好，创业企业的绩效越好（郑玮等，2016）。人们研究了海归的母国和东道国网络的双重嵌入性问题（如 Qin et al，2017，赵文等，2017），海归把所学的文化理念、技术知识等带回国内进行商业化，这种跨国界转移是一个匹配适应的过程，创业者本人需要结合具体的环境条件选择进入的方式与策略，这就需要考虑社会关系（包括文化理念）、产业基础与制度环境等方面的因素，Uzzi（1997）认为“如果经济活动嵌入在关系网络中，逻辑上第一步就是指出嵌入关系的维度以及影响经济关系的机制”。何会涛、袁勇志（2012）对海外人才跨国创业研究综述时指出，“不同的网络嵌入对跨国创业成长绩效的不同构成维度会产生不同的影响，对于我国学者来说，未来还应该基于我国转型经济背景来研究解决这些问题”。为此，我们根据海归嵌入性的特点将其分为关系嵌入性、结构嵌入性与制度嵌入性三个维度，更细致分析海归创业的本地化过程，帮助他们更好地解决水土不服的困境。

2. 海归创业的嵌入性机理及其过程结果还有待深入研究

虽然海外学子对祖国文化具有最深刻的认同，对故乡怀有深厚的感情，但经济活动嵌入不可避免地带来矛盾与冲突，嵌入方式既对回归浙商的竞合关系产生动态影响，也对治理模式的选择产生影响。现有海归创业研究不多，多数偏向政策分析或者个案描述，缺少对海归这一特殊群体创业机制及其规律性研究（董洁林，2013），特别是从海归回国后创业启动阶段的嵌入行为还缺少系统分析；Granovetter（1985）也认为自己的研究主要是直接原因／近因的集中分析，但对嵌入性的研究还存在因果关系不清晰或者倒置之嫌，个体是否会为了特定的经济目的而战略性地嵌入特定的社会结构（吴义爽、汪玲，2010），或者说，个体在进行商业行为时如何选择和适应一个社会网络？在嵌入过程中，如何避免嵌入不足或嵌入过度的弊端？本研究从海归创业的关系嵌入，结构（产业）嵌入和制度嵌入，聚焦在竞合关系及其治理模式上，更为全面的阐述创业嵌入的本地化过程与结果。

（二）海归创业的竞合关系及其网络治理

1. 竞合关系的研究有待深入

在过去的十年中，对竞合的研究一直在快速增长，2015 年战略管理季刊（SMJ）专门组织竞争与合作互动研究的约稿（Hoffmann et.al，2014）。尽管研究进展令人印象深刻，但需要进一步的系统性研究和更严谨的要求，以便对竞合现象有一个全面和细致的了解（Czakon et.al，2020）。人们从不同层次分析竞合的前因、过程与结果，一些学者在广义上将竞合定义为公司供应商、客户和竞争对手的整个网络，而另一些学者则将关注点范围缩小，将其视为两个竞争对手之间的二元合作关系（Rusko，2011）。Czakon et.al（2020）在 Long Range Planning（2020– 53）组织的竞合战略专刊研究中，总结了竞合战略研究的一些关键议题以及未来研究方向。其中，从研究方法上，现有研究仍然缺乏大规模样品的实证研究，使用更可靠的实证方法并结合更细致和可靠的测量将有助于回答一些持久性问题；在研究议程上，从竞合性质、前因、过程与结果四个方面提出了 18 个有待回答的问题，例如，合作竞争的紧张程度如何影响公司的行为和结果这一问题在很大程度上还没有得到完整答案，.Dorn et al.（2016）提出竞合未来研究的五个中心领域：关系的性质、治理和管理、关系的产出、参与者特征、环境特征。他们敦促未来的研究人员研究竞合的性质，根据竞争与合作的对称性或平衡程度判断竞合强度是否有所不同。

2. 创业与竞合关系密切相联，有待系统整合研究

竞合本身是商业网络研究中的一个研究流派和概念，Bengtsson and Kock（2014）概述了这一研究领域中流行的几个方向。竞合关系的参与者往往会寻求新的机会和创新的解决方案，并与其合作伙伴一起利用这些机会（Ritala &

Tidström，2014；Yami & Nemeh，2014）。因此，Galkina & Lundgren-Henriksson（2017）指出竞合类似于一个创业过程，但在现有文献中，竞合这一创业特征很少引起研究者的关注，在主流创业期刊上发表的与竞合相关的文章也很少，在竞合与创业的交叉点上也很少有概念性的工作（Galkina & Lundgren-Henriksson，2017）。而创业企业面对瞬息万变的市场态势，更倾向于在竞争与合作之间权衡并把竞合作为一种权变战略（张怀英，2018），创业在从 0 到 1 的过程中，会借助各种手段方式为自己孵化成长营造良好的环境，创业的竞合关系特征也更明显，但现有研究都是从成熟企业研究，很少关注创业企业的竞合发展过程与结果。海归回国创业，面临着独特的社会环境，对竞合关系有自己特定的前因和过程，因此，分析海归创业的竞合关系同时性和价值创造的意图，并比较和对比不同起源带来的挑战和收益，也有助于丰富竞合关系的研究内容。

3. 竞合关系的社会网络治理

由于竞合可以带来正面和负面的结果，一个相关但尚未深入探索的问题是如何实现竞合的好处（Park et al.，2014）。公司的管理人员了解竞合的独特挑战和机遇，识别哪些因素和管理实践将有助于正面的结果以及如何避免负面的结果，并据此设计和调整组织会产生积极的结果，人们探索性地提出了一些管理原则，但需要进一步检验以验证有效性并确定其他原则（Czakon et.al，2020）。从 Bengtsson & Kock（2014：182）竞合的兼容性定义看到，竞合是同时参与合作和竞争性互动的两个或多个参与者之间的悖论关系，无论他们之间的关系是否水平或垂直，这个定义使我们不仅可以将竞争视为组织间的现象，而且还可以包括其他层次的分析（Bengtsson & Kock，2000），人们普遍用二分法分析竞合关系（不同市场、业务、时间等），而很少在同一时间约束下去揭示网络中各主体间纵横交错的竞合二元性（Ambidexterity），从网络层面分析竞合关系更切合企业的嵌入实际情景，在网络情景下的治理，社会嵌入思想都是它们的一个重要的理论基石（孟韬，2006）。

张力的概念为我们研究竞合关系管理提供了一个可操作的概念工具，同时合作和竞争两种相互作用可以产生明显的张力（Bengtsson&Kock，2014）。在关系和 / 或组织层面上，竞合会随着时间的推移，改变力量的组合方式、强弱、方向（Dahl，2014），一些实证研究提出了几种可能的合作竞争类型（Czakon & Rogalski，2014；Chiambaretto 和 Dumez，2016），例如，强竞争 –

强合作或弱竞争－弱合作等，张力程度如何影响公司的行为和公司的结果这一问题在很大程度上还没有得到答案，需要更细致研究来确定最佳竞合水平（Czakon et.al，2020），Madhavan（2006）指出竞合网络具有连续和动态的张力，能够有效地管理这种张力的组织将获取更大的网络价值。

网络治理是当前工商管理领域的前沿研究方向，处在理论交叉和系统整合的发展期（陈雨田，2012；李维安等，2014）。现有网络治理研究多集中在网络层面（network-level），保证实现网络整体的目标，这与网络存在公共外部性有关。尽管学者们强调了网络嵌入性的重要性，但围绕网络嵌入性在联盟治理机制组合中的作用存在着不同的观点。例如，Powell（1990）认为，网络嵌入性产生了优于正式治理机制的社会控制，并取代了正式的治理机制；但也有学者认为网络嵌入性支持采用正式治理机制或者调节了正式治理机制（Lin et al.，2012），针对海归创业嵌入的复杂性，探索网络治理方式对竞合关系影响是一个基础性研究命题，具有重要理论价值与实践指导意义。

（三）本研究的启示思路

通过上述综述启示，我们可以得出海归创业、嵌入性、竞合关系、社会网络治理的一个思路框架（如下图 2-3），

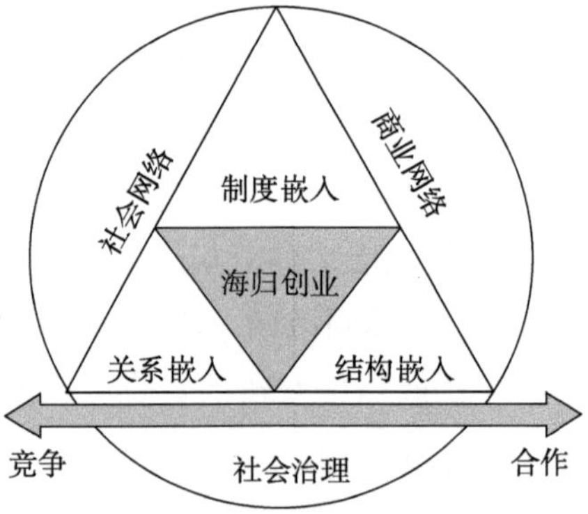

图 2-3　研究思路启示框架

对于海归创业者来说，除了满腔热情和自身实力，还需要政策的鼓励、资本的支持、科研院所协作、社会机构帮助指导等良好的创业生态环境与包容的社会文化，因此，他们会选择合适的嵌入性来决定自身的定位（location），包括选址、产业与市场的定位，来为自己创业构建一个合适的成

长环境。本研究基于网络嵌入性视角，将竞合关系和网络治理整合在一个系统框架内，研究海归创业这一群体在关系嵌入、制度嵌入和结构嵌入下的社会建构，即不同嵌入方式下，海归创业与其他组织间的竞合关系特征与规律性，以及如何选择有效的治理模式去维持这种相互之间的竞合张力平衡，避免导致低度嵌入及过度嵌入，提高海归创业的适应能力和创新能力，从而更好地理解动态环境下社会网络对海归创业的内生性作用。

第三章　海归创业的嵌入性与竞合关系治理

创业被解释为一个嵌入过程，嵌入意味着将理论实践与地方实际情况相协调，以及使全球资源（包括网络中获得的知识）在地方具体环境中发挥作用（Vlasov et.al，2018）。首先，创业公司是在更广泛的网络环境中创建的，尽管每家企业都不同，涉及各种各样的问题和风险，但定位（location）和本地化（localization）在某种程度上对企业活动很重要。其次，并非所有新创企业在初始网络连接方面享有同等的资质与禀赋，而这些初始网络连结差异很重要，会影响创业企业进一步发展。（Greve & Salaff，2003；Elfring & Hulsink，2007）。创业初始期就是嵌入的进程，这种嵌入活动也可以极大地促进协作动态中的竞合逻辑（McGrath et.al，2019）。但对于竞合关系的研究主要集中在成熟的大型企业组织领域，在这些组织中，私营部门和公共部门之间在业务活动和责任方面的关系界限变得模糊（Kylänen & Rusko，2011），而人们却很少关注创业企业是如何嵌入网络环境及其所导致的竞合心态与互动行为策略。

一、海归创业的嵌入性过程与特征

有一部反映留学生回国创业的现实题材电视剧《梦在海这边》，该剧以时间轴从 20 世纪 80 年代中期演绎至今，以海归创业者的个人成长故事为缩影，全方位展现中国当代社会的变革浪潮；而在其中，通过“海那边”和“海这边”的对比详细展示了海归创业的嵌入与成长过程。海归在毕业后大多数在海外相关领域会工作一段时间，然后再归国创业，这段海外经历对他们的成长尤为关键，加深了他们对国外社会生活、经济发展、技术转化等理解，构成他们归国后双重嵌入的另一边资源。而从“海这边”国内来说，重回故土也存在一个重新嵌入的过程，广义的嵌入性也意味着创业活动受到各种背景因素的影响甚至限制，而且这个创业嵌入过程会持续较长一段时期，特别是在早期回国的海归（如 90 年代），有些人回国后在创业之前会“蛰伏”很长一段时间。从创业性质来分析这段嵌入过程，我们会发现这个嵌入性过程对海归创业行为具有独特而重要作用。

（一）海归创业的嵌入性特征

嵌入性的概念使我们能够理解创业与其社会经济和物质环境密不可分，它表示与社会经济环境联系（ties）的性质、深度和范围（Jack & Anderson，2002；Granovetter，1985），Welter（2011）表示，正是通过研究商业、社会、制度和空间背景下的创业活动，我们才能发现推动和阻碍创业行动的力量。Vlasov et.al（2018）研究创业的本地和跨区域草根网络中发现，嵌入性能促进地方的复原能力，适当的社会文化嵌入有助于获得当地资源和合法性，并在社区中创造社会价值。更具体说，嵌入性有助于研究创业过程在区域内部和跨区域展开的过程（（Steyaert and Katz，2004）。

1. 海归创业的"再嵌入性"

海归创业与本土创业不同，也与移民创业的嵌入性不一样。首先，与本土创业者主要的不同是实际经验和体验认知上差异，本土创业者一直扎根本土，对国内社会发展与经济形势有切身的体会理解，但他们往往不具备留学生的国际视野、商业模式和知识结构方面优势。留学生回国是离开曾经的故土又回到故土，其间隔离较长一段时间产生陌生感，但其内在联系却是固有的和连续的，风筝的线还是系在中国土地上，在文化认同、思维方式等方面还是保持一致，只是因为没有深入接触现实社会，对商业行为、认知观点、社交技巧等方面有差异而导致水土不服。

其次，海归创业与移民创业的不同是根本性差异，移民创业是嵌入在一个完全陌生的环境中，在文化习俗、生活习惯、宗教信仰、法律规定等存在国际间差异与不和谐（Dheer & Lenartowicz，2018），其中，社会文化差异是移民创业研究的一个重点。这种差异的广度和深度非常大，例如，在监管较为宽松的澳大利亚，少数族裔的创业家较多（Bagwell，2018），而在日本、韩国这种民族文化较高的国家则很少有少数族裔创业。移民缺少社会资本和金融资本支持，只能够利用他们的家庭和种族网络提供廉价的劳动力、资源和信任促进商业成功（Tata and Prasad，2015；Bagwell，2018），基于集体或群体的身份认同对他们的意义增加。而海归回国后在文化习俗与生活方式等方面却没有这样差异，更不会存在社会和歧视性的压力，相反，还有较为丰富的资源和社会网络可以利用，而且还具备海内外网络协同的独特优势。

2. 海归创业嵌入性具有前置性作用

根据 Timmons（1974）提出的创业三要素模型，创业过程是商业机会、创业者和资源三个要素匹配和平衡的结果，其中商机是创业的核心驱动力。合适的商业机会取决于创业者特定资源供给与机会结构和市场的需求之间的平衡（Kloostermanet.al，1999），Jack & Anderson（2002）详细阐明了创业嵌入如何作为一种寻求和利用商业机会的机制，机会的识别和实现是由创业者的动态性和社会结构所决定的。社会嵌入性使得企业家能够获得潜在资源和其他企业家无法获得的独特资源。海归作为一个特定的群体，本身已拥有较高的知识、声誉和能力等优质资源，对于他们而言，理解和把握商业机会是首要任务。创业者被视为嵌入自己的社会网络以及外部更广泛的经济环境和政治结构中去寻找机会并创立商业活动（Kloostermanet.al，1999）。企业层面的嵌入性往往是在创业过程中决定的，它影响着企业内部的资源积累和外部机会的可能性（Li & Chen，2009；Lin et al.，2019）。因此，嵌入性可以帮助海归留学生在本地化创业活动时寻求更多商机，促进资源配置与价值创造活动（如下图 3-1）。

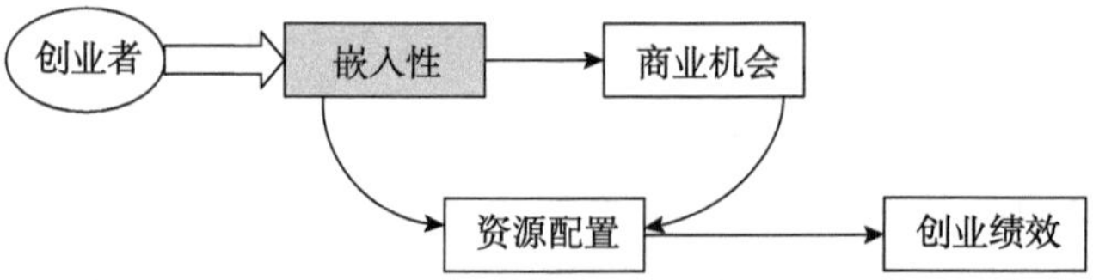

图 3-1　嵌入性的前置性作用

在创业文献研究中，社会（文化）嵌入的强大力量已经充分确立。嵌入本地的创业者更容易识别当地相关的需求和机会（Jack and Anderson，2002；郑玮等，2016），积极吸纳当地相关者的利益诉求，尊重当地传统以获得合法性，能够围绕共同目标动员社会力量，比如，积极参与社区生活并了解什么在文化上是适当的和预期的，这包括责任感和相互支持的关系，这些反过来又为这些企业家提供了地方领导人的形象。尽管许多可持续性挑战本质上是全球性的，但是通常围绕着造福当地的承诺而展开。

在选择回国的地点与产业时候，嵌入性称为定位（location）的首要因素（Jack & Anderson，2002）。海外留学回国就业创业前也会综合评估各种因素并向着最好的机遇地区流动，而且现在考虑的因素逐年增加，早期回国人员主要考虑工作情况选择地点，近年来，海归人才开始考虑城市发展、就业支持、子女入学等条件，例如，以杭州和成都为代表的新一线城市对海归的吸引力在逐年上升。海归从自己事业出发，会考虑在何处能实现自己的最大价值，把自身优势与外部条件相匹配、择一城而居的决策过程也就是嵌入性，无论个人和创业企业后续发展如何，迈开回国第一步，嵌入性是他们首要考虑的环节。

3. 海归创业的嵌入性自由度大

海外留学人才作为高层次人才历来受到国家和政府的高度重视，而如今随着中国经济的迅猛发展，具有国际化视野，有真才实学的留学生在国内具有很大的缺口和市场。各地纷纷出台政策吸引高端人才回国创业，比如设立留学生创业园区、提供资金扶持、创业指导以及生活补贴等，以及海内外“人才、项目、技术、市场、资本、场地、服务”全面对接的平台，这种追逐吸引人才的热潮、全球最活跃的经济市场，为海归人才提供了最大的选择自由度，海归可以综合评估各方面的条件准确定位自己的职业与城市。

这种嵌入性的自由度不仅体现为空间选择自由，还表现为时间选择自由和嵌入路径自由。Hess（2004）区分了领土性（territorial）和非领土性嵌入形式，他认为社会网络或文化与体制结构的作用不必局限于特定的地区，它们可能是企业家个人背景和遍布各地的企业联系的一部分，例如，华人企业的儒家管理特征、中餐馆的招牌风格。另一方面，对于要在地域上扎根的企业家或企业，应“锚定”（anchored）在特定的地方；并影响和被当地的社会和物质结构所影响塑造（Hess，2004）。从空间来看，海归可以选择的区域城市较多，每个城市都有它自身的特性和产业布局以及职场特点，首都北京、文艺上海、开放深圳、烟雨杭州、休闲成都……海归人才选择的目标范围也从首选一线城市到青睐新一线城市，近年来回到家乡所在地的海归也逐渐增多。时间选择的自由体现为海归可以在不同时期多次选择地点和职业，他们本身就受西方自由择业、追求自我的影响，我们调研也发现，很多海归在回到国内会进行多次的角色转变和职业调换，然后才正式创业。嵌入路径自由表现为他们回归国内的方式多样化，例如，除了直接应聘和创业，还有些留学生博士毕业后，进入跨国公司的中国事业部在国内各地工作；也有海归人才通过与国内企业合作等形式逐步进入国内；还有些高端人才通过国家“千人计划”人才引进等方式直接加入国内企业。

（二）海归创业的嵌入方式与过程

Jack & Anderson（2002）参考 Giddens（1984）的结构化理论分析了创业嵌入性机制，Giddens（1984）的结构观主要是结构和代理主体（agency）的二元性，他赋予了结构在社会行为中的形成地位，同时也承认了结构中主体修改结构的自由。嵌入机制让我们通过动态关系将结构和主体联系起来，因此，要理解创业就必须同时考虑到结构和主体（Jack & Anderson，2002）。社会嵌入与创业活动相关，有助于企业家识别创业机会和社会资源，这是创建组织的重要步骤（Hansen，1995）；此外，融入社会环境意味着在创业过程中获得更多支持，同时也增加创业活动的可能性。

1. 海归创业嵌入的典型方式

任何地区或经济形态都有明示或者隐含的规则秩序，企业家的社会嵌入程度和嵌入方式（与结构的一致性）将影响他们利用社会和经济资源的能力，并影响创业过程的性质并影响创业活动（Jack & Anderson，2002），在前面文献部分，我们归纳并提出了海归创业的三种典型方式：关系嵌入、结构嵌入与制度嵌入，如下表 3–1 所示。

表 3–1　海归创业的典型嵌入方式

方式	关系嵌入	结构嵌入	制度嵌入
定义内容	以亲朋好友社会关系来选择创业地点和领域	以产品技术在产业链中位置选择创业地点	以政府支持和营商环境来选择创业地点和领域
相关变量	家乡，母校城市，亲戚，校友	产业基础，市场，技术优势，供应链	财政补贴，人才计划，产业规划，政府效率
关键特征	地点相对固定，创业项目（领域）可变	创业项目相对固定，创业地点可变	创业项目与创业地点都可变

从上述关键特征来说，关系嵌入的地点相对固定，比如，家乡和母校城市，Larsson et.al（2017）发现大学生创业者更喜欢在他们生活学习过的地方创业，但海归在选择创业项目不局限在自己专业，关键看亲朋好友能提供的社会资源是什么，比如，父母和亲戚都从事茶叶生意的，海归更可能从事农产品相关领域创业，可以从社会关系中获取充足资源和信息支持。而作为结构嵌入则更注重自己核心技术的能够转化利用的地区，例如，从事电子商务创业可能会优先选择杭州等长三角“包邮”地区，因为这里上下游产业链与

基础设施配套齐全，而从事人工智能行业创业，则会选择北京地区，而深圳的电子硬件开发生产则非常方便。制度嵌入则提供了一个比较宽的框架，有的地方出台重点支持产业的发展规划，例如，生命医药、芯片技术等则会吸引相关专业的留学人才聚集，而当产业规划变化的时候，则又会诱导很多创业者转变方向，毕竟创业风险不确定性很高，例如，大数据与云计算规划出台后，很多从事检测技术、电子商务创业者转向了大数据领域。

2. 海归创业嵌入应用方式

海归创业嵌入类型并不是单一的，而是根据海归自身条件和外部环境进行综合评估后做出一个权衡，可能存在一种嵌入方式，也可能同时采用三种嵌入方式，其主要逻辑框架如下图 3–2 所示。

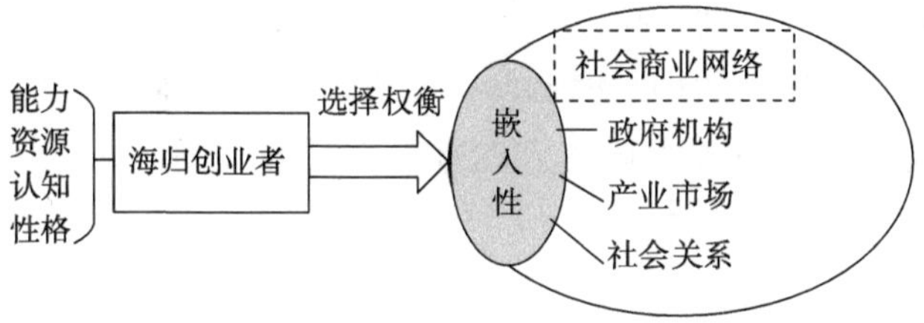

图 3–2　海归创业嵌入性逻辑框架

【实例 1】蔡 N，天津人，先后获南开大学生命科学系硕士、日本群马大学医学博士。2011 年至 2015 年，美国加州大学干细胞实验室干细胞主管。可忽然某一天，她觉得该干一点自己的事业，于是和丈夫一致做出外人眼中的“坏决议”：辞掉美国舒适的工作，拿出多年积蓄，加上亲友投资，回国创业！ 2015 年，她和丈夫王 HH（湖南娄底人）放弃美国舒适生活回到国内开始一段新的奋斗史，让人倍感意外的是，蔡 N 没有选取北上广，也没有选择天津，而是径直奔向长沙。丈夫在湖南大学谋得教学职位，她开始井井有条地考察各大园区并开办湖南赛奥维生物技术有限公司，当地招商部门和产业园区也给了她无微不至的关怀和大力支持，提供最好的实验室条件，目前，她和团队从事的肿瘤干细胞研究在与湘雅病院配合的进程中获得重大进展。（案例摘自洪虹，张萌．长沙晚报.2017.05.25，A3 版）。

虽然她的“迁徙”轨迹有些让人“费解”，但是从嵌入性角度可以给出清晰而合理的解释：她丈夫是湖南娄底人，回到长沙自然有关系嵌入的考虑；她所从事的生命干细胞技术，在长沙也有较好的产业与科研基础，湖南省提出打造千亿级干细胞与再生医学产业集群，以中南大学及湘雅医院、湖南师范大学等一批机构在干细胞与再生医学技术研究应用方面居国内前列，并拥有国家级干细胞工程中心，长沙也拥有一批上下游的细胞生物科技转化与生产企业，符合产业结构嵌入的特点。而长沙2016年经济总量达9300多亿元，跃居全国省会城市第六位，跻身2017年新一线城市10强，长沙高新区获批国家自主创新示范区，湖南提出“创新引领，开放崛起”，政策支持力度比一些沿海城市还要大，这符合制度嵌入的特征。

3. 海归创业嵌入性的过程

虽然所有的企业家都嵌入到本地环境中，然而，Jack & Anderson（2002）在他们案例研究中也发现嵌入行为并没有清晰的嵌入过程模式，他们给出的嵌入过程是描述性的，即：理解结构的性质，制定或重新实施这一结构建立新的联系，维护链接和结构。但从海归嵌入性的过程来看，嵌入性是通过不同的方式实现的，对业务和运营方式有着不同的影响，即表现为关系嵌入、结构嵌入与制度嵌入的动态组合与先后顺序。

从创业过程来理解这个嵌入性过程，主要创业前期进行信息收集、识别创业机会，选择创业目标地区，然后建立连结，对接地方资源并重新组合；在创业实施阶段，开始建立新的社会网络关系，组建团队与生产，当产品投向市场时候，开始建立新的商业关系。实际上，这个过程可以包括获取、识别、选择与控制四个流程，如下表3-2所示：

表3-2 海归创业的嵌入性过程

过程	获取（access）	评估（evaluate）	选择（select）	控制（control）
内容	了解市场环境信息，找到创业目标	对照自身条件与市场状况比较评价	选择合适的地点与行业，通过合适方式进入	调整并配置资源，优化关系、结构与制度组合
要素	信息，机会，关系	资源，能力，需求	地点，产业，市场	制度，资本，生产

【实例2】韩GC被誉为国内“种业海归第一人”，他从河南农学院研究生毕业后，于1984年选派到美国依阿华州立大学留学深造并于1987年获得遗传育种专业博士学位。先后在墨西哥国际玉米小麦改良中心任副研究员，在美国先锋种子公司任研究员、亚洲地区技术经理等，在国外10年期间，他没有忘记一直怀抱的那个梦想：将国外育种的先进技术和理念带回来，让中国农民种上最好的种子。他从河南农村长大，深知中国农业农村的发展诉求，

在漫长等待时机同时也为创业积累“知本”。从 20 世纪 90 年代开始，他每年都要回国考察，也关注到国家对三农问题的高度重视。1996 年，他放弃了国外的工作和生活，回到北京开始了自己的创业之路，1997 年 12 月，他同另一位留美博士在北京中关村创立了奥瑞金种子科技有限公司，由此播下了创业的种子。奥瑞金公司成功地将国内外的研发管理、育种经验及种质资源与本土对接结合，建立了独特的商业化育种体系及管理模式，形成农作物优良新品种选育、生产、加工、销售及技术服务完整的产业链。2001 年韩 GC 博士荣获“北京市政府首届留学人员创业奖”，2005 年在美国纳斯达克上市。其嵌入过程就是获取国内三农与经济发展信息，在获悉北京市“留学人员海淀创业园成立”的消息后，评估自己专业技术和工作经验，选择在北京创业，因为创业初期的技术产品以玉米为主，市场以北方省份为主，而且可以和北京的中国农业科学院、中国农业大学等科研院所合作，便于控制资源和市场。

二、海归创业的嵌入性与竞合关系

当海归创业嵌入进一个网络建立起来新的关系后，就必须对它进行管理和可能的重塑。参与者的可观测属性是通过个体之间的关系模式或结构得到理解的（Wasserman & Faust，1994），学者们已经研究了网络中所发生的行为和关系动态性，以及平衡竞争和合作的方法。Dorn et al.（2016）将这一阶段的主要文献分为三个方面：（a）建立和维持竞争与合作之间的平衡；（b）在合作关系中发生的动态；（c）管理张力和冲突的方式。Peng and Bourne（2009）认为三个特征构成了组织间网络之间的合作：资源互补、兼容的网络结构、竞争与合作平衡。海归创业嵌入到本地网络中，最直接的表现是改变了网络中的关系与结构，从而形成各种竞争与合作关系，从本研究主题出发，我们将这种竞合关系界定为网络层面的竞合关系。

（一）海归创业的嵌入性对竞合关系影响

学者们通常从组织内、组织间以及网络层面研究竞合关系，但网络互动通常被概念化为嵌入的（或分层的）；其中，个体之间的互动嵌入到更广泛的机构和关系网络中（Granovetter，1985；Tóth et al.2018），并且会包含各个维度的不同目标冲突，那么如何分析新进入者对已有社会网络的影响呢？我们结合案例调研发现，结合产业技术维度和社会关系维度可以给出更为精确的描述。

1. 海归创业嵌入网络对竞合关系影响

企业嵌入到一个本土网络，会对原有的关系网络带来改变，甚至会重构原有的网络结构和派系。对于一个常规的简约关系图例来看，如下图 3–3 所示，在图（a）中，ABCD 四家供应商给 X1 供货，ABCD 四家企业相互之间竞争，每家企业面临着较大竞争压力（–1），但当新进入者 X2 进入之后，就改变了原有的相互之间竞争关系，比如，AB 之间和 CD 之间由相互竞争变为相互合作关系（+1），这很好表示出嵌入性对竞合关系的影响，正如 Scott（2000，p30）所说“社会网络分析体现了一种面向社会现象结构的特定理论取向，它必定与行动结构理论密切相关”。

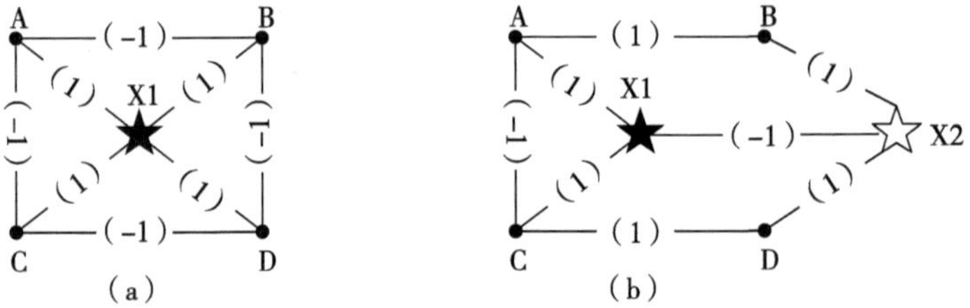

图 3–3 嵌入性影响竞合关系示意图

从网络层面理解竞合关系把握两个关键点，首先，要界定分析的对象，认清网络层面的竞合关系不是一对一的二元关系，而是一堆竞争与合作关系的集合，可以认为竞争与合作不是同时存在一对关系中，即不是 A–B 之间既竞争又合作二元对偶关系，而是 A–B 间合作、A–C 间竞争这种多主体关系中。在发起竞合关系时，网络之间竞争和合作领域的结构性分离也很重要（Peng & Bourne，2009）。Chiambaretto & Dumez（2016）也指出合作和竞争行为不一定发生在同一水平，可以同时在几个层面存在。同样，Gnyawali 和 Madhavan（2001）也指出在网络内的竞争和合作领域往往是分离的；而且 Yami & Nemeh（2014）认为，如果合作伙伴寻求全行业的创新，与多个合作伙伴的多重竞合关系集合比二元层面竞合更好。Klein，et al（2020）还提出了多市场竞合概念（Multimarket coopetition），在同一行业中运营的竞争对手通常会在多个市场中相遇和竞争，企业在进入一个共同市场方面的竞争行为是由焦点企业与不同竞争者在多个市场竞争和合作强度之间的复杂相互作用而形成的。

其次，竞合关系分析的切入点要立足网络属性，即个体、关系与结构，

Mitchell（1969）认为一个网络至少包括参与者、参与者之间的关系和参与者之间连接的途径三个要素。Borgatti et al.（2009）指出社会学网络分析的重点联结（link）类型和网络结构；Hakansson & Johanson（1993）认为产业网络中有两种不同的连结，一种是通过活动来运作的，例如通过生产活动的输入或输出；另一种是通过参与者（actor）来运作的，例如选择更优秀的合作对象，其中，活动连结在短期更为有效。与组织生态理论相比，制度理论则从更具体的制度环境角度来解释组织行为与环境的关系，认为组织通过遵守外在环境所固有的规范和准则来获得对自己有利的合法地位（赵都敏、李剑力，2011），这种制度环境表现为网络结构与行为的集合，一般而言，关系政策网络的发展越大，政治活动（例如游说和雇用退休的政治官员）的嵌入程度越高，对政策制度的关注就越大（Huang，2005）。

2. 基于网络的关系与结构分析竞合关系

竞合关系来源于参与者在网络中的关系与结构，从关系来分析竞合主要包括交易关系、亲属关系、合作关系、中介关系等，本研究将其定义为海归创业者的社会关系与社会资本网络，如下图 3–4（a）所示，新进入者如果能直接和原网络中高影响力的精英或乡贤建立关系，如 X1 和 X2 联系，就能嵌入进内核社区并取得先发优势和社会资本（Laumann & Pappi，1976；Scott，2000）；例如，我们也发现在浙江很多农村，族群影响力较大，如果海归创业者作为新进入者直接和影响力较大的人建立联系，则能获得族群内的大力支持，但如果通过中间人，如年轻人或同学建立联系的，而与族群中的核心人物（如长辈）距离较远，这种嵌入性优势就会大大削弱。

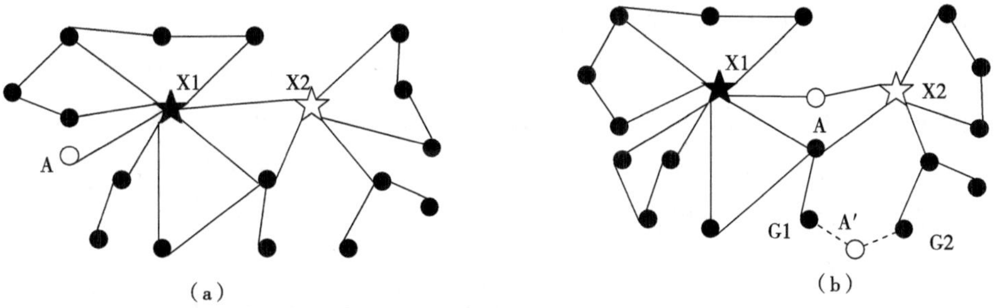

图 3–4　关系嵌入性与竞合关系

从结构来分析竞合关系，主要是考虑新进入者的在结构中占位，例如上图 3–4（b），当新进入者只能通过 G1 与 G2 两个人（gatekeeper）进行嵌入并占据桥接点，形成结构洞，但其所带来社会资本非常薄弱，所需要的掌控力也较高。因此，关系嵌入性分析非常复杂，不仅要考虑所分析关系指标，也要考虑其所联系的对象是谁，占据的位置怎么样等等因素。Gnyawali et.al（2006）从竞争动态学的角度探讨了网络层面竞合的根源，发现企业在网络中的地位（例如：是更自治的还是更中心的）影响了其竞争行为的频率和多样性。

从产业技术维度来理解结构嵌入性更具客观性，本研究将其定义为结构嵌入性（见第 2 章论述），即从产业链嵌入结构来分析。例如，某个海归创业者如果是掌握一项核心技术，能替代或者填补产业链中某个关键环节，那么这个回归企业会占据到核心位置，也可以减少对社会资本的依赖程度，根据 Burt（1979）提出的五力竞争模型：供应商和购买者的讨价还价能力，潜在进入者的威胁，替代品的威胁以及同一行业的公司间的竞争，可以刻画出这个新进入者在产业链中的位置。例如，西安蓝晓科技的创业者自己掌握高分子吸附分离材料合成技术，占据产业链上游关键位置，很多大型企业都会主动合作，而且新进入者依托核心技术与其他参与者建立起互惠关系，不用完全依靠社会关系来艰辛开发市场。

（二）竞合张力的可操作化概念

当海归回国嵌入到本土网络中时，各种张力就自然同时产生，张力被认为是价值共同创造中参与者之间互动的一个特征，尤其是当参与者之间存在相互依赖关系时就更为明显（Tóth et al，2018）。例如，Pressey & Vanharanta（2016）根据战略联盟文献确定了三种不同类型的网络张力（network tension）：结构张力、心理张力和行为张力。而创业竞合张力来自这三个方面，尽管网络张力可能会产生积极的结果，但它们也可能产生结构性、心理、情感或行为上的差异，这些差异会阻碍合作和网络价值的共同创造，Dorn et al.（2016）指出，要从网络层面的竞合关系中获益，企业必须知道哪种形式的竞合最有效，而张力概念是评估竞合关系的一个有力工具。

1. 竞合张力的定义

张力是竞合研究中广泛使用的一个概念。然而，很多研究主要是从“竞争”的角度来看待它，（Bengtsson & RazaUllah，2016），将其描述为一种在组织之间竞争动态而发生的冲突、威胁和风险（例如机会主义、知识隐形），而假定“合作”在很大程度上是不变的。为了从组织间合作和竞争动态的角度探索张力关系，近年来研究中开始使用一个关于竞合的“悖论”视角（Raza-Ullah，2020），悖论（paradox）被定义为“同时并持续存在的相互矛盾但又相互关联的要素”（Smith & Lewis，2011，p382），因为竞合在企业战略上是一个有机整体，但在网络联盟中企业面临的力量上是两股相反的力量（Resende et al，2018；Raza-Ullah，2020），这种相反的力量形成张力，我们可以从很多竞争与合作分离式研究看到这种张力。Fernandez et al（2014）提出了一个理解与管理竞合关系的框架，结合 van der Kolk et al（2020）的研究，可以为本研究提供指导思路，如下图 3-5 所示。

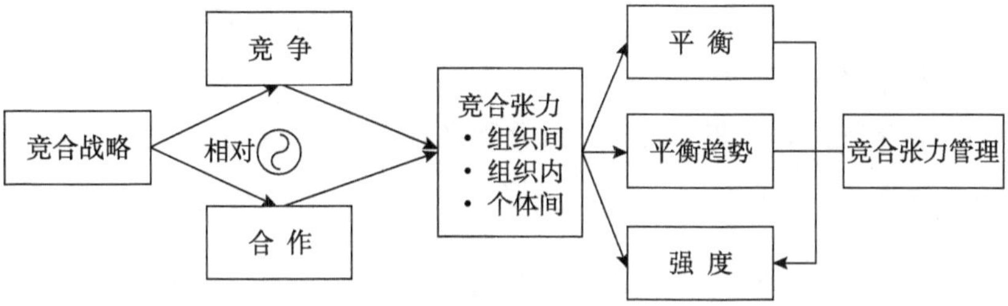

图 3-5　竞合张力的框架

（根据 Fernandez et al，2014；van der Kolk et al，2020 整理）

越来越多的研究关注张力的概念及其描述和分析复杂组织现象的作用，并出版了大量有价值的文献（van der Kolk et al.，2020）。研究人员与从业人员应尽可能利用精确的词汇来描述张力的关键特征，van der Kolk et al（2020）根据文献综述建议将平衡、平衡趋势（tendency）和强度（intensity）作为描述两个要素之间张力关系的关键特征。平衡是指在某一时刻，对两种力量的相对（不是绝对）强度的处理措施。当两种要素力量同样弱或同样强时，平衡可以被视为“相等”，当其中一个元素力量相对较强时被视为“偏向（bias）”。平衡趋势是指张力随时间变化的动态特征，即张力“振荡”的程度或朝一个特定方向移动的程度。强度指张力关系中要素的绝对力量（strength）程度。因此，简单来说，竞合张力就是竞争与合作的相对强度，可用二者绝对值、比值或加总等函数形式表示（具体测量见后面章节 5.2），本研究采用竞争与强度总和表示张力大小，用二者差值表示竞合平衡程度。

2. 竞合张力的可操作化测量

可操作化（operationalization）指将抽象的概念转化为可观察和测量的具体指标的过程。T ó th et al（2018）将张力（tension）概念化为组织间分歧所引起的不适感（discomfort），这种不适感来自行动者的目标和互动方式不一致，可能有多种根源，例如矛盾和不清楚的沟通，缺乏沟通，缺乏足够的计划以及行为者目标之间的不一致，既有客观行为层面的因素，例如，创造价值和占有价值、分享知识和保护知识、相互学习和学习竞赛以及接近和保持距离，也有主观心理层面的因素，例如，信任、压力、动机等（Resende et al，2018；Petter et.al，2014），但这些因素和行为不是概念化的可操作性工具变量，在具体表示竞合相对强度的时候，人们会根据不同指标来代替或表征竞合强度指标，具体可以分为主观问卷测量法和客观指标测量法，在本部分我们重点介绍客观指标测量法。例如，Basole et al（2015）在研究电信生态系统竞合动态性时，提出了一个聚合 – 竞合图景（Convergence – coopetition landscape），其中，线段的密集度表示竞合关系程度，而圆圈重叠程度表示聚合度，聚合度包括技术聚合度、知识聚合度、市场聚合度及产业聚合度（如下图 3–6 所示）。

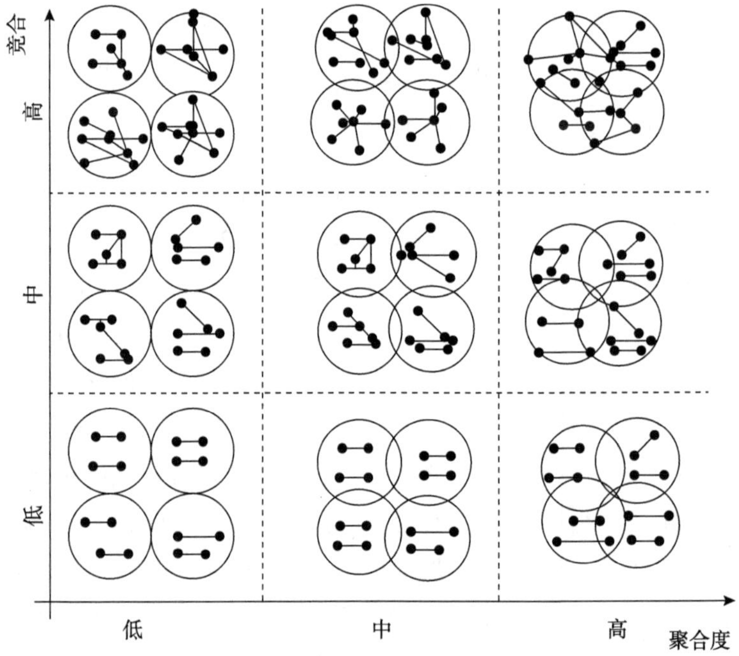

图 3–6　产业聚合度与竞合关系

Klein，et al（2020）用市场企业计数法测量航空业的竞合关系，考虑竞争对手在多个市场中碰面时，竞争与合作之间并非会在所有的时间重叠，取而代之的是，他们重新将竞合的概念化为合作和竞争强度的各种组合，其中，竞争强度是焦点公司与在位对手企业（encounters）在多个市场接触次数与总在位企业比例。用共享代码协议（codeshare agreements）和战略联盟身份两个指标测量合作者数量（合作强度），这种操作属于竞争与合作分离测量方式，研究框架如下图 3–7 所示：

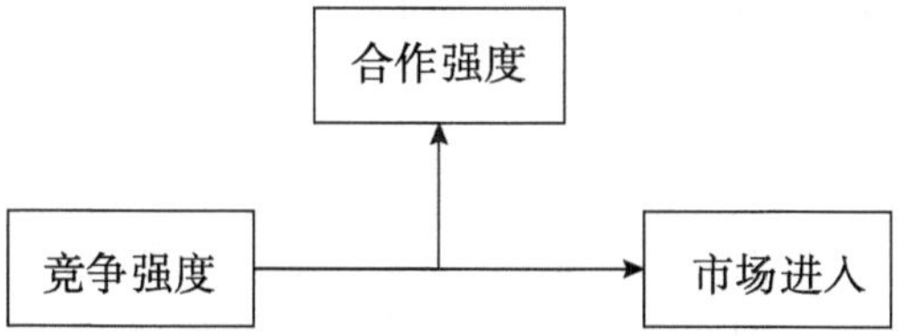

图 3–7 竞合对市场进入影响

Park et al.（2014）用市场竞争来衡量竞争强度，市场竞争是基于四位数的 SIC 码相似度，通过市场共同特征来衡量合作企业在下游活动中的竞争，考虑到行业的不同，当企业类型和产品市场细分重叠时会给予企业更高的权重；在衡量合作伙伴之间合作的整体强度时考虑它们之间的重复联系以及多重并发联系。重复联系是指在焦点联盟开始之前五年内与同一伙伴建立的联盟的累积数量；并发多重链接是指除焦点联盟外，与同一伙伴的当前链接（在焦点联盟的同 T_0 年和随后 T_1 年中宣布的联盟）的数量，如果没有重复的联系或多重联系则为 0。虽然有研究人员将二元竞合与网络竞合区分开来（Chiambaretto & Dumez，2016），但方法上没有根本不同，实际上对每个点之间都同时存在竞争与合作关系，例如，当把个体作为研究对象，其存在的竞合关系可以采用赋值或比例关系来处理，更复杂的网络竞合关系计量可参照 Sanou et.al（2016）、Jackson（2008）等学者研究。现有实证研究中，多采用问卷调查法进行评价竞合张力，例如 Felzensztein et al.（2018）、Bouncken & Fredrich（2012）等，具体详见后面测量章节介绍。

三、竞合张力平衡与管理治理

由于合作和竞争这两种逻辑是相互冲突的，当合作或竞争在一种关系中占主导地位时，甚至会加剧冲突，然而，对于如何定义最佳平衡以及如何实现这种平衡，人们却很少提及（Dorn et al，2016），特别是海归创业这种新嵌入并改变网络结构的平衡是如何定义和测量的，以及如何实现平衡还没有专门研究；

不过张力（强度）的概念为竞合关系的管理提供了可操作化的指标和工具。

（一）竞合张力的平衡

竞合关系是企业之间相互关系的一种固有存在，因此有人主张不应该讨论竞合对绩效结果是否有用或者是否有利，而是何种程度的竞争与合作组合是有利的（Park et al，2014），这就是竞合的平衡与管理问题。人们常常认为，一种关系中存在着竞争和合作力量的最佳组合，如果达到这种状态，这种关系就称为平衡关系（Faems et.al，2010），战略问题也不是在竞争和合作之间做出选择，而是管理两者之间的紧张关系或维持和平衡两者。但管理张力对许多组织来说无疑是一项挑战，虽然研究人员似乎对平衡的重要性达成了一致，但平衡的含义和如何实现平衡的问题却有不同的处理方式。

1. 张力平衡的含义

首先，平衡是一个动态过程而不是一个静止状态，Sundin et.al（2010）认为用名词“balance”可能有问题，动词“balancing”通常更为恰当，因为它将平衡呈现为一个主动和动态的过程，而不是稳态或静态的结果。Lewis（2000）研究了灵活性和控制力之间的张力，发现张力不是试图“平衡和妥协”，而是认识组织中两种对立和互补力量（即张力复杂性）的同时性与持续往复运动，以及平衡它们的必要性。Chen（2008）将悖论视角与中国的“中庸”哲学结合起来，提出了一种反悖论（transparadox）视角，即两个对立的事物在本质上相互依存，相互变化的。例如 Peng et.al（2018）提出的竞合动态理论框架（如图 3–8）

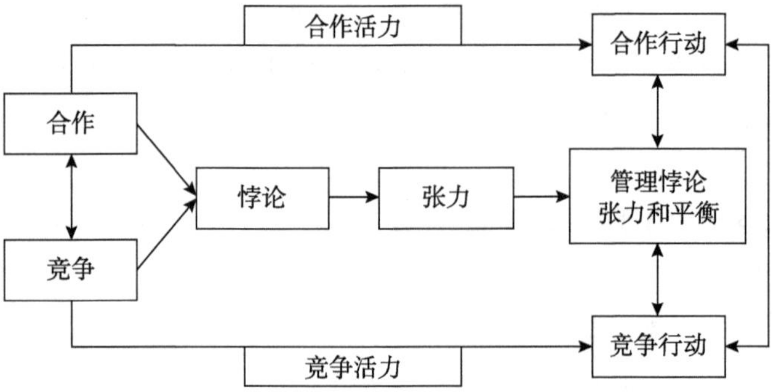

图 3–8　竞合动态理论框架（摘自 Peng et.al，2018）

其次，平衡是一种相对值，而不是绝对值，即：平衡不是竞争与合作的相等，可以看作不同程度竞争与合作的同时存在。虽然按照物理熵增原理，竞争与合作强度相等是一种有序的平衡态，但在我们商业管理中，在远离平衡态位置才有意义，这种竞争与合作的平衡是在一个区间内波动的，即使二者不绝对相等，仍可以采用管理策略或技术手段实现动态平衡（如下图3-9）。例如，强竞争与中等程度合作也可能是一种平衡。Eriksson（2008）指出，竞合发生在纯粹合作和纯粹竞争之间的一个连续体中（continuum），由于竞争和合作在不同水平混合，竞合以不同的强度存在，但也有人提出将竞争与合作视为一个连续统一体的两端是一种很吸引人但具有误导性的观点（Bengtsson，Eriksson 和 Wincent，2010 年）。相反，竞争与合作是两种并存的互动，高竞争的存在并不意味着合作的水平很低（反之亦然）（见 Lindström & Polsa，2016）。他们认为两个逻辑不是一个连续系统的两端，而是被视为正交的（orthogonal）。虽然减少竞合关系中的一个要素，特别是竞争，可以减少张力，但任何试图通过减少一个维度来减少张力的努力，都可能阻碍收益的实现（Fernandez et al，2014）。因此，关键的问题不是最小化张力，而是管理紧张冲突的关系以便实现有益的结果（Bengtsson & Kock，2000；Gnyawali et.al），从这点来理解竞合张力平衡，可以从下图 3-9 来说明：

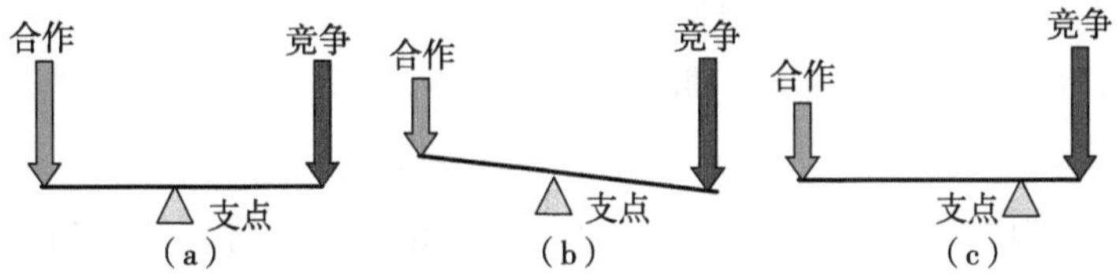

图 3-9 竞合张力平衡

从上述图中看到，竞争与合作强度相等能达到平衡，当二者强度不相等时候，可以通过移动支点达到平衡，也被称为杠杆解，而这个支点移动就是竞合张力的管理措施，它与企业的战略目标、产品市场以及环境条件等因素有关。

2. 竞合张力平衡的管理与治理

企业只有能够同时享受这些对立的利益，才能从竞合中受益。人们总结了竞合战略所需的一些管理技能或指导原则，例如，Czakon et.al（2020）竞合战略需要通过以下方式寻求竞争性合作伙伴：同时增加私人利益和共同利益；

投入资源；建立适当的治理结构；有计划与竞争对手的联合或协调行动；建立管理合作与竞争矛盾逻辑的机制。Tidstrom（2014）总结了前人对商业关系中竞合张力的研究（如下表 3-3），并指出企业相似性、个人关系、信任、承诺和制度因素等潜在问题可能会影响张力的管理，但是如何在多元主体纵横交错的盘丝洞内实现这种平衡，却没有提出具体的应对策略。

表 3-3　竞合关系中的张力

张力	主要内容	代表作者
角色（role）	竞争与合作的目标不同	Bengtsson and Kock（2000，2003），Bengtsson et al.（2003）and Mele（2011）
知识	知识分享带来的收益不同	Chin et al.（2008），Morris et al.（2007）and Tsai（2002）
权力与依赖	规模、声誉、技术、资产等不对称	Osarenkhoe（2010）
机会主义	利用诡计、信息不对称获取私利	Khanna et al.（1998），Lado et al.（1997）and Osarenkhoe（2010）

摘自 Tidström（2014）Managing tensions in coopetition

从治理角度来认识竞合张力平衡，就是要从外部更广阔的关系角度来平衡竞争与合作，即：竞合关系的网络治理机制。前面文献中，我们区分并提出了正式网络治理与非正式网络治理两种类型，海归回国创业嵌入进一个网络体系中，面临着与各种主体和利益相关者的复杂关系，在处理这些关系时候，应该采用灵活的社会网络治理措施，Dana et al.（2013）研究了新西兰 Waipara 葡萄酒产业集群竞合关系演化，提出正式结构管理集群内部和外部成员之间的集体关系和行为，如下图 3-10 所示：

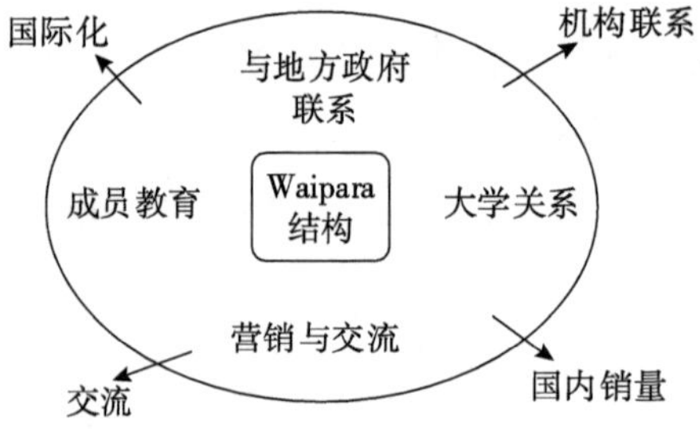

图 3-10　Waipara 葡萄酒产业集群结构与活动

（摘自 Dana et al. 2013）

（二）嵌入性视角的竞合张力治理机制

以下图 3-11 为例直观说明，将关系 Pi 用合作 /（竞争 + 合作）的比值作为赋值，简单来看，A 和 C 与新进入者建立了良好合作关系，并向 B 所属的社群靠拢，但如果加入不同派系或调整与其他参与者关系，例如，加强与 D 的合作，则会改变自己竞合张力也会改变小派系内的竞合关系（如 CD），因此，通过社会网络治理可以实现竞合关系的调节，本研究从研究对象出发，主要考虑单个节点（企业）在竞合张力的关系与治理模式。

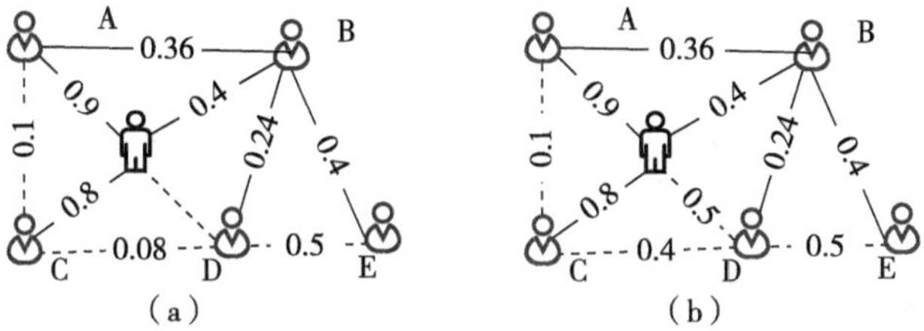

图 3-11　竞合关系的分析示例

从嵌入性的网络治理平衡竞合关系，主要是从结构与关系两个维度考虑竞合张力，例如，Faems et.al（2010）观察到公司在执行阶段非常注重调整结构和关系治理机制以保持合作和竞争平衡。Bouncken & Fredrich（2012）发现在高技术产业中，联盟战略和联盟职能会提高竞合的应用，联盟职能的使用也有利于竞合。Salvetat & Geraudel（2012）指出了第三方在商业网络中调解合作关系的作用。在他们对航空和航天工程部门的定性研究中，他们描述了两类第三方行为体：决策者和中间人。Gnyawali & Park（2009）认为产业因素和二元因素的交互作用决定了一对企业参与竞合的可能性。多元治理观也认为，交易治理和关系治理之间存在着积极的互动和互补关系（Bouncken et al，2016）。陈雨田（2012）提出价值网络中不同竞合结构下的关系治理模式不同，例如，对于组织与竞争者之间的竞合关系，组织可采用的“知识获取”治理机制；而对于组织价值链上成员之间的竞合关系，宜采用含“伙伴选择”及“关系契约”治理机制的复合模式，因此，从这些研究来看，竞合关系（张力）的影响不仅仅是社会关系决定的，还取决于产业和技术层面的因素影响，对这种竞合张力的社会网络治理，同样要考虑产业技术与社会关系两个方面，从不同类型嵌入性选择治理模式（如下逻辑图 3-12 所示）。

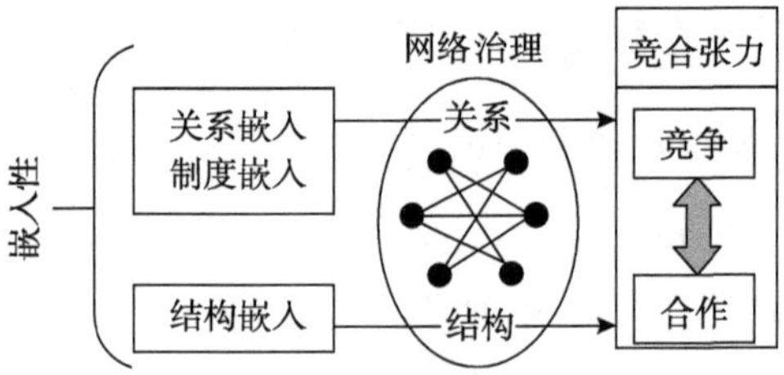

图 3-12　嵌入性视角的竞合张力与社会网络治理

四、实证研究框架

根据文献综述及上述海归创业的嵌入性行为关系分析，我们可以总结出三个逻辑关联的命题：

（1）创业初始过程就是嵌入性的过程；

（2）关系连结产生竞争与合作；强连结和弱连结都是有助于公司的出现和成长，只是以不同方式和不同阶段受益；

（3）竞争与合作是一个相对动态调整过程，与关系变化有关。

因此，本研究基于网络嵌入性视角，将竞合关系和网络治理整合在一个系统框架内（如下图 3-12 所示），研究海归创业这一群体在关系嵌入、制度嵌入和结构嵌入下的行为结果，即不同嵌入方式下，海归创业与其他组织间的竞合关系特征与规律性，以及如何选择有效的治理模式去维持这种相互之间的竞合张力平衡。

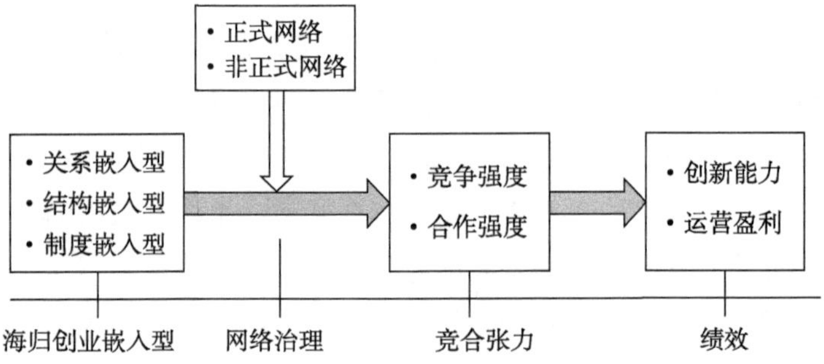

图 3-13　本研究整体框架图

第四章　海归创业嵌入性的案例研究

社会关系与商业关系本来就是持续变化的，例如，2007 年，苹果和谷歌密切合作开发第一代 iPhone，但在上市十个月后，谷歌推出了 Android，从而将双方关系引入了竞争状态，Bengtsson et al.（2010）指出，随着时间的推移，竞合过程与合作和竞争的各自水平有关。因此，很多学者认为要对竞合动态性进行更多研究（Tidström & Rajala，2016）。对于创业来说，嵌入性不同会带来不同的竞合关系动态变化，梁萍平（2012）研究发现，海归创业过程中嵌入性是随着不同阶段变化而变化的，主要体现在主导性地选择某种或某几种嵌入性来满足其特定创业需要。本章主要通过三个案例研究来分析这种嵌入性与竞合关系的动态性。

一、案例研究方法与设计

根据 Halinen & Jalnroos（2005）的观点，其在研究商业网络时，经常会使用到案例研究法，该方法也是竞合研究（如 Tidström & Rajala，2016；Ritala et.al，2014）和战略实践研究（（Jarzabkowski & Spee，2009））中最常见的研究方法，并被推荐应用，现实也确实如此，大多数竞合关系的实证研究都是基于单案例或多案例研究进行的（Bengtsson et al，2016）。当认为现象存在的背景非常重要时，案例研究被认为是合适的（Halinen & Törnroos，2005），在复杂商业关系网络中探索竞合关系也是如此。大部分研究之所以选择案例研究法，是因为基于嵌入性与竞合关系的相关研究很少；案例研究适合用于全面分析以前未探索的现象，进入案例情境、通过剖析行为现象可以深入观察其内在变化机制，（Eisenhardt，1989；Yin，2003）。

（一）案例选择

为了更好观察在一段时期内的嵌入性与竞合关系的变化情况，我们基于数据可获得性、案例间可对比性，从创业板和科创板随机选择了三家科技制造型企业作为本章研究对象。但这不代表嵌入性、竞合关系在制造业中才具有典型性，这里选择制造业仅仅是为了案例间可对比性更好；在后面研究论述中，我们会给出一些农业、服务业、金融等其他行业方面的案例作为例证，例如，软件开发、大数据服务等方面的案例，案例情况简介如下表：

表 4-1　案例企业简介

公司名称（代码）	西安蓝晓科技（300487）	深圳光峰科技（688007）	宁波长阳科技（688299）
开始时间	2001.04	2006.10	2010.10
上市时间	2015.06	2019 .07	2019.10
所属产业	化工高分子材料	电子设备	光电子器件材料
主要产品	吸附分离树脂产品与技术装置	激光光源和光机	反射膜、扩散膜等光学膜产品
员工规模	250 人	1200 人	330 人
主营收入	2.9 亿（2014）	13.8 亿（2018）	6.6 亿（2018）

（二）数据收集与分析

案例研究要着重关注与研究主题相关的事件和过程，基于前面现状背景和文献综述，我们明确了本章案例的研究问题：海归回国创业如何选择创业地点？在不同创业阶段这些嵌入性如何发挥作用，并对创业的竞合关系产生什么样的影响？随着发展创业者如何去应对和平衡来自各方面的竞合关系？为了便于描述过程，我们根据案例对象的创业历程，将创业公司上市前的时间分为两个阶段：创业初期：创业者注册公司，但生产量与市场规模较小；创业发展期：生产规模扩大，市场销售额显著增加。

为了进行实证研究，我们参考了 Rusko（2011）、Ritala et al.（2014）的方法，利用了大量的二手数据来深入了解创业过程。收集的数据发生在创业回国后至公司上市之间。数据的主体由各种二手数据源组成，这些数据源已经过访问、分析和合成，以准确了解创业过程的各个方面与业务模型，尤其是随着时间的推移，该公司嵌入性变化、与其他主体之间的关系情况。主要数据来源包括：

（1）公司上市招股说明书及年报；

（2）企业网站公开信息；

（3）新闻及媒体报道；

（4）中国知网相关论文文献，例如，查阅论文合作者确定创业者的前期履历；

（5）网络平台与论坛信息，例如，股吧评论获取公司融资情况，招聘信息获取生产情况。

虽然使用一手数据（primary sources）通常被视为有利于获得深入的证据，但使用二手来源数据作为主要数据来源，也有一些好处。例如，Bowman & Collier（2010）最近建议，教学案例是一个未利用的丰富数据源，当没有主要数据时应使用这些案例。他们还建议，当研究人员使用著名的教学案例来源，并将其与其他来源相结合，以实现数据三角验证时，这些数据的可靠性会得到提高；Ritala et al（2016）的亚马逊案例研究在数据收集过程中，也进行了少量的半结构化访谈，我们参照这些做法，进行数据可靠性验证：

（1）本案例均为上市公司，信息披露及时充分，特别是招股说明书，经过多次专业律师事务所、会计师事务所以及券商、银保监会等检查审阅，具有很强的可靠性。

（2）采用多渠道交叉验证，除了对照新闻媒体报道及文献检索外，我们利用公司证券部门的投资者专线和董秘联系电话，对一些关键问题进行电话确认。

（3）为了使分析更加透明，我们还提供了许多说明性的直接引用，用来证明事件中参与者的真实表达。

二、案例研究 1

高 YJ 女士 1969 年出生于吉林，1998 年毕业于西北工业大学材料学院金属材料及热处理专业获工学博士，1998 年至 2000 年，到新加坡国立大学理学院留学从事改性功能高分子材料研究，2000 年至 2001 年，在新加坡 ESE 公司从事研发工作，2001 年回到西安创办蓝晓科技公司，从事高分子吸附分离材料合成与应用，是一家强调技术研发的科技创新型企业，通过十余年坚持不懈的技术研发，目前技术水平处于国内同行业前列，2015 年公司在创业板上市。

（一）创业初期嵌入性分析

1. 关系嵌入性

创业者本人的家在西安，在 2001 年回国创业时考虑的主要是关系嵌入：

首先，创业者家人都在西安，特别是其丈夫寇XK自1990年起进入西安电力树脂厂工作多年，曾担任技术员、研究所所长、总工程师，直到2005年加入本公司，其所从事工作与创业方向一致，这为创业公司早期团队组建与市场开拓能提供实质性帮助。创业关系嵌入主要为公司提供了创业团队和技术研发支持。一是从公司2001年注册时的四名自然人中，除创业者本人外，其余三人均为创业者丈夫的西安电力树脂厂同事。二是关系嵌入也给创业者技术研发提供支持，可以通过同学老师获取在西安本地科研高校的资源信息；三是关系嵌入为公司产品首次商业化提供了重要帮助，研发的浓缩果汁吸附分离技术获得了与中国海升，恒通果汁等西安本地企业应用市场，让公司创业走出了第一步，可见，关系嵌入性对公司创业第一步具有重要作用。

2. 结构嵌入性

回国创业初期，高女士其主要精力用在产品技术研发上，并没有过多考虑市场方面问题，因此，从产业价值链嵌入来看，主要为研发考虑：原材料和技术。而陕西是我国重要能源化工基地，基本形成了产品较为丰富的石油化工、煤化工、盐化工、化工新材料、有机化工、化工医药、生物质能等产业体系，能源化工产值占全省工业经济的半壁江山，产业链完整，能提供充足的原材料。另一方面，西安高校研究机构众多，有多个石油化工、高分子材料、精细化工等研究机构，可为公司提供研发技术支持。创业伊始，主要是创业者本人通过技术攻关，迅速在果汁吸附脱色、祛除棒曲霉素及农药残留性能研究上取得突破，率先进入了果汁应用领域。并陆续开发深加工产品，如果糖、多酚等加工技术，奠定了公司未来发展的一个基础业务。

3. 制度嵌入性

在创业者回国的2001年，国内刚刚确立风险投资机制，鼓励技术创新和高科技产业化，而此时，陕西及西安市并没有针对创业的特别优厚条件。因此，在初期并没有明显的政策与制度嵌入性，在公司后续发展时期，这种政策嵌入性的优势才体现出来，例如，陕西“十三五”规划中明确的建设全国能源化工产业强省的目标，优化能源产业布局，延伸产业链，推动能源化工绿色化、高端化和精细化发展。公司形成产业规模后，陆续享受到土地、税收及补贴等多项支持。

（二）创业发展期的嵌入性分析

1. 关系嵌入性

在发展阶段，关系嵌入性作用主要体现为公司管理提供支持，公司的主要管理技术人员大部分都来自西安电力树脂厂，而上市后公司的 19 名董事高管及核心管理人员中，更有 9 名出自西安电力树脂厂，还有 1 名董事有密切交集（校友），这些人员组成了公司管理圈。但是在后续市场开拓上，关系嵌入性的作用并不大，而主要依靠技术嵌入性。

2. 结构嵌入性

由于公司产品属于高科技行业，技术话语权在市场开拓中起到关键作用，蓝晓科技实现了多个行业首创，推进行业高水平向纵深发展。这点从下面其主要客户群体可以看出。从单一材料的点嵌入，逐步发展到系统化的流水线嵌入，从公司技术发展路线看到企业的结构嵌入性起到重要作用：

✦ 公司在浓缩果汁领域第一个引入吸附分离技术，始终占据国内果汁领域 70% 的市场份额。

✦ 头孢生产的酶法工艺成功产业化，建成国内首个头孢酶法工业线。2004 年与国内医药龙头企业之一的石药集团合作开发用于 CPC 分离纯化的吸附分离树脂，接着，2008 年，公司与国内抗生素龙头企业之一的健康元药业合作提供酶法生产所需的酶载体，陆续进入国内主要抗生素生产厂家。

✦ 首次将吸附分离技术应用于拜耳母液提镓；2008 年，公司与国内大型氧化铝生产企业东方希望铝业有限公司合作研发树脂法提镓技术；并陆续与中国铝业、兴安镓业等国内多家大型氧化铝企业建立了合作关系。

✦ 独立研发了阀阵式连续离交系统装置，开启“材料 + 装置 + 技术”的整体技术服务新模式；2012 年公司与中国铝业合作运营的金属镓生产线项目，即以提供系统装置和应用工艺为基础，实现服务收费。

✦ 2011 年开始将吸附分离技术应用于盐湖卤水提锂领域，2014 年技术取得重大突破，目前进入产业化阶段。

3. 制度嵌入性

公司产品技术属于国家当前优先发展的高技术产业化重点领域。制度嵌入性作用主要体现四点：一是企业资质提升，2010 年陕西省科技厅批准在该公司组建的“陕西省功能高分子吸附分离工程技术研究中心”；2013 年获国家火炬计划重点高新技术企业。二是财政补贴及税率优惠，其中，获得的政府补助：2014 年为 190 万元，2013 年为 508 万元，2012 年度达到 723 万元。三是土地厂房建设，自 2003 年获得第一个占地近 60 亩的生产基地以来，公司已顺利获得了三期项目建设用地。四是企业在上市过程中，政府证监局、金融办等各级部门给予了大力支持与协调。

（三）竞合关系分析

从设立伊始的单一食品领域逐步拓展到制药、湿法冶金、环保等市场空间更大、综合技术能力要求更高的应用领域，该公司产品线不断丰富和优化。公司在创办初期，主要任务是研发产品，还没有形成商业化市场，公司没有产品市场，也没有能力去参与市场竞争，因此，初期商业关系主要是以合作为主。公司在发展期，随着市场开拓，不可避免地遇到竞争，从公司的供应商、客户和竞争者对手来分析：

1. 主要供应商

产品所需的主要原材料为二乙烯苯、甲醇、溶剂油等石化产品，均采用外购方式。主要供应商为山东广润化工有限公司、山东宝运艾科化工有限公司、陕西古城石油化工有限责任公司等。

2. 主要客户

表 4–2　主要销售客户分布

领域	客户企业
环保水处理	浙江新和成，江苏扬龙，中华化工，新华制药，楚源集团
中药提取	莱茵生物，晨光生物，绿之健，扬子江药业，太极药业
西药	健康元，石药集团，华北制药，联邦制药，福抗药业
化工	昊华宇航，宜宾天原，中石化巴陵，株洲化工
食品	汇源果汁，安德利，中国海升，恒通果汁，国投中鲁
湿法冶金	东方希望，中国铝业，神华淮能，兴安镓业

3. 主要竞争者

从公司发展的主要格局看到，其主要原材料、客户群体和竞争者都不在西安或陕西境内，公司主要战场在华东地区和湖南、湖北区域。面对行业内竞争对手，国际竞争对手实力强大，国内竞争对手也经营多年，市场稳固，其面临竞争压力依然强大，这种情况下，作为一家创业企业，需要建立以合作为主、竞争为辅的发展手段，以差异化核心竞争力去开拓市场。

表 4-3 主要竞争者分布

营收占比	领域	开始年份	竞争企业	
			国外	国内
23.6%	环保水处理	2001	——	江苏苏青、浙江争光、淄博东大
10%	化工	2001	德国朗盛、漂莱特、日本三菱	南开和成科技
9.5%	食品	2002	罗门哈斯	浙江争光
22.6%	制药	2004	罗门哈斯、三菱	鲁抗立科，南开和成科技
17.2%	湿法冶金	2007	住友化学	——
14.7%	集成装置	2011	——	苏青集团

国内企业主要有浙江争光，江苏苏青，淄博东大。单从销售规模来看，另外几家国内公司都不比蓝晓科技差，不过那几家的产品主要以离子交换树脂为主，应用领域也集中在传统的工业水处理上，公司的优势在于通过研发技术的积累在其他领域获得突破，形成和同类企业的差异化竞争。蓝晓科技在吸附分离树脂上只能算是领先者，这一块的技术壁垒并不足以阻隔其他国内企业进来参与竞争。

（四）竞合关系的平衡策略

吸附分离材料属功能高分子材料的一种，吸附分离材料应用领域跨度大，在不同领域的应用工艺具有独特性，适用的工艺和技术差别很大，这为公司发展提供了广阔的技术前景和市场空间，公司也能在发展阶段通过持续技术创新，化解与平衡来自市场的竞争压力。主要策略是：以技术为主线，客户需求为导向，避开竞争对手压力直接切入市场。采取的主要策略是：

1. 推动产品创新应用，避开“红海竞争”市场，扩展发展空间

国内主要树脂材料厂商集中在传统工业水处理领域，生产技术和设备的门槛低，低价同质化竞争激烈，属于典型的“红海市场”，而在高端化附加值高的新兴领域，湿法冶金、制药、食品加工、环保等应用前景和市场空间极为广阔，利润水平高，并具有持续不断的拓展性，但对材料性能、应用工

艺的要求远高于传统工业水处理领域，只有综合技术实力雄厚的厂商才具备在新兴领域展开竞争的能力，为此，公司在创业初期瞄准“蓝海市场”攻关，选择浓缩果汁吸附分离技术作为技术突破点；2003 年起即着手研发药用 CPC 提取的大孔吸附树脂，接着，2005 年开始进行生产 7-ACA 的酶载体技术的研究；然后，2007 年起展开树脂法提镓产品和工艺研究，逐步发展为吸附分离树脂在新兴领域的技术领先型企业。

2. 市场导向研发，提高技术成果转化率

对于创业公司，仅有技术是远远不够的，研发适合需求的产品才是生存之本。为此，公司以产业化作为研发的方向和最终目标，在研发过程中同下游用户保持密切合作，从而使得公司的科研成果转化效率远高于同行业其他企业。在研发过程中，公司注重与新技术、新产品的主要潜在客户进行接触和沟通，不断引导、发掘客户需求，根据客户的实际情况开发先进性、实用性显著的产品和应用工艺。在产业化过程中，公司始终坚持小试—中试—大型的产业化模式，提高科研成果转化率，降低产业化风险。自成立以来，公司已经成功将八大类一百多个品种的产品推广应用到湿法冶金、制药、食品加工、环保、化工等众多领域，每年有 2 到 3 个新产品、1 到 2 个新工艺投入市场、3 到 5 个新立项产品研发成功或被产业化应用。

3. 技术促进营销，凸显专业优势赢得客户信赖

吸附分离树脂广泛应用于不同领域的不同生产环节，要求材料在千差万别的生产流程和应用环境中具有不同的物理性能、化学性能、选择性等特性，材料供应商必须对下游客户的生产工艺流程和具体应用环境十分熟悉，营销人员在与客户沟通时不仅要精通营销知识与技巧，还要具备深厚的专业技术背景，及时提供贴合客户需求的设计方案，迅速赢得客户的信任，为此，公司秉承技术营销理念，形成了以技术促进营销的成熟模式。逐步建立了一支涵盖营销、产品研发和现场应用等方面人才的技术营销队伍，能够解决客户生产过程中出现的各种问题，在公司开展技术营销时，由技术人员和营销人员共同组成团队同客户的接触，及时了解客户在技术方面的需求，快速确定并优化合成工艺和应用工艺方案，尤其在推广新产品时，技术营销的模式使公司迅速获得客户的信任，占领下游市场。在已开拓的市场领域，客户的技术依赖度高，市场占有率逐年上升。

4. 向一体化解决方案的服务商转型发展，构建差异化优势

这一行业绝大部分厂商的经营模式为单一的材料销售模式，没有将材料应用的系统装置作为技术开发的重点，设备装置主要由用户自行设计。但是吸附分离材料的使用效果不仅取决于材料本身的质量，更取决于用户的技术工艺和应用装置，传统的应用装置不能发挥材料的功能并达到最佳使用效果。越来越多的客户开始选择更专业的整体解决方案，部分尖端领域的高端用户更是倾向于选择自动化连续式装置的整体解决方案，以便与其自动化生产线高度契合；公司自 2011 年以来开始结合重点客户的需求，研发设计集合成材料、应用工艺和设备为一体的解决方案模式，并于 2012 年起形成规模化销售。系统应用装置业务作为新的经营模式，将公司的材料技术和应用工艺高度集成、固化，对本公司业务发展起到多重促进作用：一是系统装置作为先进技术集成的载体，技术含量和经济附加值较高，随着系统装置销售规模的不断扩大，有利于公司保持较高利润率。二是系统装置的应用与公司专用材料捆绑应用，发挥最佳性能，极大增加公司与用户的黏性。三是衍生新的服务模式，可以依托良好的应用工艺和现场管理能力，体现不同应用领域的专业特殊性，创新帮助用户降低生产成本，并以服务收费方式分享用户的成本节约收益。

三、案例研究 2

光峰科技的创始人兼董事长，李 Q，1970 年出生于重庆，在江西南昌长大，1991 年李某从清华大学本科毕业后赴美求学，在取得美国罗彻斯特大学光学工程博士学位后，进入知名激光研究室——罗彻斯特大学国家激光实验室从事科研工作，2004 年，他与同学、朋友等一起在硅谷创办 YLX 实验室。回国后于 2006 年 10 月创办深圳市光峰光电技术有限公司，2019 年 7 月科创板上市，成为一家拥有原创技术、核心专利、核心器件研发制造能力的全球领先激光显示科技企业。

（一）创业初期嵌入性分析

1. 关系嵌入性

创业者家在海外，从社会关系来看与深圳并没有太多联系，创业团队来

自全国各地，因此，关系嵌入性在初期创业时候没有具备很好嵌入性条件，只是根据结构嵌入性与制度嵌入性选择。

2. 结构嵌入性

创业者回国选择深圳创业属于典型的产业结构嵌入性。当时，珠三角区域是全国最早的电子信息产业集聚区之一，2007 年深圳的电子信息产业就占全国电子工业产品总销售额（7，368 亿美元）的 15.0%，成为具有全球影响力的计算机零部件和 OEM 产品加工基地、中国通信设备研发制造基地、全球消费电子产品制造基地和全球电子元器件制造基地（张红；唐松铭，2006），形成了 90% 以上零部件百公里范围 24 小时内实现配套生产的电子信息产业链和完善的技术支撑服务体系、产品配套和交易网络。不仅拥有华为、中兴、康佳、创维等应用端的龙头企业，有大族激光、光韵达、江波龙电子等一大批激光产业链企业及上下游配套企业，还有华强北等 70 多家具有规模的电子信息专业配套市场；当时扎根集成电路产业化基地的一批留学生创业企业也迅速发展，创业的科研成果转化能力和产业链配套能力十分突出，可便捷的获得创业技术人才、配套加工等方面信息资源。激光显示行业属于技术密集型行业，完善的硬件产业链是他最终决定将企业设在深圳的主要原因。创业者带着技术专利回国可以迅速地实现量产商业化，周边的代工厂多，原材料供应商集中，每一个组件、模块、零部件等都有多个型号的配套厂家，生产制造则通过招标能吸引 5 到 10 个甚至更多的公司竞标。

3. 制度嵌入性

深圳作为改革开放的前沿，从政策、人才、资源等方面营造了良好的创新创业环境，包容创新的文化、浓厚的创业氛围，打造全球创新创业人才集聚高地。创业者本人 2009 年入选国家“千人计划”获得 100 万资金支持，2011 年获得了深圳孔雀计划 1000 万无偿支持，在那时企业规模小，销售额只有几十万，这笔雪中送炭的资金对稳定团队的心、维持创业发展起到了至关重要的作用。而李 Q 本人也特别提到“光峰光电之所以能站稳脚跟，与政府的大力支持密不可分”，企业陆续获得了深圳市专利资助，税收补贴等多项支持，2012 年 6 月入选广东省国际一流创新团队，2012 年年底被认定国家高新技术企业。

（二）创业发展期的嵌入性分析

2013年后，公司经过近十年技术储备后，ALPD® 关键核心技术进入产业化阶段，销售收入与市场规模快速增长，成为激光显示器件核心供应商，光峰科技基于ALPD激光显示技术，陆续推出激光电影放映机、工程机、教育机、激光电视等应用场景较全的产品线，实现了从技术源头到产品制造的全盘掌控，形成了激光显示核心器件制造业务、激光电影放映机及光源租赁业务、激光电视光机及整机业务、激光商务与教育投影业务四大板块，奠定了在激光显示产业链的核心地位。

1. 关系嵌入性

企业秉承“技术立企、自主创新”的发展理念，通过科技创新，驱动市场发展，被称为处处彰显着“技术宅”型人格的科技创新企业，在这阶段，关系嵌入性特别是深圳本地的社会关系没有表现出特别突出的作用，而是依靠技术实力赢得政府与市场青睐。

2. 结构嵌入性

光峰科技公司最核心的业务为激光光源和光机的研发制造，公司潜心研发ALPD® 荧光激光显示技术，不断打磨技术性能，形成了大量专利积累，建立了以数百项全球核心专利为基础的知识产权体系，已在全球申请专利超1500余项，激光光源底层基础架构技术专利被引证超400项，是名副其实的“技术立企”，公司先后推出了100英寸激光电视（2013年）、ALPD® 激光电影放映厅（2014年）以及万元内100英寸激光电视（2017年）等技术解决方案，从其商业版图可以看到技术嵌入路线：

✦ 2013年，公司以核心技术与LG合作推出100英寸激光电视，在CES2013（2013年国际消费电子展）上获得“未来产品大奖”，取得广泛影响，反射式超短焦激光电视概念获得业内认可，公司也获得更大影响力。由于此时激光显示的产业链尚未成熟，公司决定将研发重点转向激光电影放映光源。

✦ 2014年6月，公司研发成功的首台20，000流明的影院放映机光源进入到影院使用，公司激光电影放映光源市场覆盖率至2018年末已覆盖全国影厅超20%。2015年成为全球电影放映机行业领导者、比利时巴可公司的激光光源引擎的独家供应商。

✦ 2016年在激光电视产品的基础上，继续开发了激光商教投影机、激光工程机，为明基、视源股份等多家知名教育设备厂商提供激光商教投影机定制化研发制造服务。2018年光峰科技产品出货量行业第二。

✦ 2017年至今，公司核心技术从ALPD®2.0升级到ALPD®2.0Pro和ALPD®3.0，与小米合作推出了首款万元激光电视，推进了激光电视产业化的进程；2017年年中公司年产10万台的激光电视光机生产线建成运行。

✦ 荧光激光显示技术逐步成为整个投影显示行业的主流光源技术。火乐科技、暴风智能等新兴互联网产品运营商开始向公司采购激光电视光机。公司激光电视光机2018年市场占有率超30%，处于行业领导地位。

3. 制度嵌入性

近年来，深圳围绕创新开展制度创新，激发市场活力和全社会创造力，积极打造"基础研究+技术攻关+成果产业化+科技金融"全过程创新生态链，优化营商环境，大力发展新兴产业和未来产业，深圳市委市政府对于激光照明产业的发展予以了大力支持，使得开展激光照明技术研究和产业化具备良好的环境和得天独厚的条件。国家及地方政府在公司发展过程中，不断在政策、经济上给予支持。例如，深创投集团旗下红土孔雀基金于2016年投资该公司A轮融资。近年来公司获得的政府在项目研发、税收优惠及企业上市发展等方面的资金补助支持，其中，2016—2018年间共获各项补贴税收优惠等累计1.8亿元。而且，公司还获得了深圳市南山知识产权保护中心在专利申请保护等方面的支持，公司多项产品获得广东省高新技术产品、创新产品等荣誉。在科研方面，公司在2018年牵头联合北京理工大学、中山大学、深圳麦格米特电气股份有限公司、广州力为电子有限公司、浙江大学、深圳TCL新技术有限公司等12家单位共同开展国家重点研发计划"战略性先进电子材料"-"三基色激光显示整机生产示范线"研发项目。

（三）竞合关系分析

从生产模式来看，公司对外销售及租赁的核心器件激光光学引擎全部为公司自主生产制造；激光显示整机产品中，除激光电视以委外方式组装生产外，全部为公司自主生产制造。公司将PCBA、镀膜等半成品生产、激光电视、便携式微投等整机组装等环节委托第三方加工生产。对于PCBA等半成品的委外加工，公司负责提供电子物料、芯片等核心材料；对于激光电视、便携式微投等整机的委外加工，公司负责提供主要材料，少量辅助材料由委外厂商提供并由其进行组装生产，其主要供应商如下：

1. 主要供应商

激光器、芯片、镜头是公司生产的核心物料，除前述三种核心物料外，公司生产所需其他电子件、光学件、结构件市场供应充足、生产厂家众多、价格透明、采购便捷。

表 4-4　主要供应商分布

领域		主要厂家
原材料	蓝光激光器	日本日亚 Nichia（香港）
	镜头	Hitachi High-Technologies（香港）
	镜头	松林光电科技（湖北）与天活松林光学（广州）
	镜头	南阳南方智能光电（河南）
	DMD 芯片	WT Microelectronics Co.，Ltd（台湾 – 深圳）
委外加工商	整机电视	LG
	组装激光电视、PCBA	纬创资通（中山）
	PCBA	深圳市东创科技有限公司
	组装便携式微投	富鸿扬精密工业（深圳）有限公司
	PCBA、PCB	深圳市金百泽电子科技股份有限公司

2. 主要客户

从销售模式来看，主要包括直营、经销及少量代销，直营是公司的主要销售模式（接近 80%），包括定制直营模式为主，自主直营模式为辅的两种直营销售模式：一是定制直营模式，主要客户为显示产品整机厂商采购公司激光光学引擎作为核心器件生产整机产品，以及客户直接采购公司生产的激光显示产品整机并对外销售；二是自主直营模式，主要客户为激光显示应用终端客户，采购公司自有品牌激光显示产品，以“光峰 Appotronics”品牌激光工程投影机为主。公司激光工程投影机的终端客户包括各地政府机构、大型展览中心等。上述客户采购一般采取招标模式进行，每家客户在一定时期内通常只进行一次采购，但是每单采购的总额较大。

表 4–5　主要销售模式与客户分布

模式		方式	主要客户
定制直营	核心器件定制	采购公司激光光学核心器件，自行生产整机产品	比利时巴可、火乐科技、中影巴可
	整机定制	客户直接采购公司生产的激光显示产品整机并对外销售	小米、东方中原、明基、视源股份、河南中富康数显
自主直营	工程投影机	招标采购光峰自有品牌	政府部门与会展演出
	网上及实体店	天猫、京东、有品等线上渠道、开设线下实体店	大众
经销	商教投影机	各地经销商代理销售公司自有品牌投影机	浙江教育用品发展，广州市凯大电子科技，广西凌晨教学设备等
	激光电视整机	“WEMAX”系列激光电视	北京万达华影科技，深圳华科易讯电子，苏州天空之声智能科技
租赁服务	购置搭售	影院购置激光放映机，激光光源所有权仍属于公司，有偿使用激光光源与获取服务	中影巴可
	旧机改造	提供光源租赁计时服务	中影环球、北京新亚天影电影科技

3. 主要竞争者

表 4–6　主要竞争者分布

营收占比（2018）	产品领域	开始年份		
			国外	国内
21.45%	激光显示器件	2007	日本卡西欧，德国欧司朗，日本爱普生	台达电子（台湾）
0.48%	激光电影机	2014	巴可、IMAX，爱普生	中强光电
22.13%	激光电视	2013		青岛海信电器，中科极光
28%	商教、工程投影机	2015	日本 NEC	北京鸿合科技（深圳），中强光电
22%	租赁服务	2014	IMAX	

公司 ALPD® 激光光源技术的竞争技术包括在电影、电视等应用领域存在竞争关系的 RGB 三色激光显示技术。与海信电器相比，光峰科技除推出了激光电视整机产品外，更专注于激光电视光机等核心器件的研发与制造，其中，激光电视光机销售量居全国第一。在激光商教投影整机市场，鸿合科技销售

量国内排名第一。与鸿合科技相比，光峰科技拥有激光商教投影机的光源、光机和整机的研发和制造能力，在竞争激烈的商教显示领域，可以迅速进行技术迭代创新，保持激光投影机的技术优势，提供更加丰富的产品选择。公司还可以借用激光电视的技术、工艺、生产设备、采购、销售和维保系统对激光商教投影机业务予以支持，相对鸿合科技在激光商教投影机领域更为专业，具备多项优势。

（四）竞合关系的平衡策略

光峰科技公司是一家专注技术研发和产品创新的科技型公司，掌握了激光显示最上游的技术，首创并不断升级的 ALPD® 荧光激光显示技术架构，因此在产业链中下游的产业化延伸上，始终是采取全面放开的姿态，与众多厂商合作开发激光显示产品及系统解决方案，打造了激光显示核心技术与电影、电视、教育、展示等相结合的应用场景，将创业阶段的市场开拓压力分解到众多合作者，并能更好地集中精力从事技术研究。其主要策略是：守住技术主线夯实根基，放开市场合作扩展市场，以市场影响力培育自主品牌整体机业务。

1. 构筑专利栅栏，竞争与合作共存，维护核心竞争力

公司经过多年研发与迭代，发行人已经完成了 ALPD1.0 到 ALPD4.0 技术的升级迭代和技术积累，且已经就 ALPD® 技术的不同代际在全球布局了 63 项核心专利、386 项发明授权专利、766 项授权专利以及超 300 项 PCT 专利申请，该等专利共同构建了公司全球专利体系和核心专利群，同时公司还掌握了核心器件如荧光轮的研发和制造能力，具备规模生产制造优势和成本优势，能有效隔离竞争对手的侵袭。截至 2019 年 4 月 30 日，公司共计取得授权专利 792 项，申请数量在全球荧光激光显示领域排名第一。

公司创始人李 Q 表示，在当前的环境下，专利对于企业的重要性愈发重要。他表示，从专利投入 VS 利润的角度来看，专利带来的效益是长期见效的，并提出“专利是一种资产，带来的回报比盖楼高”的理念。公司在专利方面采取了竞合策略，一方面，积极应对知识产权侵权和确权行为；另一方面，发行人以开放的姿态，积极地与使用发明人专利企业接洽专利许可的事宜，专利往往是在竞争中体现的，科创企业不应仅站在自己的角度去看专利，而是应该把眼界拓宽，用合作的眼光来看专利，科创企业首先得有核心专利，

但专利不可能是完整的，企业要主动寻找相关的技术开发者给自己的专利做一些补充、做授权，把相关方的专利跟企业自身的核心专利结合在一起。通过合作的方式，当科创企业在出海时候，不仅无形中消除了潜在的专利竞争对手，可能还多了一个朋友，并通过这个朋友帮助公司把市场推广做得更好。“专利不要单纯从竞争的角度来看，更要从竞争和合作两个角度来看”，共同加强保护知识产权，而不是搞知识封锁，在合作中实现共赢和共享。

2. 以多元合作开拓市场，扩大核心技术影响力和渗透力

对于以技术和产品研发见长、但早期运营资金有限、营销网络建设尚不完善的创业公司而言，开发和培育市场需要相当的时间和经济投入，因而需要选择与中影器材、小米、东方中原这些市场营销能力强、销售渠道广的行业应用领域内龙头企业合作，包括建立合资公司，来快速推动产品商业化，将技术优势快速高效的转化为市场优势，还可以避免来自市场的直接竞争，专注于原创性技术研发。

从第一代光峰激光电视研制开始，公司的合作伙伴就是面向全球选择的——美国德州的 TI，负责开发与激光光源高度匹配的显像设备；公司在日本定制电视屏幕，然后让韩国 LG 进行代工组装。这种兼收并蓄、各取所长的国际化手笔，最终展现在世人面前的是一款真正高大上的产品。这款激光电视在北美 2013 年拉斯维加斯 CES 展一亮相，即惊艳全场，并获得未来产品大奖的荣誉。公司采用了合资合作的商业策略，情况如下：

✦ 2014 年 8 月与中国电影集团子公司中影器材合资成立中影光峰，为全国影院的电影放映提供激光光源租赁放映服务，目前市场占有率约 60%，处于行业领导地位。

✦ 2015 年 4 月与东方中原合资成立东方光峰，借助东方中原的全国销售渠道销售激光商教投影机，2018 年末，合资品牌派克斯投影机的销量和销售额排名第三。

✦ 2016 年 3 月，加入小米生态链，与小米关联方天津金米、顺为科技合资成立峰米科技，研发制造销售激光电视整机，小米通讯发挥其销售渠道广泛、营销能力强的优势，将激光电视推向国内外。尤其是通过互联网渠道传播新技术、新产品取得了立竿见影的效果；2018 年，带动公司的激光电视在光机市场占有率超 30%，处于行业领导地位。

✦ 2019 年开始公司还与巴可等合作方共同投资中光巴可，携手在海外市

场推广包括 ALPD® 荧光激光放映技术在内的先进放映技术。

公司原创的 ALPD® 激光技术架构是一个底层关键架构，可延伸应用至多个领域，公司将合资合作模式从激光电影放映业务延伸到激光商教业务，再延伸到激光电视业务，均取得了成功。未来公司将以光机的研发制造为主，通过向国内外电视整机厂家供应光机，进一步加强公司在核心器件方面的领先地位。这些合资合作有效地推动公司科技转化，实现以点带面、跨行业、跨区域的高效发展，极大地提高公司在市场的影响力、技术美誉度。

3. 后续跟进自有品牌建设，构建直接面向市场独立持续经营的能力

在通过合资合作开拓市场过程中，公司不仅与合作方保持稳定发展，也“暗度陈仓”将成功经验向自有业务输出，带动自有品牌销售规模扩大，构建直接面向市场独立持续经营的能力，促进公司持续、均衡、健康、高效发展。

在激光电视整机业务方面，激光电视还是一个较为新兴、发展速度较快的市场，奥维云网（AVC）预测，我国激光电视 2021 年市场销量将达 73.5 万台，公司除与小米通讯合作推出更多型号米家激光电视产品外，也将在自有品牌激光电视产品持续发力，借助经销商渠道和电商平台推广。通过前期与小米通讯合作培育消费市场、逐步建立起光峰激光电视光机在整机厂商的知名度和美誉度。目前研发、生产、销售自有品牌“WEMAX”系列激光电视，与小米定制激光电视在产品设计、技术性能、销售方式、受众群体等方面均有所差异，因此公司推出自有品牌激光电视并不必然构成对小米业务的不利影响，也不会导致公司出现大客户流失的风险。

在激光商教投影机业务方面，公司一方面注重与东方中原合作，进一步提升“派克所”合作品牌的影响力，推动其销售规模增长；另一方面也进行差异化的市场开发以及对应的产品研发，向东方中原主要销售高对比度机型，而自有品牌主要推广全色彩机型，二者相得益彰促进母公司“光峰”光源光机对整体商教市场的覆盖率，目前，公司自有品牌“光峰 Appotronics”激光商教投影机在市场上取得了良好的口碑，形成了以经销为主的销售模式，自有品牌收入占比从 2016 年的 25.94% 上升至 2018 年的 49.83%。

四、案例研究 3

金 YD，1976 年 7 月出生，1998 年 7 月毕业于北京大学化学专业，学士

学位，1998 年 10 月至 2003 年 5 月比利时鲁汶天主教大学化学专业博士，任美国通用电气中国技术中心亚太区技术经理、美国陶氏化学公司新业务开发技术总监等职务，2008 年与好友张 Y 博士在宁波创办宁波激智新材料科技有限公司，2010 年 10 月二次创业，创办设立长阳科技，是国内较早从事反射膜、光学基膜等高分子功能膜生产研发的高新技术企业，公司主要产品的核心技术已达到国际领先水平，并拥有自主核心知识产权和专利包。

（一）创业初期嵌入性分析

1. 关系嵌入性

从该创业者经历来看，如果第一次创业关系嵌入性不大，那么此次二次创业的初期阶段关系嵌入性明显增强，11 名董事成员及高管中有 6 名来自宁波本地。另一方面，宁波游资聚集、民间富庶，宁波金融生态评价在全国排名始终处于前列，私募创业环境优良，便于募集资金，创业阶段的几次增资扩股的资金主要来自本地。

2. 结构嵌入性

宁波依托杭州湾新区直接跨海连接上海，国际化的港口资源、航运物流业发达，国际贸易便利。宁波 2008 年列入中国首批 7 个新材料产业国家高技术产业基地之一，至 2008 年底，宁波新材料产业产值已接近 900 亿元，全市有上千家企业从事材料生产加工，其中，有 450 多家从事新材料研发与生产，材料产业门类齐全，配套加工能力强，产业链完整，特别是在磁性及稀土材料、高分子及复合材料、金属材料等领域已形成独特的产业优势，石化、有色金属、汽车、纺织服装、家电、电子信息等产业发展基础好，既为新材料产业提供了种类繁多的原材料供应，也为新材料开拓了庞大的下游应用市场。

宁波也是国家级海外高层次人才创新创业基地，国内领先的新材料创新中心，自 2005 年连续举办的中国（宁波）新材料与产业化国际论坛已经成为宁波与国内外新材料领域学术交流与产业对接的高端品牌。近几年，引进共建了中科院宁波材料所、北方材料科学与工程研究院、中国石化宁波技术研究院、中国电科海洋电子研究院等研究机构，支持建设了宁波材料表面工程中心、磁性材料与器件工程研究中心、复合材料工程技术中心等 20 个各类工程中心和重点实验室，建立了 29 家新材料领域的省、市级企业工程技术中心，宁波新材料产业创新服务综合体集聚新材料产业发展各类创新要素，搭建多元创新服务平台，为中小企业提供研究开发、检验检测、创业孵化、成果转化、科技服务等全链条的服务，为公司创业提供了良好的科研实验支持。

3. 制度嵌入性

2007 年创业者本人和同学一起怀揣梦想来宁波创业就是考虑到浙江民营经济发达，是培育民营企业的沃土，民间资本丰富，创业环境好。宁波市政府重视高端人才引进、聚集创新资源。例如，从 2008 年起，高新区财政每年安排 1000 万元专项资金，用于海外留学人才引进及相关政策的扶持。对开始产业化、规模化生产的企业，给予三年期内 200 万元额度以内的贷款贴息补助，提高海外留学人才以其专有技术出资入股的比例等优惠支持措施。在金YD 的二次创业中，当地的制度环境优势更加明显、政府服务效率更加高效，例如，公司厂房建设从打桩动工到正式投产仅用了 11 个月时间，建立了一条自主设计、集成 9 个国家设备的 PET 光学膜生产线。

宁波市重视新兴产业发展，制定《宁波市新材料高技术产业基地发展规划（2009—2020 年）》并成立促进战略性新兴产业发展工作领导小组，编制宁波市优势产业与新兴产业投资导向目录，多点建设新材料推广应用基地，着力推进基础公共服务平台、创新能力、产业发展和主体培育等四大支撑工程建设。公司从事创业项目属于宁波市重点发展的六大新兴材料领域，享受政府在土地、资金及税收等各方面的大力支持，例如，该公司 2014 年、2015 年获得政府技术创新团队补助、人才专项补贴、招商引资奖励等达 1600 多万元。

（二）创业初期嵌入性分析

1. 关系嵌入性

作为技术型新材料生产企业，业务扩张不仅需要财务投资，还需要长期稳定的资金介入，所需资金主要依靠银行借款和自身募集解决。宁波多数产业资本还是选择近水楼台，在本地高新企业中寻找投资目标。在公司发展期的增资股改中，合伙自然人中宁波本地人占绝大多数，主要私募基金也以宁波地区为主，公司主要股东在宁波本地也具有丰富的社会关系，例如，杉杉集团董事长、宁波科元控股集团董事长等，这反映了民间资本与社会资本的交织融合。在外部市场扩展上，创业者也积极利用社会资本优势，例如，利用他在光学膜产业圈里的关系，直接找到国产电视巨头四川长虹，将产品交给他们进行客户认证。但在发展期，社会资本投入较大，因此，公司的销售费用占比和管理费用占比却超过行业平均水平 1~3 个百分点。

2. 结构嵌入性

宁波市新材料产业迅速发展，产业规模位居全国七大新材料产业城市之首，2018 年新材料产业规模首次突 2 千亿元，在“2017 光电膜材料 · 宁波峰会”上，宁波发布了“中国膜都”宣言，将以江北“膜幻动力小镇”为依托，将宁波打造成中国最大的光学膜生产基地、科技含量最高的膜材料创新高地，国际领先的膜人才集聚高地，未来要打造成百亿级产业。光学膜的未来竞争将是产业链的竞争，强势的公司依托借助雄厚的资金，利用产业链优势持续发力，不单能够生产基材，也能够研发扩展上下游的深加工产品。宁波良好产业基础为公司持续创新提供了良好的基础。

公司在生产规模扩大基础上，加快研发进程扩展产品线，例如，2018 年 3 月公司联合中科院宁波材料研究所、江苏国望高科纤维有限公司、上海交通大学、宁波市医疗中心某医院等主持某重要化工原料生产规范申报宁波市“科技创新 2025”重大专项，多项产品技术荣获浙江省专利优秀奖、宁波市重点工业新产品、宁波名牌产品等荣誉；公司参与制定了白色聚对苯二甲酸乙二醇酯（PET）反射膜等 5 项行业标准，目前，公司加大在高性能 PEN 膜、高端显示用光学基膜等多项产品上研发力度，研发和储备面向未来科技前沿的新产品。

3. 制度嵌入性

近年来，宁波市战略性新兴产业发展规模不断扩大，创新能力显著提升，积极开展政策先行先试补齐产业短板，形成机制灵活的战略性新兴产业生态系统。宁波高新区专门出台了高层次人才创业办法，还以创建浙东南自主创新示范区为契机，出台优厚的科技专项支持政策，例如，针对新材料进入市场需要经过长期的应用考核与大量的资金投入，下游用户首次使用存在一定风险，带来“有材不好用，好材不敢用”、生产与应用脱节、创新产品推广应用困难等问题，出台重大自主创新产品首购首用政策，给予最高 400 万元购买补助，200 万元保费补助，给下游应用企业吃了一粒“定心丸”，有利于降低创新材料应用门槛，便于新材料推广应用。

宁波市积极鼓励民间资本进入新兴产业，在 2012 年，宁波就已设立创投引导基金，截至 2019 年宁波创投引导基金已组建 23 支参股基金以 6.3 亿元资本撬动社会资金33.23亿元，成为科创板背后重要的资本推手（凌波，2020），宁波在浙江省内率先启动了推动企业上市和并购重组的“凤凰计划”，创始人也直言“长阳科技能发展到今天，离不开宁波创投机构的雪中送炭”。此外，宁波已经成为国内基金业的重要集聚地。中基协数据显示，截至2017年宁波地区已登记的私募基金管理人已超过500家，2019年宁波的私募基金管理人达到850多家，管理基金规模超过3000多亿元，位列全国第七，计划单列市中仅次于深圳，也为企业发展及科创板上市提供了有力支持。创业者还直接享受到宁波的制度红利，2016年至2018年得到政府直接补助达2500多万元，增值税出口退税金额达3400多万元。

（三）竞合关系分析

1. 主要供应商

公司组织生产的原材料主要包括PET膜级切片、母料（色母粒、功能母粒）和助剂等。其中膜级切片和母料均为石油化工衍生产品，除部分助剂需要进口外，其余原材料均为国内就近采购。

表4–7　主要供应商分布

领域	主要厂家
聚酯切片	中国石化仪征化纤
	佛山佛塑科技集团股份公司
	杭州逸暻化纤有限公司
	浙江恒逸石化销售有限公司
树脂	宁波楷塑材料科技有限公司
	三井塑料贸易（上海）
母料	中国石化仪征化纤
	宁波色母粒有限公司
	广东彩艳股份有限公司

2. 主要客户

公司产品的主要消费群体为光学膜裁切厂，通过裁切厂供货给背光模组生产企业，并最终服务于液晶电视、笔记本电脑、平板电脑和智能手机等生产企业。

表 4-8　主要客户分布

领域	客户企业
反射膜、扩散膜	泰荣控股（香港）、青岛卓英社科技有限公司、广州扬旭光电科技、苏州锦富技术股份、佛山群志光电有限公司、宁波东旭成新材料科技
反射片	三星电子（香港）、韩国 LG、惠州尼日科光电有限公司
反射膜、增亮膜	广州扬旭光电科技、广东轩朗实业有限公司
反射膜、光学基膜	苏州腾达光学科技、绍兴永兴薄膜有限公司

3. 主要竞争者

表 4-9　主要竞争者分布

营收约占比（2018）	产品领域	开始年份	竞争者	
			国外	国内
82%	反射膜片	2012	美国 3M、日本东丽、日本帝人和韩国 SKC	宁波东旭成新材料、宁波激智、航天彩虹（台州）、金张科技（安庆）
7%	背板基膜	2013	日本东丽、日本帝人和韩国 SKC	宁波智激兰埔成、裕兴股份、航天彩虹（台州）、康得新（张家港）
9%	光学基膜	2013	日本东丽、日本帝人和韩国 SKC	江苏裕兴股份（常州）、康得新（张家港）
2%	扩散膜、增亮膜其他功能膜	2015	日本东丽、日本帝人和韩国 SKC	

目前光学膜市场群雄并起，各家公司以各自的优势割据一块市场，产业集中度较低，正进入激烈竞争时期，2017 年末公司已成为全球光学反射膜细分行业龙头企业，反射膜出货面积位居全球第一，国内光学膜领域有 4 家产值过 3 亿的企业，有三家都在宁波，分别是激智科技、长阳科技和东旭成化学。其中宁波激智科技有限公司是创业者本人与好友张彦 2008 年共同创办的国内第一家集研发和生产于一体的新型光学功能薄膜企业。因此，企业面临着与激智科技公司的典型竞合关系，与东旭成化学也有较强的竞合关系，在原材料、产品、客户等方面存在较高的重合度。

（四）竞合关系的平衡策略

公司以液晶显示光学反射膜为切入点，通过不断的原创研发投入和技术积累，第一代反射膜于 2012 年问世，并成为国内少数几家掌握光学反射膜制备技术的企业之一。但公司面临着较大的竞争压力，为此，企业采用策略是：前期快速抢滩市场，实现规模增长赢得客户与投资者认可；后续加强技术研发，构建可持续发展的差异化优势。

1. 快速突破市场“长阳速度”，实现规模增长获得资本支持

在早期创业阶段，企业生产投入大，存在创立时间短、资金实力有限的实际情况，创业者多方筹措资金，债务负担较重，急需打开市场并率先取得突破。为此，企业创立仅一年，长阳科技把光学基膜新产品从实验室推向了市场，并在短短 4 个月内实现销售额 4000 万元，此后仅仅 4 年时间，长阳科技就在光学反射膜领域占据了全球光学大尺寸反射膜 35% 的市场份额，成为全球反射膜领域的单打冠军，这些业绩一方面是受益于产品市场需求的快速增长，更重要的是创业者要尽快实现规模化增长，抢夺市场话语权，用市场绩效来开拓资源融到足够的资金，既为企业发展提供坚实保障，也给投资者一个满意答卷。

在上市前增长阶段，企业面临国内日趋激烈的市场竞争，必须持续投入生产线建设，扩大生产规模，导致资产负债率远超行业平均值，面临沉重债务负担以及资产抵押质押带来的持续经营能力风险，为此，企业不得不投入大量资金开拓市场，导致销售费用占比和管理费用占比超过行业平均水平 1~3 个百分点，为维持经营，创业者进行了多次股权转让并签署对赌协议进行融资筹资，进行突击上市，随着 2019 年公司上市后融资环境的优化、生产工艺趋于稳定成熟，公司经营状况得到明显改善，例如，2019 年 11 月份公司公告使用超募资金归还银行贷款，还用暂时闲置募集资金进行现金财富管理。

2. 上下游两端发力：上游扩展供应商市场，下游打开市场示范效应

公司生产的光学膜产品处于 LCD 产业链的中间环节，一方面要受上游 PET 切片、母料、助剂等原材料价格的影响，尤其是聚酯切片作为石油炼化下游相关产品，其生产主要集中在中国石化、恒力股份等少数几家集团手中；另一方面，因为公司的产品其终端客户是各种液晶显示器、平板、手机等电子消费类生产企业，因而，其价值还受经济环境、消费环境的影响以及受市

场的竞争程度的制约。为此，企业在两端同时发力扩展：

扩展上游原材料供应端，减少依赖性，提高议价能力。到 2018 年，中国石化仪征化纤一直为公司第一大供应商，与竞争对手的主要供应渠道重合，为避免对单一供应商的依赖，公司自 2017 年开始与江苏恒力化纤股份有限公司、中国石油天然气股份有限公司华东化工销售分公司合作，公司向两家公司采购聚酯切片的金额逐年增加；此外，公司也与佛山佛塑科技集团股份有限公司、杭州逸暻化纤有限公司开展业务合作，作为上述大型石油化工采购渠道的有效补充。宁波楷塑材料科技有限公司一直为公司树脂第一大供应商，公司自 2017 年与三井塑料贸易（上海）有限公司合作，宁波色母粒有限公司一直为公司母粒第一大供应商，随着公司母粒生产能力的提升和产品配方升级母粒使用数量的逐步减少，公司对母粒采购规模逐年减少。

直接嵌入下游领域的龙头企业，用示范效应打开市场。当时光学膜产品需要通过第三方中介平台才能向下游需求厂商供货。这种局面增加了销售成本环节并带来供需双方的沟通障碍。创业者利用他在光学膜产业圈里的关系，直接找到国产液晶电视领域巨头四川长虹，将产品交给他们进行客户认证。由于公司产品性能表现稳定，而价格又比韩日同行低 20% 左右，所以四川长虹经过试用后立即决定开展合作，这种合作产生市场示范效应，新产品下线当年，长阳科技的销量就突破 4000 万元，随着公司市场地位和品牌知名度的逐渐提升，公司由前期通过裁切企业向终端客户推荐认证本公司产品的认证模式，逐渐转变为公司直接与终端客户完成产品认证的方式，主动开拓寻求与终端客户的直接合作机会，光学膜产品已打入国内的京东方、TCL、长虹、创维、海信、富士康以及国外的三星、LG、夏普等知名企业，2016 年已经实现产值近 4 亿元。2017 年 5 月，公司获得韩国三星公司直接供货的认证，成为韩国三星的合作供应商，销售金额大幅增加。

3. 关注未来技术趋势，构建差异化竞争优势

随着企业在激烈竞争中脱颖而出，在公司快速发展同时，在资金较为有限的情况下需要兼顾技术研发和生产经营的平衡，随着企业经营状况的改善，用于研发投入的资金逐步增加。为使产品技术和生产工艺保持先进水平，进一步延伸产业链，公司对市场保持敏锐性及前瞻性，逐步探索并建立了符合现状的技术企业创新机制。

✦ 自公司成立至 2012 年，是公司反射膜核心技术的孵化期。先后突破了

关键高精密设备设计制造、多层泡孔结构设计与制备、反射膜配方设计、工艺参数优化这四个环节的关键难题。在2012年实现了第一代反射膜的商业化。

✦ 2013 年至 2016 年，是公司围绕反射膜核心技术，不断衍生新产品、拓宽新应用领域的重要时期。衍生出新产品高反射型背板基膜。与此同时，研发团队将反射膜从液晶显示领域拓展应用到半导体照明领域。

✦ 2017 年至 2018 年，是公司反射膜核心技术不断升级迭代时期，核心技术指标辉度方面取得重大突破，反射率进一步提升到 96% 以上，达到了国际领先水平。

✦ 2018 年底至今，是公司光学基膜核心技术的培育期。经过往复循环的设计、试验、调试，在高洁净、高透光率等核心技术指标方面取得了突破性进展，正在逐步缩小与国外同行巨头的技术差距。

截至 2019 年 6 月 30 日，公司已获得 80 项发明专利授权，重点聚焦新型显示、半导体、5G 这三大应用场景，研发和储备面向未来科技前沿的新产品，目前已经储备开发了高性能 PEN 膜、高性能显示用聚酰亚胺光学基膜等 20 多项先进项目和工艺。

五、案例间对比分析

Elfring & Hulsink（2007）总结现有文献发现，创业者的网络发展有两种相互冲突的模式：一种模式是从强连结主导的以身份为基础的网络演变成一个有意识地管理的富含弱关系的网络；另一种模式则相反，在萌芽阶段以弱联系为主，有些关系会逐渐发展为强联系，他们通过对荷兰 32 家 IT 创业者访谈案例研究，总结出了网络演化、网络更新与网络革命三种程度不同的发展模式。本文通过更详细的网络解构，从关系嵌入、结构嵌入与制度嵌入三个维度对比初始萌芽期和发展期的网络发展情况，为了更直观清晰的观察三个企业的嵌入性与竞合关系比较，本文采用三级刻度来衡量，即 1 星表示存在（虚星表示不显著），2 星表示重要，3 星表示非常重要，具体情况如下表4–10所列。

表 4-10　嵌入性与竞合关系公司间比较

创业阶段		关系嵌入性	结构嵌入性	制度嵌入性	合作	竞争
蓝晓科技	初期（2001-2008）	★★★	★	★	★★	★
	发展期（2008-2015）	★	★★★	★★	★★★	★★
光峰科技	初期（2006-2013）	★	★★	★★★	★★	★
	发展期（2013-2019）	★	★★★	★★	★★★	★★★
长阳科技	初期（2010-2016）	★	★★	★★★	★	★★
	发展期（2016-2019）	★★★	★★	★★	★★	★★★

1. 嵌入性的发展变化

从三个案例来看，蓝晓科技在创业初期主要依靠关系嵌入性获取创业资源，而在发展期，则转向结构嵌入为主，通过核心产品技术嵌入进企业的生产从而开拓市场；而光峰科技在创业初期则是被深圳良好的创业环境吸引，在实现技术突破后转向结构嵌入性，通过核心技术嵌入进上下游产业链中；而长阳科技在创业初期也是看重宁波良好的创业政策支持和当地产业基础，当企业进入快速发展期后，亟待扩大市场销售，则借助社会关系进行融资与销售，但维持关系嵌入需要较大的资金与精力投入。

这三个案例的嵌入性变化表明，对于创业初期来说，嵌入性的类型不确定，但都会根据自身情况有目的的选择一种关键嵌入性，如关系嵌入性或制度嵌入性，验证了梁萍平（2012）的结论。但进入发展期后，作为技术型创业者，结构嵌入性的作用明显，决定了创业企业在产业中的地位，而企业核心技术越靠近上游，结构嵌入性越强，核心竞争力越大，而如果核心技术优势还不明显，则结构嵌入性会降低，需要通过关系嵌入性来弥补，而维护这种关系嵌入性需要较大投入。

2. 竞合关系的发展变化

从三个案例的竞合关系来看，蓝晓科技在初期以自己研发为主，也寻求与周围亲朋好友的合作开拓市场，而没有大规模开拓市场，很少与其他相关者发生竞争关系；而在发展期，也主要是依托技术优势切入市场，进行差异化竞争，甚至与竞争对手共同合作开发新技术。光峰科技在创业初期也存在类似情况，以自己研发高端技术为主，因而竞争压力很小，但在发展期，因为面对广阔应用领域，来自市场竞争者、替代者的竞争压力较大，而企业也通过合作服务、捆绑搭售等方式与客户合作开发市场，因而竞争与合作关系都强。长阳科技作为二次创业过程，与原创业企业激智科技以及当地东旭成化学本身就存在激烈竞争关系，而且其技术产品与现有企业重合度较高，进入发展期，随着市场扩大，面对越来越多的竞争者，企业也注重与当地科研机构合作来推动产品技术迭代创新，但整体竞争压力较大。

由于多个主体之间竞争与合作的多种混合存在，竞合可以以不同的强度存在（Nalebuff & Brandenburger，1996；Chai et.al，2019），Park et al.（2014）根据合作和竞争的强度级别，将竞合关系分为四类：强竞合平衡（强合作、强竞争）、合作主导型竞合（强合作、弱竞争）、竞争主导型竞合（弱合作、强竞争）和弱竞合（弱合作、弱竞争）；他们认为中高水平的强均衡（balanced-strong）竞合可以同时带来合作和竞争的优势，从而产生一种竞合优势和双赢局面。这与“协同寻租（syncretic rent-seeking）”阵营的观点一致，该观点主张竞合有助于企业发展新知识、保持战略灵活性和扩大市场（Dagnino，2009；Gnyawali & Park，2011）。而三个案例也表明，光峰科技的强竞合平衡促进技术持续创新，长阳科技的中强度竞合平衡则会促使企业加快市场规模扩张。

3. 嵌入性与竞合关系

作为技术型创业企业，技术先进程度决定了企业竞争力，当企业技术足够先进，比如某项颠覆性技术创新，能够帮助企业占据产业链中的核心位置，这种技术产生的结构嵌入性可能会带来激烈竞争，例如替代品厂商的抗争，但先进的技术毕竟会带来显著受益（环保、利润、资源等），也会吸引众多的合作者，因此，结构嵌入性能带来竞合关系的平衡，案例中的蓝晓科技和光峰科技都是这种类型。而关系嵌入性则具有不确定性，因为维系社会关系需要企业的大量投入，虽然能维持弱强度的竞争与合作平衡，但企业进入快速发展期，市场竞争很难通过社会关系消除掉，特别是上游供应商与下游客户重合度很高的时候。在这三个案例中，制度嵌入性则是一个稳定调节器角色，好的制度环境可以创造公平竞争的市场，化解一些恶性竞争或串谋等行为，因此，对竞争与合作的影响是共同的。

第五章　统计实证框架与问卷设计

从社会网络分析的方法来看，重点包括联结（link）类型和网络结构两个方面（Borgatti et al.，2009）；基于前面分析和调研发现，海归回国后一般都是基于三点选择创业目标地的（location）：一是基于产业技术特征，寻找适合自己创业有技术优势的产业聚集地，例如，化工类企业倾向选择宁波地区，而电子信息类企业会优先考虑深圳，金融服务类会考虑上海等；另一个是基于社会关系特征，选择自己人脉关系熟悉的地方，例如，亲朋好友多能提供较大支持的家乡；第三类是考虑政策环境支持力度，例如，城市开放度、创业生态环境以及政府规划产业方向等，像长沙市大力发展智能装备制造，无锡市支持物联网产业等，本研究将其界定为结构嵌入、关系嵌入和制度嵌入三种方式，这三种嵌入方式会带来不同的竞合关系和绩效差异，因此，本研究的基本逻辑是：嵌入性—竞合关系—绩效。

一、研究假设

在网络经济模式下，资源、人才、资本等要素都在更广时空内流动配置，新的商业模式和经济业态不断涌现，更多的创新要素沿着价值链重新组合，小世界网络比规则网络具有更高的资源流动性和更广的资源整合范围，越来越多的学者关注多种网络嵌入性与区域产业发展之间的关系，并从不同视角做了大量研究。海归创业是一个重新嵌入国内网络并开启一段新事业的过程，这个过程被称为本地化，从嵌入性和竞合关系视角解释可以更好帮助海归解决“水土不服”的难题，提高他们的创业效率和成功率，我们结合相关文献综述和案例研究，提出本研究的主要框架与假设（如下图5-1）。

（一）关系嵌入性对竞合强度影响

现有社会网络与商业活动研究中，围绕“关系嵌入—合作—绩效”这个路径的研究非常丰富。关系维度是指关系本身的性质（密度、频率等）以及由此产生的社会资本（Tsai and Ghoshal，1998）。例如，连接强度反映了合作

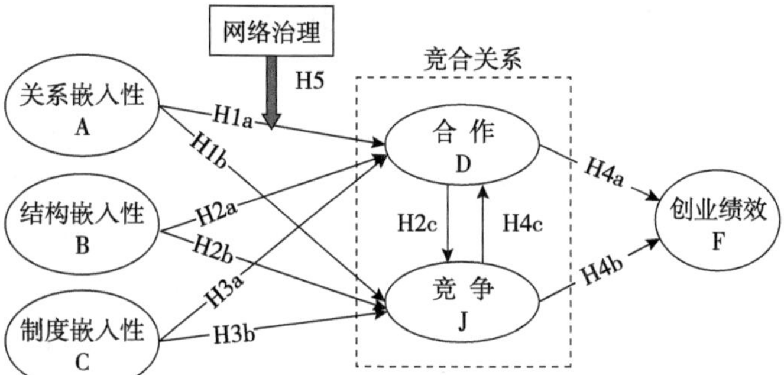

图 5-1　研究框架与假设图

伙伴之间的接近度，并随着交互和联系的频率而增加（Hansen，1999）。首先，关系嵌入能够促进双方接触增加，促进信息和知识交互以及情感沟通，Uzzi and Lancaster（2003）、Slotte-Kock and Coviello（2010）认为嵌入性可以改变合作者的自私、增加信任从而减少合作中的机会主义风险，关系嵌入也是信任产生的一个前因（antecedents）。其次，关系嵌入性对创业者尤为关键，因为创业者是新进入者，面对天生劣势和更大风险，也需要更多的社会关系去支持。边燕杰、丘海雄（2010）认为社会资本是支持创业的稀缺性资源，创业者需要周密构建这种关系网。Vlasov et.al（2018）研究创业在本地和跨区域草根网络中嵌入性如何促进地方的复原能力，发现适当的社会文化嵌入有助于获得当地资源和合法性，并在社区中创造社会价值。社会关系网络可以帮助创业者寻找机会、获取资源以及获得合法性，而在中国这种注重人情世故、血缘亲情的关系型社会，创始人社会资本更为创业生存发展提供多元化的信息、物质资本以及情感支持。

从前面文献和第 3 章论述我们也看到，关系嵌入性对竞合关系的影响是复杂的，基于关系嵌入的海归创业者通过社会资本关系协调与其他参与者的关系，包括扩展市场、研发技术、利益分配等方面的冲突。虽然海归可能通过海外经验积累了技术知识和金融资本，但他们错过了深入体验国内迅速变化的制度环境的机会，而由于国内独特的监管环境和细致奥秘的地区制度设置，海归创业者更需要通过亲情友情等社会关系了解这些细节（Qin et al，2017；阎海峰，2015），克服外来者或新进入者劣势。前面的案例研究也表明，海归创业者更倾向于通过社会关系接触更多的信息与资源，例如，西安蓝晓科技创业者需要通过亲属关系找到自己创业点，并依靠亲朋好友支持来组建团队；很多海归创业者通过加入朋友圈、校友会等拓宽人脉、尽快融入本土社会中，让创业思维、创业产品充分地“接地气”、更好地干事创业。

虽然企业关系嵌入性会导致对社会资本的争夺，但作为新进入者面对周围竞争者时，他们更看重通过关系嵌入性“化干戈为玉帛”，比如，通过中间人调节来化解敌对竞争、在资本股改中引入外部资本来调和竞争关系等措施，因此，对于海归创业者来说，关系嵌入性主要是获取支持、维系自身生存，而没有达到利用关系嵌入性去打击竞争者、抢夺市场资源的程度，恰恰相反，他们还需要通过关系嵌入性来避免来自市场的竞争，他们在嵌入本地社会网络中将合作主导的关系模式铭记于心。为此，我们提出如下关系嵌入性对竞合关系的假设。

H1a：海归创业的关系嵌入性将显著提高创业网络中的合作强度。

H1b：海归创业的关系嵌入性将显著减少创业网络中的竞争强度。

（二）结构嵌入性对竞合强度影响

结构嵌入性从网络结构方面为个体提供了信息优势和资源优势，如占据结构洞、处于中心位置等。中心成员往往是受欢迎的搭档，享有更大的威望和权力（Wasserman & Faust，1994），当一个网络有企业占据中心度较高时候，信息集中传播的效率也较高，但从产业结构来分析结构嵌入具有合理性，例如，Xing et.al（2016）用复杂网络模型证明具有较高流动中间性（betweenness）或随机游走中心性的产业，会对其所处的产业链产生更为密集的产业扩散效应，因为产业部门的价值流传递取决于它能从其他部门获得多少产品或服务。许晖、单宇（2018）发现全球价值链网络既有“核心—外围”的权力结构特征又有动态演化特性；在网络中处于中心地位企业意味着接触到不同参与者的异质性资源，这些不同的资源将使企业发起更加多样化的竞争行动（Sanou et.al，2015）。魏江等（2008）分析了竞合理论的集群企业技术能力整合机理，认为集群内部成员之间的技术能力势差有横向与纵向两种基本类型，在整合主体及整合链条上有很大差异。从战略资源观来看，当企业与上下游之间的资源互补性大，相互之间合作力度大；而与同类企业在横向上资源市场同质性大互补性小，从而更倾向于竞争。徐亮等（2009）认为竞合伙伴在细分市场上的重叠度越大，企业所拥有资源的相似性越高，则竞争程度就越高，获取竞争优势的动机越强。因此，这种结构嵌入会影响到企业的竞争与合作行为。

海归创业的结构嵌入性分析切入点是其技术 / 服务在产业链中位置，当创业项目在产业链中占据核心位置时候，意味着创业产品或服务对其他在位者有很高的互补性，可以接触更多信息、汇集更多资源，例如，上下游企业在合作中可以从这种新产品或服务模式中获取知识外溢和改进生产（Robert et.al，2018）。从另一方面看，占据中心位置的创业者，可以从本地网络中采购很多原材料，扩大本地市场销售，也会促进相互之间合作，在前面案例企业中的深圳光峰科技占据国内激光显示产业链的核心地位，研发的光机核心器件供应各大厂商，同时也在本地采购材料生产自己激光显示器；蓝晓科技依靠吸附分离树脂优势，同下游用户保持密切合作，以“小产品”成功打入大型企业生产线，因此，这种结构嵌入性会促进产业网络中的合作。

从竞争角度来看，当企业在网络中占据有利位置时可以获得更多的资源和信息，但这也意味着企业会成为众矢之的，成为抢占资源的焦点。Gnyawali et al（2006）就发现中心度可以提高企业竞争行为，作为共同竞争网络的枢纽，网络中心度高和拥有桥连接的网络嵌入结构有助于企业识别市场上不对称的信息，从中挖掘潜在的机会（Stam & Elfring，2008；闫俊等，2018），这样占据优势地位的企业很可能会更加咄咄逼人，能够获得关于其竞争对手的动机、能力和行动的大量信息，使中心企业更加了解竞争机会并掌握主动权，从而增加企业利用竞争机会的可能性。康淑娟、安立仁（2019）证明全球价值链结构性嵌入对企业知识权力和创新能力具有正向影响。即使竞争对手之间进行合作，因为普遍缺乏信任并且目标利益冲突，相互合作都是有限的；较小和年轻的企业可能会受益于更大的灵活性和冒险性。在调研案例中也发现，很多具有核心技术医药类企业会有较强的议价能力，通过专利栅栏围护自己的核心技术以获取更高的收益，前面案例中的深圳光峰科技和宁波长阳科技，都会利用技术优势去迅速扩展市场，同时，海归创业者引进的新技术 / 服务重新打乱并分化了原有的产业技术格局，造成网络内企业分化为采用者、固守者和观望者，会加剧相互之间冲突矛盾。所以，我们认为采用结构嵌入性的海归创业者会提高网络中的竞争关系。为此，我们提出如下结构嵌入性对竞合关系的假设。

H2a：海归创业的结构嵌入性将显著提高创业网络中的合作强度。

H2b：海归创业的结构嵌入性将显著提高创业网络中的竞争强度。

此处需要强调说明的是，虽然有大量的先例将结构位置和网络视为公司在战略行动中可以利用的资源，但这种竞争动态性的结构嵌入性尚未得到明确的研究（Gnyawali & Madhavan，2001），这种结构嵌入性对竞争与合作关系中也存在两种不同观点，有人认为会推动网络合作关系，也有人认为会增加竞争性行为，例如，Robert et.al（2018）认为在技术驱动的合作中，合作关系的一部分产生于远离市场的地方（如研发与生产端）；而竞争层面通常发生在接近市场的活动（如营销和销售）。Gnyawali & Madhavan，（2001）从同时合作与竞争的结构嵌入视角，提出了一个多层次概念模型将关键网络属性与竞争行为响应相关联，指出企业嵌入合作关系网络中，这种合作关系影响着企业之间的资源流动，而动态的资源流和差异化的结构位置导致不对称，并影响企业对网络中其他企业的竞争行为。因此，我们提出海归创业的结构嵌入性既能促进竞争又能促进合作的悖论性假设是与竞合二元性相关的。

Ingram& Yue（2008）认为，竞争是调节社会发展的重要机制。竞争不仅能促进自我完善，而且还能促进合作，而合作不一定会损害社会效率（Fernandes，et.al，2019）；并且这种竞争与合作的共存是理解从技术创新到体制变革等各种经验现象的一个关键方面。这里我们提出结构嵌入既能提高合作关系又能提高竞争关系的逻辑，本身也是竞合产生的一个重要来源，符合竞合是一对矛盾集合体的理念，从结构嵌入性属性来说，新技术产品嵌入产业链后会具有互补与替代两种效应，从而带来竞争与合作两种关系；从海归创业实践来看，当创业者带回来先进科技知识时候，会改造和提升传统产品/服务，吸引很多企业来合作，例如，2014年在深圳创业的海归企业“云天励飞”以其“全栈式”AI技术平台吸引了政府部门及诸多大型企业合作。为此，我们提出一个二元性的假设：

H2c：海归创业的结构嵌入性对创业网络中的合作强度比对竞争强度的影响更强。

（三）制度嵌入性对竞合强度影响

网络嵌入性和制度理论（Institutional theory）都认为企业是嵌入在一个国家特定的制度安排中（Busenitz et al.，2000），海归创业者同样是受制度环境的约束与激励（郑玮等，2016；谷晨等，2019），创业机会及技术扩散也可能来源于政治资源（石韵珞、程源，2019）。制度环境对创业者及组织获取政治合法性、资源支持、促进合作、增加生存前景等均至关重要（Oliver，1996；Manolova et.al，2008）；创业制度环境是个人或组织在创新创业过程中必须面对并能够利用的因素之一（蒋春燕、赵曙明，2015；任迎伟等，2019）。国内创业生态具有很大的政府主导性，比如，创业园区、创业基金与补贴、产业发展规划方向以及政府服务效率等，多项基于中国市场的创业研究发现，创业者与各级相关政府部门建立比较紧密的联系可以获得有利于创业成功的制度和资源优势（阎海峰，2015）。李维光、徐二明（2020）发现制度环境变化速度、变化失调度显著负向影响创业企业绩效。地方政府在资源配置中起到了关键性作用，深刻地影响市场结构和企业竞争力（Hillman & Wan，2005），而我国各地方政府在法律解读与执行上、产业发展规划与社会行为规则方面也有很大不同，海归创业者如果不能充分掌握这些制度细节会陷入创业困境，另一方面，海归创业者在选择区域城市及制度支持方面比国内创业者有更大主动权，他们可以依托自己的留学身份及知识技术优势在较大范围内选择。

制度环境是营造创业生态的基础和保证，创业生态理论主张创业平台及载体、公共区域基础设施以及子女教育及医保服务等相关支持体系的改善都会促进创业活动，政府作为创业生态系统的主体之一，也可通过其代理机构市场化的运作机制助力新创企业的成长（李正卫等，2019），例如，以中关村创业园为代表的“类海外”创业平台环境的建设，在推动海归创业方面起到了积极作用（周小虎、毕轲，2017）。好的制度环境可以规范和约束企业行为，具有弥补市场失灵的功能和消除外部性功能，鼓励企业之间公平透明的合作，促进知识共享与转化。杨郁（2013）认为从创业制度的目标角度看，政府除了财务和金融贷款上的支持、缓解企业资金困难，为创业者或创业活动提供商业运作方面的支持是一个可行措施，例如，奥巴马政府的“创业美国”项目制度的主要集中是放松规制，资本支持和加强服务三管齐下（杨郁，2013），这些服务措施包括鼓励产学研合作、促进资源共享等合作措施。此外，各个创业者在寻求制度支持时候，会进行联合与协商，共同克服制度上的空白；制度关系观也认为，在现有制度发生变化的情况下，企业可以与制度主体保持相对平衡的关系，这意味着企业在向制度主体索取合法性和资源时，会向制度主体进行回报（Huang et.al，2017）。另一方面，获取政治资源也具有排他性和独占性，从这个意义上来说，制度嵌入性高也会导致企业间资源争夺而减少相互合作。为此，我们在这里先提出正向作用假设 H3a：

H3a：海归创业的制度嵌入性将显著提高创业网络中的合作强度。

新制度经济学家认为制度作为一种激励，从根本上激励了创新产生和充分竞争（赖敏等，2018）；例如，2018 年年底的中央经济工作会议强调："强化竞争政策的基础性地位，创造公平竞争的制度环境，鼓励中小企业加快成长"。良好的制度设计鼓励市场有序公平竞争，减少投机行为，降低交易成本等（Tang & Tang，2012），为企业创新提供了信心和动力，也能鼓励全社会的创业导向和冒险精神。健康有序的创业生态体系可以让创业者减负，政府通过提供财政支持、公益平台、孵化指导等方式为创业者减轻新进入者劣势束缚，减少对在位者企业的依赖性，降低经营风险，可以更好投入到创新创业中。而如果官僚机构干预过多、效率低下、设置进入壁垒、旋转门等会导致创业门槛过高，政府规制是造成创业成本过高的根源（杨郁，2013），会限制创业活动，从制度本身功能来说，制度强调对主体和行为的同构，对一致性的强调会导致组织的同质性、也必然产生竞争（Deephouse，1996；Hung，2005）。丘晴、丘海雄（2016）认为广东的"强市场—弱政府"的特征这种环境成长起来的企业主动性和自主性皆较强。海归留学生普遍具有较强的公平竞争意识和能力，例如，他们在选择深圳创业时，就看重了高效的政府效率、公平自由的市场环境，深圳被称为把"鼓励创新，宽容失败"写在大街上的城市（谢阗地，2015）。因此，好的制度设计不仅是"相马"，更能提供公平"赛马"的机会，我们提出研究假设 H3b：

H3b：海归创业的制度嵌入性将显著提高创业网络中的竞争强度。

（四）竞合关系与创业绩效

很多研究已经从独立的角度证明了合作或竞争对企业绩效的作用。从合作强度方面来说，一些学者认为，强连结可以为企业带来更多有用的资源，帮助企业获得竞争优势（Mowery& Oxley，1996；Dyer & Singh，1998），而另一些学者则认为，弱联结可以使企业获得更多新的非冗余信息，并能为企业创造更多的战略机会来保持竞争优势（Granovetter，1973）。合作促进了知识交流效率，特别是隐性知识交流更依赖于密切合作（Uzzi，1997；Park et al. 2014）；例如，Xu et.al（2012）发现中国企业在国际制造网络中的关系嵌入性通过探索性学习对其技术创新绩效有正向影响；Lin et.al（2009）社会互动会促进个体企业利用嵌入的网络关系，进而有效地获取互补资源，促进组织间的学习。总之，信任、信息共享和共同解决问题有利于新知识的获取和应用，进而有利于技术创新绩效的提高。为此，我们可以直接提出研究假设 H4a：

H4a：海归创业的网络合作关系强度有利于提高创业绩效。

从竞争强度来看，相关的研究却比较复杂。有人认为竞争也是一种促进创新的机制，有助于企业打破组织管理、维持组织活力、寻求突破性创新等（苏依依、周长辉，2008；Chen & Miller，2012；黄振雷，吴淑娥，2013）；行业竞争强度对创新扩散效率也具有正向影响（孙冰等，2017）。Lado 等人（1997）认为竞争从三个基本途径提高经济效率：促进稀缺资源的最优分配；为创新和企业家精神的发展提供了动力；降低了交易成本。在资源稀缺的背景下，Wernerfelt（1984）认为企业的经营优势及高绩效主要来自竞争关系中独特的、有价值的、难以模仿和替代的资源，这种资源使企业拥有不可替代的竞争地位并且能够带给顾客更高的价值。

竞争对手是企业创新信息的重要来源，竞争增加了企业的研发投入，促使创新知识在竞争者间扩散，竞争压力促进企业适应式学习和迭代持续创新，增加研发投入进而寻求核心技术的突破等（吕一博和苏敬勤，2007），但黄训江（2017）却发现受规模经济、创新租金等众多因素影响，我国通信设备制造企业的竞争强度与创新绩效呈现倒 U 型关系。黄振雷、吴淑娥（2013）基于动态竞争理论的 AMC 模型对我国汽车零部件 500 强企业的实证分析，证明了竞争能促进创新，关注产业和竞争对手的创新性行为、创新动机更强烈；Teller et.al（2016）对零售服务业集聚区的商店研究发现，竞争与合作都能直接提高集聚绩效，尽管竞争对个体商店的业绩有着负面的直接影响，但总体影响是微不足道的。在实际调研中我们发现，很多海归创业者会对标竞争对手、加大创新突出自己的产品独特优势，因此，我们提出如下假设 H4a：

H4b：海归创业的网络竞争关系强度有利于提高创业绩效。

但竞合概念是一个同时包含两种对立矛盾力量的连续体集合，必须把二者整合为一个维度才能体现竞合本质。竞合框架的竞争维度对于避免自满和保持组织内部和组织之间的创造性紧张关系至关重要；而合作维度的关系则允许企业获得关键资源和 / 或技术，推出新产品和 / 或进入新市场（Quintana García & Benavides Velasco，2004；Robert et.al，2018）。很多研究证明了竞合关系比单一的竞争或合作关系更能促进创新与新产品开发（Ritala，2009；Gnyawali & Park，2011），竞合既能够促进企业从合作伙伴处获取知识，又能够刺激企业内部知识创造的结论（李林蔚，2016）；将公司的竞争与合作资源同时结合起来，提高了对资源和市场的获取，特别是知识和学习（Bengtsson and Kock，2000）；另一方面，由于相互竞争的公司拥有相关的资源，面临类似的压力，与竞争对手的合作使自身能够获得和创造新的技术诀窍，并实施更多的创新。Fernandes et.al（2019）就证明了竞合共存能有效促进创新活动和绩效。Gnyawali & Madhavan（2001）认为以同时合作和竞争为重点的结构嵌入性视角促进了对网络竞争动态性的理解。Tidström（2014）认为竞争与合作的强度与互补性程度、信任度和连结强度有关，并认为强竞争与合作产生的较大张力会带来潜在收益。闫俊等（2018）发现关系嵌入与结构嵌入的交互将会进一步促进双元创新活动的效率和效果。徐良等（2009）发现竞合关系对于技术创新绩效的激励效果最显著、合作关系次之、而竞争程度有影响但并不显著。闫俊等（2018）证明了关系嵌入和结构嵌入的交互与双元创新之间呈现显著正相关，Park，Srivastav，Gnyawali（2014）开发了一种从弱到强不同程度的合作和竞争的竞合类型学，发现“平衡的竞合”（即强合作与强竞争）促进了企业的创新合作绩效。强有力的竞争促使企业创新，而强有力的合作促进创新所必需的知识共享。因此，我们提出如下假设H4c。

H4c：海归创业网络的竞合关系平衡有利于提高创业绩效，即竞合强度与创业绩效呈现倒U型效应。

（五）社会网络治理的调节效应

社会网络治理是指通过一定的正式或非正式契约，激励、约束和协调网络成员的行为，适应环境变化和协调维护交易（exchange）的机制（在下文中简称网络治理）；Jones. Hesterly. and Boigatti（1997）确定了网络治理产生和发展的四个必要条件：稳定供给下的需求不确定性、高人力资产专用性下的定制交易、时间压力下的复杂任务以及组成网络的各方之间的频繁交流。建立不同的控制机制，如输出、过程和客户之间合作的社会控制机制是非常重要的，比如定期研讨会、团队建设活动和激励。非强制性权力可以提高共识，促进创新、增加和改变以应对环境机遇和威胁（Cox，2001），或者为网络提供合法性和稳定性（Oliver，2004）。在本研究中，我们参照Tsai（2002）、Seran et.al（2016）等人协调分类与竞合张力管理的方法，结合调研企业采用的网络治理方式，将社会网络治理分为正式网络协调和非正式社会交流两种方式，其中：正式社会关系治理方式主要是加入协会、联盟或者有契约性质的联合体等有形式化机构，比如价格自律委员会、产学研合作等；非正式社会交流主要是个人自愿参与和采用的一些非正式交流，比如，供应商年会、同学会以及慈善公益活动、乡贤调解等。如果我们把竞合张力大小看作竞争与合作的相对强度（具体在下一节论述），那么网络治理机制可以调节海归创业者的关系嵌入性、结构嵌入性与制度嵌入性对竞争强度和合作强度影响，从而实现竞合张力的平衡。

无论是企业的竞争还是合作行为，会受到整个网络结构和其他参与者的影响与制约，例如，负面消息能在小世界网络迅速扩散，执行力和约束力较强。当企业面对激烈竞争时更愿意合作共渡难关，但稳定期又会倾向竞争以占有更多收益，Parket.al（2014）提出创造创新的最佳竞合平衡可能存在于适度的高竞争和高合作中，他们建议管理人员应了解竞争和合作的力量，以便保持平衡。王建平、吴晓云（2019）研究发现在强网络关系下，企业应采用合作战略为主、竞争战略为辅的战略配置模式；在弱网络关系下，则应采取相反的战略配置。孙道军等（2011）认为专注于渐进创新的企业应当构建竞争主导型的企业间竞合关系，专注于突变创新的企业应当构建合作主导型的企业间竞合关系。Berardo and Scholz（2010）网络结构分析表明，在更高风险合作困境中，参与者更倾向于选择“捆绑”结构（bonding）来最大化可信度和最小化缺陷，类似于我们的正式网络协调机制；而在低风险协调困境中选择桥接结构来最大化信息传递和网络凝聚力的，类似于我们的正式网络协调机制。Bouncken et.al（2016）表明，技术驱动和市场驱动的合作竞争对创新的积极影响取决于采用的治理模式。Jack et al（2008）在案例中发现某些创业者尽管对算计行为有所保留，但在有些场合中，他们也会明确一种高度实用的方式与某些人见面，有时通过加入他们似乎鄙视的正式团体。因此，社会网络治理既是一种规范权力也是一种目标工具，这需要创业者选择与之相适应的治理模式。

从正式社会网络治理方式来看，Dorn et.al（2016）总结了对于竞合关系治理方法，有合同治理、机制与组织设计、关系机制和惯例等，认为适当的合同定义的结构设置可以降低竞争风险并促进合作。虽然协会、商会、联盟等属于一种社会组织方式，以隐性契约或开放式契约为基础（Jones et.al，1997），属于稳定性和合法性较高的共同体，对成员具有较强的约束力和凝聚力，可借助集体力量来将行业中各个经济主体分散的利益要求统一起来，构建协会成员的共同目标形成利益共同体。Bengtsson and Kock（1999）认为竞合只能在一定程度上形式化，因为合作大多遵循固定的形式规则，而竞争则遵循规范或社会契约。Ulibarri & Scott（2016）认为网络密度与联合行动之间存在着正向关系，可以对不遵守规则的个体采取黑名单、禁入等制裁，这些社会组织可以纠正与规范原有的社会关系，例如，打破亲戚圈的封闭循环走向外部市场，从这个意义上说，正式社会网络治理可以改变和替代最初基于亲情乡情的联系，让小圈子合作重新建构，因此，我们提出如下假设：

H5a：正式网络治理正向调节海归创业的关系嵌入性对合作强度的影响。

H5b：正式网络关系治理负向调节海归创业的关系嵌入性对竞争强度的影响。

巫景飞（2005）认为在环境动荡性高、新进入市场、法制不健全等条件下，企业更依赖其所嵌入的网络联盟来降低不确定性。通过这种正式共同体可以明确各个参与者的责任义务，而这类形式社会治理手段可以更好地维持各方公平利益，化解冲突、促进合作并维护网络的功效和运作机能（孙国强，2005），这种协会或商会具有比较紧密的、专业性的连结，当创业者加入泵阀协会、服装协会等时候，会遵从一些协会制度规定，重新建构与协会其他成员的联系。与此同时，创业者加入协会表示其技术创新获得了业内认可，通过协会专业支持与鼓励，可以表现出更强的竞争力，比如，积极参与产品竞标、替换行业内高能耗技术等，因此，正式社会网络治理机制具有促进合作、鼓励技术创新的职能，我们提出如下假设：

H5c：正式网络关系治理正向调节海归创业的结构嵌入性对合作强度的影响。

H5d：正式网络关系治理正向调节海归创业的结构嵌入性对竞争强度的影响。

协会是政府与企业的桥梁和纽带，既充当行政主管部门的好帮手，也成为替代政府治理的代理人、弥补政府在商业关系中协调作用的不足，可以缓和商业纠纷、维护市场交易秩序等，优化整体营商环境。政府部门会借助协会、社团等机构传递政策信号、共同维护市场秩序，而这类机构也会代表所属群体的利益和诉求去影响公共决策（吴碧林、眭鸿明，2007），一方面，这类正式网络治理方式会强化政府政策导向，鼓励新兴产业技术发展和创新创业，从而促进新进入者与本地企业的合作，同时，为了呵护新创企业，会在政策、资金、人才政策等方面加强与政府协调，提供一些额外支持和帮助，比如，与银行金融机构牵线搭桥，促进初创企业健康成长，因此，我们提出如下假设：

H5e：正式网络治理正向调节海归创业的制度嵌入性对合作强度的影响。

H5f：正式网络治理负向调节海归创业的制度嵌入性对竞争强度的影响。

竞合关系一个重要特征是动态性，即两种关系的强弱随时处于变化中，在不同阶段为了不同目的会随时变化。许多网络和社会资本学者强调偶然事件（contingency）的重要性（Lin et.al，2009），而正式的网络协调治理机构必须在多主体之间进行权衡以实现公平合法性，难以及时应对随时而变的关系，正式协调治理机制的效率就会大打折扣；而非正式人际关系协调具有资源灵活特征，可及时提供交流。这种非正式社会交流机制更多依赖于中间人，属于一种人际关系，比如，中间人的权威、声誉、地位等因素，重复互动和彼此熟悉也可创造一个“过去的阴影（shadow of past）”以推动基于社会感、信任和规范的关系（Gulati，1995），在这种非正式沟通中，可用抱怨（voice）而不是退出策略使分歧在关系框架内解决（孙国强，2003）。这种非正式社会网络关系形成多个簇丛和封闭小圈子，导致整体合作强度增强，比如，有些海归创业者通过亲朋好友关系建立与龙头企业的合作，或者亲朋好友间企业形成一个连带联保的关系。另一方面，很多企业双方之间的合作也优先通过私人关系协商达成，这种关系接近和社会情感会减少小范围内冲突，重新协商分配利益，减弱竞争强度。

H5g：非正式网络关系治理正向调节海归创业的关系嵌入性对合作强度的影响。

H5h：非正式网络关系治理负向调节海归创业的关系嵌入性对竞争强度的影响。

非正式网络协调方式可以帮助海归创业者发挥技术创新优势，围绕产业链某个环节进行优化组合和利益分配，但也会强化导致过于紧密的关系连结，而反映在受强关系约束小团体上会形成一个网络会自我封闭（Uzzi，1996，1997），切断从外部信息来源（Burt，1992；Grapher，1993；Obukhova & Zhang，2017），导致其过度嵌入（Czernek-Marszałek，2020），比如，某个城市的海归群体的共同经历和思维方式也倾向于抱团发展，强化小团体文化。在这种情况下，海归创业者会对社会关系的依赖性增强，弱化对自己技术优势依赖，比如，依靠私人关系争取到大订单或者承揽项目，非正式网络治理机制会减弱结构嵌入性产生的合作强度。从另一个角度来说，这种私人社交关系会帮助创业者开辟更多市场、赢得更多机会，从而对本地其他企业形成替代品威胁而强化技术竞争优势，因此，我们提出如下假设：

H5i：非正式网络关系治理负向调节海归创业的结构嵌入性对合作强度的影响。

H5j：非正式网络关系治理正向调节海归创业的结构嵌入性对竞争强度的影响。

但非正式社会网络治理毕竟是一种依托人际关系建立的协调机制，具有临时性、维系成本高、不确定性高等不利因素，调研案例中，福鼎市一名海归回家乡从事民宿创业，后因土地问题与同村另一家企业产生纠纷，就借助族内长辈进行协调；但双方协调时间较长而且最终是妥协性质结果，因此，这些非正式的网络协调方式容易形成小团体，比如，和气生财的协调结果可能会打破原有商业生态环境，如果海归在选择创业环境时候看重制度环境的吸引力，那么他们创业阶段也会充分利用这些非正式关系实现利益最大化，通过同学会、省亲会等扩展在本地政商的影响力，也会通过捐助公益活动来推动本地商业与社会环境建设，例如，宁波大学化学系 78 级校友，康龙化成集团董事长楼 BL 海归博士回校做客系列讲座，推动产学研合作；另一方面，这些非正式社会网络是围绕企业自身利益服务的，会强化对公共资源的占有，导致竞争强度增加，因此，这些方式可能对制度嵌入性的影响不同，涉及对公共资源的分配问题，我们提出如下假设：

H5k：非正式网络关系治理正向调节海归创业的制度嵌入性对合作强度的影响。

H5l：非正式网络关系治理正向调节海归创业的制度嵌入性对竞争强度的影响。

现对本研究所有假设总结如下表 5-1：

表 5-1　研究假设汇总表

假设	内 容
H1a	海归创业的关系嵌入性将显著提高创业网络中的合作强度。
H1b	海归创业的关系嵌入性将显著减少创业网络中的竞争强度。

续表

假设	内 容
H2a	海归创业的结构嵌入性将显著提高创业网络中的合作强度。
H2b	海归创业的结构嵌入性将显著提高创业网络中的竞争强度。
H2c	海归创业的结构嵌入性对创业网络中的竞争强度比对合作强度的影响更强。
H3a	海归创业的制度嵌入性将显著提高创业网络中的合作强度。
H3b	海归创业的制度嵌入性将显著提高创业网络中的竞争强度。
H4a	海归创业的网络合作关系强度有利于提高创业绩效。
H4b	海归创业的网络竞争关系强度有利于提高创业绩效。
H4c	海归创业网络的竞合关系平衡有利于提高创业绩效，即竞合强度与创业绩效呈现倒U型效应。
H5a	正式社会网络关系治理正向调节海归创业的关系嵌入性对合作强度的影响。
H5b	正式社会网络关系治理负向调节海归创业的关系嵌入性对竞争强度的影响。
H5c	正式社会网络关系治理正向调节海归创业的结构嵌入性对合作强度的影响。
H5d	正式社会网络关系治理正向调节海归创业的结构嵌入性对竞争强度的影响。
H5e	正式社会网络关系治理正向调节海归创业的制度嵌入性对合作强度的影响。
H5f	正式社会网络关系治理负向调节海归创业的制度嵌入性对竞争强度的影响。
H5g:	非正式社会网络关系治理正向调节海归创业的关系嵌入性对合作强度的影响。
H5h	非正式社会网络关系治理负向调节海归创业的关系嵌入性对竞争强度的影响。
H5i	非正式社会网络关系治理负向调节海归创业的结构嵌入性对合作强度的影响。
H5j	非正式社会网络关系治理正向调节海归创业的结构嵌入性对竞争强度的影响。
H5k	非正式社会网络关系治理正向调节海归创业的制度嵌入性对合作强度的影响。
H5l	非正式社会网络关系治理正向调节海归创业的制度嵌入性对竞争强度的影响。

二、关键变量的测量方法

本研究中，关键技术难点在于两个方面，一是嵌入性网络的界定，二是竞合关系与张力的测量处理。本研究参考相关研究，论证采用的研究思路和方法。

（一）海归创业嵌入性的测量

社会网络研究一个关键问题是界定边界，在特定情景下边界是明确的，比如一个班级或产业园，但更多时候边界是相对的，比如产业集群、浙商群体、亲戚等，本地化在提供业务支持方面优势很明显，Bennett & Smith（2002）

甚至认为大部分外部建议都是在接收方 10 公里以内提出的。人们通常基于成员间的联系强度或互动频率来定义参与者集合的边界（Wasserman & Faust，1994），而 Laumann、Marsden & Prensky（1989）则给出了两种定义边界的方法：一是现实主义途径，即参与者自己意识到群体成员的范围；二是名义主义途径，即研究者所关注的理论或兴趣范围，比如近五年来从事社会网络研究的中国学者。

尽管学者们对网络嵌入性的定义因视角或研究语境的不同而有所不同，但他们在关系嵌入性、结构嵌入性和认知语境等多个维度分类上有着共识（例如：Dhanaraj & Parkhe，2006；Ibarra et al.，2005；Inkpen and Tsang，2005；Nahapiet and Ghoshal，1998）。关系数据（relational data）是关于接触、联系、依附和从属等方面的数据，不是来源于行动者属性，而是来自行动者参与的系统化属性，这些数据可以用定量计量，也可采用一些网络结构方面的定性测度构成（Scott，2000）。现有研究中对嵌入性测量，比较流行做法是以自我网络为中心，采用直接问卷测量，例如关系嵌入就是与他人合作交流的时间、频率等题项，结构嵌入性则是本人处于社交网络核心位置、处于族群连结点等题项，认知嵌入则是共享价值观、认同文化规范等题项，本研究考虑到海归创业的关系嵌入性、结构嵌入性和制度嵌入性特征，采用现实主义界定法，即参与者自己评价所嵌入的人际关系范围、产业结构范围和所选择的制度空间。

（二）竞合关系与张力的测量

竞合关系可以发生在从个人、组织到网络的各个层面，本研究主要关注企业层面，但在竞合关系的研究中还没有一个合理的指标来准确反映企业间的竞合强度（王栋晗等，2016；Tidström，2014；Mina and Dagnino，2016）。有些学者把竞合看作一种行为（如博弈论），或者思维模式；有些研究者把竞合看作一种结果，提出竞合是一种“明确、合理的战略选择，是有意识的战略规划的结果”（Czakon et.al，2019），在相关研究方法上，主要有三种思路：

1. 把竞合看作一个整体概念，这种最直接简单

即竞合就是一个确定的名词，例如，Bouncken & Fredrich（2016）、L.Chai，et al.（2019）学者将竞合看作一个构念直接测量，三个题项直接测量竞合构念：我们与合作伙伴之间有密切竞争、与合作者的竞争对我们非

常重要、我们的合作伙伴也是我们的竞争者一起追求共同目标。Bouncken & Fredrich（2012）开发了包含 3 个题项的量表：我们与联盟伙伴处于密切的竞争中、我们与竞争对手合作以实现共同的目标、我们发现积极地与合作者竞争是重要的。Raza-Ullah（2020）将竞合悖论张力作为一个整体构念测量，用既在某些领域合作又在其他领域竞争、两者建立密切关系又保持一定距离、共享知识和保护重要知识、双方互相学习赢得学习竞赛四个题项测量。但王建平、吴晓云（2019）认为摒弃将竞争与合作看作一维构念的观点，采用竞合相依、各有侧重的二维构念观点可更好地把握竞争与合作间的平衡。

2. 把竞合分成竞争与合作，但采用正交处理方法

例如，Gnyawali & Madhavan（2001）提出了合作和竞争是不同的、正交的构念。Bengtsson et.al（2010）建议将竞合关系划分为两个连续体（two-continuum），以精确研究某种关系中的相互作用、张力和动态性，他们采用四维度划分：将合作关系分为高合作和低合作，而竞争关系分为高竞争和低竞争（如下图 5-2 所示）。

3. 把竞合分成竞争与合作，但采用集成处理办法

例如，Czakon et.al（2019）根据前人研究提出了竞合心态的新操作化构念，他们证明发现：信任、竞合经历、竞合导向分别是竞合的相关前因，然而，这三个项目汇聚成一个单独的、直接的潜变量（unobservable）构念（即合作心态）。张磊楠等（2014）提出营销渠道成员间竞合行为的三维度测量模型，即分为竞争行为、合作行为和竞合行为三个构念的题项测量。

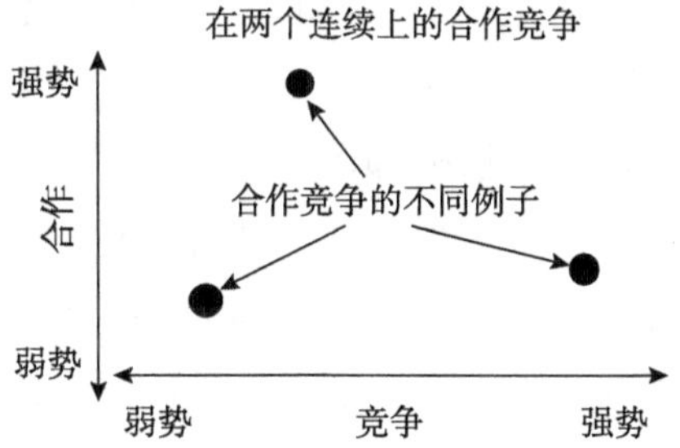

图 5-2　竞合关系连续体（摘自 Bengtsson et.al，2010）

虽然很多研究证明了竞合关系的重要性，然而，关于如何定义最佳平衡以及如何实现这种平衡，却鲜有提及（Dorn et.al，2016）；在竞合测量处理方法上，在徐良等（2009）研究中分为两步骤，先各自提出竞合战略中的合作

行为、竞争行为都能显著促进技术创新的假设；然后提出整体的竞合行为对技术创新绩效有显著影响，但他们并没有给出竞争与合作两个变量之间的处理策略。吴斯丹、毛蕴诗（2104）也采用类似做法，但检验竞合整体效果时候是把合作和竞争同时纳入全模型，解释力高于单一因素模型就认为存在整体竞合效应。李林蔚（2016）参考 Li、Liu & Liu（2011）的测量方法，用企业间的竞争与合作的乘积项来表示竞合。

在处理这种二元性变量上，探索性创新（exploration）和利用性创新（exploitation）的二元处理法可以提供更为全面的参考，闫俊等（2018）总结了二元性处理法，主要是把探索和利用结果用加、减、乘组合来测量：乘法方式是基于二者的交互效应，也被看作协同效应；相加的方式反映了二者总量的总体水平；而减法方式则关注的是探索和利用的一致性，同时他们为了确定采用使探索和利用对二元性独特贡献信息丢失得最少的检验方法，采用 Edwards（1994）推荐的测试方式采用单独回归和加减乘除四种组合共用五个回归分析模型分析，并得出二者相加法模型表现最好。因此，本研究借鉴这种思路，采用竞合相依、各有侧重的二维构念观点可更好地把握竞争与合作间的平衡。先对竞合关系分开测量，然后在具体处理方法上参考闫俊等（2018）、李林蔚（2016）等研究用加法、除法来比较张力的大小效应。

三、变量测量与问卷题项

本研究共涉及 3 个自变量，2 个中间变量、1 个因变量和 2 个调节变量，而控制变量根据本研究样本特点，选择创业年龄、行业属性和创业（投资）规模 3 个变量，所有变量测量指标都优先选择成熟量表并进行组合，借鉴其中权威研究的理论构思以及被国内的实证研究应用过的已有量表。关于问卷设计与变量概念化、可操作化测量的规则与方法已经很成熟，结合本研究主题和框架，对几个关键的问题说明如下：

（1）问卷结构：问卷有明确的调查主题，并介绍了回答问卷的方法，按照学术伦理要求，对作答者的信息保密，相关研究结果仅供研究。整个问卷框架清晰，篇幅控制在 2 页纸内，为了避免评分者可能将问卷中各部分项目之间的关系（即变量之间的关系）联系起来而产生的潜在共同方法偏差，本研究发放问卷时候，重新排列了问卷中各部分项目的顺序（彭台光等，

2006）。（附录中问卷为直观展示未调整顺序）。本研究问卷调查提供了网络邮箱作答和现场纸质作答两种方式，我们比较了模型估计中使用的关键变量在两种作答方式之间的差异，检验结果没有显著差异。

（2）题项内容：通过文献回顾和企业经验调查与访谈形成问卷题项。优先采用国内外已应用过的变量和量表，对于国外论文中的量表采用“等效采用”的方法，并通过2名研究员采用英汉双译保证其表达准确。为有利于我们对题项的选择和组合，本研究采用的主要是反映型指标（reflective indicator）测量每个构念，同时每个构念的题项保持对称性，即基本都是4~5个题项，例如，如果结构嵌入性采用5个题项，那么关系嵌入性也采用5个题项，使问卷结构合理，题项测量使用7点李克特量表，其中“1”表示完全不同意，而“7”表示完全同意。

（3）题项组合：项目组合（item parceling）是对同一量表中的若干项目进行整合并形成新的观测指标的过程，卞冉、车宏生和阳辉（2007）研究了项目组合的基本逻辑、优缺点以及具体方法等，优点是减少参数估计数量、比单个项目有更高的可信度、改善模型拟合等，缺点主要集中在以信息完整性、维度性与模型错误设定方面，并提出具体应用建议：针对研究的目的与具体情境选择是否需要组合、组合之前必须首先确定概念的维度性、要建立在一定的理论基础上。本研究按照这种思路选择题项组合，并进行了探索性因子分析和验证性因子分析。对于反映型指标一个构面至少需具有3个观察变量（Bollen，1989），且观察变量需具有中高度相关和内部一致性。

（4）试测完善：对初稿进行预测检验变量之间的逻辑关系是否符合企业实际情况，以及量表中的题项内容能否反映企业相关情况。为保证不同企业、不同背景对相关题项的理解是一致的，我们选择了20名海归创业者对问卷中的措辞进行修改，使问卷尽量不包含专业术语，并能得出一致的理解，同时，我们还找了5名国内创业者对这些问卷进行了解读，认为内容没有歧义。

另一方面，我们也与创业者对研究的问题进行交流，完善题项表达和内容来保证测量构念所要涵盖的内容，并进行内容效度测试。例如，关系嵌入性的测量中，与本地政府、社区组织的信任度高，企业家就提出改为相互信任度高，因为有时候企业信任政府某机构，但政府某机构不一定认为企业会遵守规定；“与当地的其他成员相互帮助共同解决问题”认为改为“相互帮助、共享信息”就行了，因为在解决问题这个层次上很难评价，对企业自身来说，能提供帮助和信息就已经帮忙很到位了。

（一）自变量的测量：关系嵌入性、结构嵌入性与制度嵌入性

1. 关系嵌入性测量

关系嵌入测量的成熟量表较多，重点关注的成员之间的相互关系，通过社会联结的密度、强度、互惠等来说明特定的行为和过程（张利斌等，2012）。Li & Yang（2017）测量社会关系嵌入时，参考了 Mu & Benedetto（2012）研究也用 4 个题项测量：我们欣赏合作者为我们做的所有事情、与合作者互动意味着我们彼此满意、维持与合作者的长期关系对我们非常重要、与合作者的合作与交易关系不同。闫俊等（2018）借鉴 Kale et al.（2000）的量表，用企业的联系中有个人关系、网络成员间相互尊重、网络成员间相互信任、网络成员间高度互惠、网络成员间具有个人友谊等 5 个题项测度关系嵌入。Xu et.al（2012）用信任、信息共享、合作解决问题 3 个维度来表示关系嵌入，它们分别是采用真诚协商、信守承诺、不误导行为、不投机取巧的方式 4 个方面来表示信任；采用不受合同限制的频繁信息交流方式，提醒对方潜在的问题和变化，尽力向对方提供所需信息，共享未来发展规划 4 个方面体现信息共享；用共同致力于完成任务，热衷于解决彼此的问题，帮助彼此克服困难 3 个方面体现共同解决问题。Granovetter（1973）最初用 4 个指标来衡量关系的联系强弱：互动频率、情感投入程度、关系持续时间以及相互服务的内容；Uzzi（1997）从行为与活动视角，用信任、信息共享和共同解决问题三个维度来测度关系嵌入性程度，但这些研究测量内容多为联系强度与交流互动的性质，因此，我们主要参考这些研究中关系嵌入性的构念思想和测量方法，结合本研究组合并提出如下 5 个测量题项：

表 5-2　关系嵌入性测量指标

变量	测量题项	主要参考
关系嵌入性	1. 对当地的感情深厚、热爱这个地方	Kale et al.（2000）；闫俊等（2018）
	2. 在当地有较多的人际交往关系	
	3. 与本地其他组织 / 企业成员关系融洽和谐	
	4. 与当地其他组织 / 企业成员的互相信任度高	
	5. 能得到当地的组织 / 企业成员的热心帮助	

2. 结构嵌入性测量

大多数学者认为结构嵌入是观察获取信息流的位置和配置（Lin et，al，

2009），Gnyawali & Madhavan（2001）四个构念在解释竞争行为的结构嵌入性方面最为相关。它们是中心性、结构自主权（企业级结构属性）、结构等价性（成对级结构属性）和密度（网络级结构属性）。闫俊等（2018）用网络中心度和桥连接两个维度来测量结构嵌入性，其中网络中心度包括企业在网络中的中心地位明显、与竞争对手相比更容易在网络联系中获取关键资源、在网络中的地位吸引并促进其他企业的合作意愿、企业在网络的地位提升了网络成员对其的信任度、企业的网络中心地位带来了正面效应而非负面效应等 5 个题项测量；而桥连接则用企业与事务所、研究所等其他 13 种不同类型的中介机构联系密切程度测度。Ruiz-Ortega et.al（2018）使用了 3 个题项测量：第一项衡量冗余，即资源、信息和其他资产的交换在内容上相似甚至重叠的程度；第二项和第三项测量网络互连的程度，即网络中的参与者彼此已知的程度。

Teller et.al（2016）指出组织间网络（如集聚）有助于提高组织生存率和个体参与者的绩效水平，位于集聚区的管理者需要了解：他们相对于竞争对手的关键资源和资源利用情况，以及集聚区内不同类型资源和能力之间的复杂联系、以提高其运营效能。与本研究的结构嵌入性定义相关的“经济关系嵌入”“技术嵌入性”来看，Andersson et.al（2001）关注技术嵌入性是指企业之间在业务网络中的依赖关系，例如，产品开发、生产过程开发、产品技术采用或调整等 4 个题项测量。Li & Yang（2017）在测量经济关系嵌入参考了 Lui and Ngo（2005）研究，用四个题项测量：改变工作方法来满足双方的要求、在合作中投入了大量时间和精力、投入人力资源培训来支持合作项目、所有相关资源都用于维持合作行动；Peng、Wang & Kasuganti（2011）将经济行为的社会嵌入性理论推广到家用电脑的应用并提出了技术嵌入性的概念，用三个维度测量技术嵌入性：周边这种技术的使用的比例、接触与获取这项技术的渠道数量、与这项技术交互接触的频率。

表 5-3　结构嵌入性测量指标

变量	测量题项	主要参考
结构嵌入性	1. 我们创业项目在当地有很高影响力	Andersson et.al（2001）；Peng、Wang & Kasuganti（2011）；Ruiz-Ortega et.al（2018）
	2. 我们创业项目与当地产业有密切关联性	
	3. 我们可以从本地获取充足的创业资源	
	4. 我们创业项目符合当地产业发展方向	
	5. 当地产业基础与资源对我们创业项目非常关键	

3. 制度嵌入性

North（1990，p. 3）将制度定义为“一个社会中的游戏规则，或者更正式地说，是塑造人类互动的人为设计的约束；制度约束包括调节、规范和认知因素（Scott，1995）。通过规则和操作程序使政策制度化体现了一系列政治资源（例如，获取信息，合法性，增加政府合同，地位，声誉等），这些资源对于组织的成功和生存至关重要。不同企业遵守产业政策，监管压力和政府期望的程度可能有所不同。Hung（2005）用企业的注意力模式（一组决策前提和行动动机）与主要机构（政府）的网络关系定义制度嵌入性，不同程度的关系表示企业与制度环境相关并嵌入其中的程度，制度嵌入程度越高，组织就越关注并加入当前的制度环境中，并最大限度地导致组织遵从一致性（conformity），这意味着公司是制度化的，完全符合当前的制度模式；制度嵌入的程度越低，企业越不受规制思想和行动的制度过程的影响。基于这种政治环境的认识，Yoon et al.（2018）从以下五个方面衡量政府干预：政府的规模、财产的法律结构和安全、获得稳健的货币、进行国际贸易的自由以及对信贷，劳工和商业的监管。Klopf & Nell（2018）在评估与东道国政府和行业协会的联系的调查基础上，形成了东道国的政治嵌入的综合变量。

海归创业者对制度嵌入性的选择不局限在政治环境，更多是对整体商业环境（包括政府运作）的理解，他们希望得到的是一个良好的创业生态环境，诸如竞争有序的市场、公开透明的监管、健全的服务体系以及稳健的政策规划等等，创业环境可能更适合本研究的制度嵌入性范畴，但是创业环境的定义太广泛了，也有平台论、因素论和系统论的不同理解（陈琪、金康伟，2008），包含的维度内容比较多（何山，2010），比如，全球创业观察（GEM报告，2008）把创业环境要素归为九个方面：金融支持、政府政策、政府项目支持、教育与培训、研究开发转移、商业和专业基础设施、进入壁垒、有形基础设施、文化与社会规范。蔡莉等（2007）将这些创业影响的环境要素划分为直接匹配要素和间接匹配要素。Pages、Markley（2004）从社会文化氛围、公共基础设施和政府支持三个方面界定了区域创业环境要素。郭俊华、徐倪妮（2017）用创业促进、创业教育、减少障碍、创业融资和创业支持5个一级指标18个二级指标对京沪深三市创业人才政策比较。彭伟、符正平（2015）对长三角地区的海归创业政策从前期吸引、中期扶持、后期服务与监督3个阶段进行内容分析。曹志来、李丹（2015）从金融环境、政策环境、基础设施、智力支撑、商务环境五个方面调查对海归创业地点选择的影响，其中政策环境变量包括海归创业支持政策力度、创办企业程序简便等6个题项。

在制度嵌入性研究中，比较常见的是将其分为正式制度嵌入和非正式制度嵌入两个方面，例如，姚云浩、高启杰（2014）将制度嵌入分为正式的法律制度、非正式的社会规范，用企业与当地政府的关系程度4个题项测量正式制度嵌入，用行业协会、商业文化3个题项测量非正式制度嵌入。包英群等（2017）用创业者拥有人大代表或政协委员身份的级别来表示政治制度嵌入，用是否加入了各级工商联组织和其他协会表示非正式制度嵌入。石韵珞、程源（2019）用4个题项测量创业者规章维度制度认知、3个题项测量创业者规范维度制度认知，用3个题项测量与政府关系，分别是：与政府工作人员建立了良好的关系、家族在政府体制内有较好的人脉关系、有效地从有关政府部门获得帮助。辜孟蕾等（2019）将正式制度表述为行政机构（政府部门）为企业提供的制度支持，包括政府财政支持和政府非财政支持，其中政府非财政支持主要引导社会资金投入该行业、激励增加从业人数以及组织推动该行业发展的政策和项目等。结合本研究的主题，我们主要考虑政府、商业环境与海归创业之间关系，来选择相关测量指标，有些指标，例如，税收优惠政策对新创企业成长具有正相关关系，但也有研究发现优惠政策对创业虽存在正面影响但并不显著（李新春，2004），我们就没有采用税收优惠这个题项，而创业的资金人才计划支持，却在实际中作用很大，最终测量题项如下表5–4。

表5–4　制度嵌入性测量指标

变量	测量题项	主要参考
制度嵌入性	1. 当地政府支持海归创业的财政力度较大	Markley（2004）；辜孟蕾等（2019）；GEM 报告，2008
	2. 当地政府对本创业项目非常重视	
	3. 当地政府对海归留学人员非常关心	
	4. 当地政府为海归创业提供了周到服务	
	5. 当地政府为创业提供了完善的园区基础设施	

（二）中介变量的测量：竞合关系测量

竞合是一对矛盾综合体，Gnyawali & Madhavan（2001）提出了合作和竞争是不同的、正交的构念，本研究也采用这个思路，用两个变量分别测量竞争与合作，然后用统计方法处理总体的竞合水平。王建平、吴晓云（2019）也认为摒弃将竞争与合作看作一维构念的观点，采用竞合相依、各有侧重的二维构念观点可更好地把握竞争与合作间的平衡。从竞争的测量来看，Sanou et.al（2015）将竞合行为确定为两个或多个竞争对手之间横向合作的行为，包括战略联盟、参加贸易协会、合资企业和技术联盟；他们认为竞争行为是企业为了保持其地位、改变竞争平衡或提高竞争地位而采取的行动，通过沿着几个不同的维度将这些行为分为六类：定价、营销、生产、信号、能力、服务。Song、Dyer & Thieme（2006）用 4 个题项测量企业间竞争：合作双方员工间关系紧张、双方之间有许多难以调和的矛盾、双方的分歧和紧张导致很难进行有效合作、分歧和紧张会导致联盟提前解体。王建平、吴晓云（2019）参考相关研究用 4 个题项测量竞争战略：双方处于相同行业、双方提供同质或相似的产品 / 服务、双方从相同渠道获取原材料、双方所需原材料相同或相近。

从合作的测量来看，Fyne & Voss（2002）用 5 个题项测量合作，例如：合作双方愿意密切合作、双方建立了良好的沟通与协作关系、合作双方互派人员以促进相互协作、合作双方成立了协调小组以共同解决问题、彼此愿意在需要时相互提供资源和设备。王建平、吴晓云（2019）用 4 个题项测量合作：双方合作的目的和意图很清晰、合作双方均能遵守承诺和义务、做出对自己有利的决策时也考虑对方利益、合作双方均投入合作所需的资源。我们参考这些对竞争与合作的测量思路和指标提出如下测量题项，同时，为了避免答题者产生二选一的错觉，我们做了两项措施：一是把题项顺序打乱并交叉分布；二是题项内容避免互相不兼容的内容，按照创造价值与占有价值的思路设计问题。

表 5-5　竞合关系测量指标

变量	测量题项	主要参考
竞争关系	1. 与本地企业的产品 / 服务的同质化程度高	王建平、吴晓云（2019）；任新建（2006）
	2. 不断加强投入提高产品 / 服务的竞争力	
	3. 合作交流制定了严格的核心技术保密制度	
	4. 非常关注本地企业的新产品 / 市场动向	

续表

变量	测量题项	主要参考
合作关系	1. 与本地企业有较多的业务合作交流	任新建（2006）；Fyne & Voss（2002）
	2. 与本地企业、机构相互学习交流经验	
	3. 与本地企业、机构共同维护本地市场形象	
	4. 与本地企业、机构共同应对市场动荡与挑战	

（三）因变量的测量：创业绩效

目前，创业绩效研究大多源于战略管理理论与组织理论（何山，2010），并且大多参照或直接采用企业绩效指标。国外创业研究文献中选择创业绩效指标时比较注重有效性、成长性、盈利能力、规模等 8 个方面（何山，2010；Murphy et.al，1996）。刘帮成和王重鸣（2005）认为创业绩效应该包括三个方面内容，即经济绩效、组织绩效和创新绩效。杜建华等（2009）在研究社会资本对创业绩效影响时同样采用了财务绩效、成长绩效和创新绩效这三大指标。人们用一些财务指标和非财务指标综合测量创业绩效，比如：资产收益率、市场份额增长、税前利润、销售收入、员工离职率及满意度、顾客满意度及忠诚度（Murphy et.al，1996）。但也有学者指出，由于缺乏公开的信息以及新企业财务业绩的可靠性低，测量创业公司的绩效有很大挑战（Chandler & Hanks，1993）。Lin et al.（2019）对海归创业研究中提出，绩效是衡量海归创业者对自己公司的满意度。绩效满意度虽然是主观的，但被认为是衡量创业企业绩效的一个基本指标，而且这种指标具有很强的内在一致性和可靠性，他们遵循先前的创业研究用市场份额、销售增长、盈利能力三个指标满意度来衡量海归创业公司业绩。从竞合研究来看，很多学者是将竞合关系与创新联系在一起，例如，Bouncken and Fredrich（2012）在合作竞争的绩效影响和管理前因研究中，用与主要竞争对手在销售量、市场份额和投资回报方面的表现进行比较。

本研究参考创业与竞合两方面因素，主要采用市场绩效满意度来测量创业绩效，原因如下（1）海归回国后创业的研发与创新方面需要较长时间才能实现，对海归创业来说，最主要的是初期生存，集中在市场规模扩大上；（2）先前关于竞争动态的研究采用了基于市场的绩效指标，如市场份额（如 Ferrier、Smith& Grimm，1999）和销售增长（如 Ferrier，2000），Sanou et.al

（2015）的竞合研究也将重点放在市场表现上，他们采用用户数量和用户数量的平均增长两个指标；（3）市场表现更适合我们本研究的背景，海归创业领域和方式都不同，市场表现能提供一个相对统一的标准。一些学者指出当测量多部门（产业）研究时，采用主观而不是客观指标（主要是财务盈利指标与回报率等）是合适可行的（Lukas et al.，2001；任宗强，2012），本研究参照 Pertusa-Ortega et.al（2010）、Lin et al.（2019）量表，用销售收入不断上升、投资回报率不断上升、来自新产品的利润不断上升、新产品开发成功率提高、主要产品市场份额不断扩大 5 个题项测量创业绩效，本研究参考这些做法，采用 4 个题项测量创业绩效，如下表 5-6 所示。

表 5-6　创业绩效测量指标

变量	测量题项	主要参考
创业绩效	1. 销售收入不断上升	Pertusa-Ortega et.al（2010）；Bouncken & Fredrich（2012）；Lin et al.（2019）
	2. 资产回报率不断提升	
	3. 主要产品市场份额不断扩大	
	4. 运营效率不断提升	

（四）调节变量：社会网络治理

Jones，Hesterly，Boigatti（1997）对网络治理（network governance）的确切定义是：一组有选择的、持久的、结构化的自治公司（以及非营利机构）集合根据隐含的和开放的契约来创造产品或服务，以适应环境突发事件并协调和保护交易；这些契约具有社会的而非法律上的约束力，主要有四大社会机制：交易限制、宏观（集体）文化、集体制裁和声誉；李维安等（2014）网络治理机制包括信任、学习、利益分配、协调、声誉、文化、激励机制等，可以概括为网络形成和维护机制、互动机制和共享机制三类。陈雨田（2012）将相应的关系治理机制归纳为五类：正式契约、关系契约（协商）、权威治理（强制）、关系专用资产投资（锁定）、复合治理，本研究为了进一步明确社会治理对网络中关系的调节效应，参照 Tsai（2002）、Seran et.al（2016）等人协调分类与竞合张力管理的方法，结合海归创业实践中的实际情况，将社会网络治理分为两个类别：正式网络协调和非正式社会协调两种方式。其中，正式社会关系治理方式主要有形式化机构，比如价格自律委员会、产学研合作等；非正式社会网络主要是个人自愿的人际交往，具体如下：

表 5–7 社会网络治理测量指标

变量	测量题项	主要参考
非正式社会治理	1. 借助乡贤、前辈等本地名望人士协调关系	Seran et.al（2016）；任新建（2006）
	2. 参加各种同乡、同学会或熟人聚会扩大交际圈	
	3. 参加公益与慈善活动提高声誉	
	4. 通过私人关系认识和结交新朋友	
正式社会治理	1. 积极遵从本地协会、商会等机构制度规定	
	2. 认真听取专利、律所中介等机构的对策建议	
	3. 积极履行社区、村委等组织的社会与环保义务	
	4. 积极参加协会、商会等机构的组织活动	

（五）控制变量的测量：年龄、规模与行业

企业规模（size）和年龄（age）对组织创新流程（Jansen et al.，2009）和网络关系构建活动（Zhang et al.，2016）具有明显的影响，因此，诸多研究将其作为控制变量。Lin et al.（2019）在研究海归创业时，采用了个体层面控制变量（回国时间、学历和海外创业经历）和企业层面的控制变量（企业年龄、规模、研发密度与海外资本）。而竞合研究提出，企业的年龄和规模会对企业间安排与企业绩效成功程度二者间的关系产生影响（Gnyawali & Park，2009），他们认为中小企业更愿意采用竞合战略来提高财务绩效；并且他们认为在产品周期短、技术重叠度低和高研发成本行业中的企业更愿意采用竞合战略。我们结合海归创业的初期特点考虑对目标变量有影响的控制变量，选择年龄、规模和行业 3 个控制变量，其中：创业年龄采用回国后创办注册企业时间，直接到 2019 年为期限；规模采用员工数量的自然对数值；产业类型设置为虚拟变量，采用分类二分法，高科技和传统行业，当企业属于互联网、软件业、电子及通信设备制造、生物制药和新材料等产业时，赋值为 1；当企业属于服装设计、电商服务、工艺制造、旅游餐饮等行业作为传统产业，赋值为 0（彭新敏，2009）。同时，我们也对所有企业的生产情况进行核对，调整一些企业属性，例如，机械制造如果被认定为高科技企业，则改为高科技企业，赋值调整为 1；而有些互联网企业如果属于网络销售且无核心技术应用

的，例如，青田海归创业者从事进口红酒线上销售业务，则调整为传统行业；而温州中津先进科技研究院从事大数据开发与服务则归为高科技行业。

第六章　海归创业嵌入性的竞合关系及其网络治理效应检验

本章首先介绍问卷发放与描述统计分析，并进行因子分析、信度检验和内容效度、聚合效度、区分效度等检验以及处理共同方法偏差。然后，对研究假设应用结构方程和回归分析法进行检验，并用多个回归模型解构和检验竞合张力的构念与作用。

一、问卷发放与数据收集

在前面案例研究部分，我们可以在一个较长时间段内观察海归创业的嵌入性变化及其对竞合关系影响的演化过程，但在统计实证部分，因为我们采用截面数据，只能反映一个特定阶段的嵌入性情况，这就与前面案例纵向研究时间跨度不同，需要我们将样本的时间范围界定在一个创业初期“时间点”，即创业萌芽期，而且这个时间范围能充分反映出创业的嵌入过程。根据本文研究主题，我们主要是观察海归回国后进行创业启动阶段的嵌入性及其影响，为此，在选择样本的时候，我们将其回国创业时间界定在 5 年内，因为海归回国创业，从创业准备（寻找考察地点、组建团队、注册公司等）到正式开始创业平均需要半年以上时间，而真正开始创业（研发产品、营销推广）则需要 2 年时间。据统计，有 80% 初创公司会在三年内倒闭，所以，创业如果可以扛过去 3 年这个死亡谷，在 5 年内基本上就稳定了（陈东升，2016）。

（一）问卷的发放与回收

为了识别目标群体，我们主要采用三种途径：一是通过留学生协会团体（如留学人员联谊会、浙江省欧美同学会等）获取留学人员创业信息，列出相关名单进行问卷调查；二是通过与政府相关部门（留学服务中心、引才办公室等）、商会协会等获取一些海归留学生的企业信息；三是通过留学生人员个人关系推荐补充一些留学生创业情况。对获取的名单我们进行了梳理，剔除掉一些不符合本研究界定的海归创业标准的名录，例如，某些华侨回国创业或者国内人员海外注册企业再回国创业、回国创业时间超出 5 年等情况，我们还在企查查和天眼查网站核实了企业注册时间、地址及资本等情况。

问卷的发放也是通过三种途径：一是通过政府相关职能部门发放，如政策研究室、商业局、科技局等，此类问卷约占比 30%；二是通过留学生团体、商会和协会发放问卷，此类约占比 30%；三是通过个人关系发放问卷，占比在 40%，问卷同时提供电子版和纸质版两种形式，方便邮件或手机作答。通过回收结果来看，因政府渠道主要通过浙江、山东、福建等省地，所以这几个区域的样本数量较高；通过协会团体发放的问卷回收质量最好。对回收的问卷剔除掉不符合标准和信息不完整的样本问卷，最后获得有效问卷总共 275 份，下列给出问卷发放与回收情况：

表 6–1　问卷的发放与回收情况

发放渠道	发放数量	回收数量	回收比	有效问卷	有效回收比
政府部门	240	119	49.6%	71	29.6%
协会商会	240	132	55%	78	32.5%
个人途径	320	178	55.6%	126	39.4%

（二）问卷的整理与统计

从 275 份有效样本问卷的分布情况来看，医药、化工、智能电子、互联网及物联网类创业项目仍占多数，轻工、商贸与服务类创业项目较少，仅有少数从事咖啡酒吧、服装设计、农产品联销等创业项目，这也与相关的海归创业研究报告一致。即海归留学生多数从事高科技类创业，他们积极响应国家新兴产业发展规划，利用自己的才智开创事业。例如，宁波与绍兴等地市加大生命医药与健康产业发展，这几个地区医药化工类创业项目较为集中。具体如下表所示：

表 6–2　样本情况分布（N=275）

指 标	类 别	数 量	占 比
产业分布	电子信息	45	16.5%
	医药化工	106	38.5%
	设备制造	67	24.4%
	商贸服务	54	19.6%
	软件大数据	3	1%

续表

指标	类别	数量	占比
员工规模	10 人及以下	8	2.9%
	11 人 -50 人	70	25.5%
	51 人 -100 人	73	26.5%
	101 人 -200 人	70	25.5%
	201 人以上	54	19.6%

二、问卷检验与数据分析

为了减少潜在的解释混淆，在测试结构模型之前需进行有效性检验（Hair et.al，2006）。因素分析的可靠性与样本数的多少有密切关系，进行因素分析的时候，要构建精确的效度，其样本数最好在 150 个以上（吴明隆，2010），也有学者认为样本数在 300 个左右是好的，但若是变量的因素负荷量较高，则进行因素分析时不需要那么多样本，若是变量数较少，则 150 个已经足够（Tạbachnick & Fidell，2007；吴明隆，2010）。本研究主要变量为 8 个，共计 35 个测量题项，有效样本数为 275 个，已满足因素分析的基本要求。

（一）因子分析和信度检验

因素分析一般有两种方法，一是探索性因素分析（EFA），二是验证性因素分析（CFA），一般预先试测的问卷所要建构的效度检验大多为探索性因素分析，本研究问卷多采用文献和实际中应用过的题项组合，根据理论探究的结果确定量表的层面架构，并经过“专家效度”检验（吴明隆，2010），在回收问卷的基础上做探索性因素分析。本研究探索性因子分析主要是进行主成分分析和信度（reliability）检验。验证性因子分析主要是根据模型假设和理论基础来检验构念的多维度（multidimensionality）、聚合效度（convergent validity）和区别效度（discriminant）。我们先通过了因子分析对相关的题项提取主成分，并确定管理者感知到的潜在构念的结构。然后，确定了 Cronbach 系数 α 和平均方差提取（AVE），作为可靠性的第一层诊断程序。最后，我们进行了验证性因素分析（CFA），验证所提出的测量模型，根据验证项目与 EFA 识别的特定因素相关，建立聚合效度和区别效度。

1. 信度检验

信度（reliability）是指衡量结果的稳定性和一致性，表示对于同样的对象运用同样的观测方法得出同样观测数据（结果）的可能性，信度高意味着排除随机误差的能力强。常用的信度指标有稳定性（stability）、等值性（equivalance）和内部一致性（李怀祖，2004；p261），本研究主要针对内部一致性进行检验，关注的是不同测度题项所带来测量结果的差异，采用Cronbach’s α 系数作为检验指标。观测删除每一个题项后一致性指数的变化方向，以确定是否可以删除某些题项以提高整体信度，总体来看，最低的Cronbach’s α 是0.706，表示具有足够的可靠性和内部一致性。除了调节变量中一个题项H2为0.572，大多数因素的分量值（component values）都大于0.7（Fornell & Larcker，1981），这是模型中测量结果可靠性的另一个证明。

平均方差提取量（AVE）可以用来反应聚合效度（后面结构方程的验证性因子分析也可以检验），这里用因子分析的载荷通过网页版进行简单计算[①]，结果所有变量的AVE的最小值为0.522 > 0.5，满足要求（Bagozzi & Yi，1988）；组合信度CR值（composite reliability）除调节变量为0.776和0.706外，其余都在0.884以上。这些结果分别表明这些测量是有效的，也证明了该量表的收敛聚合性。

2. 因子分析

在因子分析前，先检验指标间的相关性。KMO样本测度和Bartlett球体检验结果KMO值大于0.8，且Banlett统计值显著异于0，才适合进一步做因子分析（马庆国，2002：p320）。表6-3为KMO和Bartlett的检验。

表 6-3　KMO 和 Bartlett 的检验结果

取样足够度的 Kaiser-Meyer-Olkin 度量。		.864
Bartlett 的球形度检验	近似卡方	7329.074
	df	595
	Sig.	.000

本文采用主成分分析的因子提取方法和最大方差的旋转方法，按特征根大于1的标准提取因子。探索性因子分析中各题项因子载荷0.5以上都可接

① https：//mlln.cn/2019/09/06/spss 计算平均方差提取量 AVE 和组合信度 CR 的方法 /（也可通过 SmartPLS 软件计算）。

受（马庆国，2002），我们从附录 2 因子旋转载荷表可以看到其题项载荷都在 0.602 以上，所有题项可以很好地提取到 8 个因子，没有出现横跨因子现象（具体结果见附录 2）。

3. 变量均值、标准差和相关系数

附录 2 表 3 是各个变量的均值、标准差和相关系数，各个变量之间存在程度不同的相关关系，系数数值都小于 0.7。进一步计算方程膨胀因子，各个变量的方差膨胀系数（VIF）均低于 2，远低于临界值 10，表明本文的数据几乎不存在多重共线性问题。

Jaccard & Turrusi（2003，p40）认为交叉项和二次项不需要考虑共线性问题，除非共线性高到使统计软件无法分离相关的标准误。从表中看到关系嵌入性、结构嵌入性、制度嵌入性与竞争合作关系、非正式与正式调节，竞争合作关系与绩效等大部分变量之间都达到 $p < 0.05$ 水平的相关关系。对于控制变量，所处产业、企业规模对于部分解释变量、被解释变量和中介变量的关系达到 $p < 0.05$ 水平的显著。

（二）验证性因子分析与效度检验

效度是指概念定义（conceptual definition）及操作化定义（operational definition）之间是否契合（樊景立，梁建，陈志俊，2008），效度高意味着排除系统误差的能力强。效度可分为内容效度（content validity）、构思效度（construct validity）和准则相关效度（criteria related validity）三类。量表开发中通常讨论的主要是内容效度和建构效度。内容效度旨在检测衡量内容的适切性。验证性因子分析通过 AMOS 将潜在变量与对应题项绘制测量模型，然后通过数据拟合，看看模型的拟合质量如何，如果模型拟合质量好，说明测量模型绘制的潜在变量与题项的关系通过数据验证。

1. 内容与构思效度

内容效度指所设计的题项能否代表所要测量的内容或主题。本研究所采用的测量题项和内容都是选自现有文献中较为成熟的量表，所有的外文题项都经过双向翻译和组织小组讨论。然后在正式调研之前，通过对 15 家调研创业公司进行预调研，根据企业调研人员的理解对每个题项进行了修正，确保题项内容不会产生歧义，因而可以认为具有较高的内容效度。构思效度通常是指测量出理论的概念和特征的程度，因子分析（Factor Analysis）经常被用来检测构思效度（吴明隆，2010）。在验证性因子分析中，其因子载荷需要大于 0.5（Fomell & Larcker，1981），因子载荷越大，则变量的构思效度越高。

2. 聚合效度与区别效度

聚合效度用来检验潜变量对应的观测变量（即测量题项）是否收敛于该潜变量。前面的因子分析中，AVE 大于 0.5 及组合信度（CR）大于 0.84 都表明聚合效度是满足要求的。

区别效度是指构面所代表的潜在特质与其他构面所代表的潜在特质之间低度相关或有显著的差异存在。AMOS 操作中，求两构面间的区别效度方法是利用单群组生成两个模型，分别为未限制模型（潜在构面间的共变关系不加以限制，共变参数为自由估计参数）与限制模型（潜在构面间的共变关系限制为 1，共变参数为固定参数），接着进行两个模型的卡方值差异比较，若卡方值差异量愈大且达到显著水平表示两模型间有显著的差异，其区别效度越高。

区别效度也可以通过潜变量的相关矩阵来评估（Renzl，2008），在相关矩阵中每个构念的对角线上为 AVE 值的平方根，在矩阵对角线的左下方是构念间的相关性。Fornell and Larcker（1981）认为，在模型中，一个构念与其测量之间的平均方差应该大于这个构念与其他构念之间的方差，当对角线上数值（AVE 平方根）大于相应行和列中非对角线数值时，可以认为区别效度是有效的。本文中，我们按照吴明隆的《结构方程模型：AMOS 的操作与应用》中程序及其操作步骤测量模型聚合效度和区别效度，即通过未限制模型与限制模型比较来评价区别效度。其中重点是嵌入性三个维度之间、正式社会网络治理与非正式社会网络治理之间的区别效度，其竞争与合作之间的差异非常明显。

3. 嵌入性的区别效度与聚合效度

对影响竞合双边关系变量的嵌入性进行区别效度与聚合效度检验，构建单因素和三因素结构方程模型评价是否有更低的卡方与自由度比值和更好的拟合度指标（图 6–1），来评价区别效度。然后检验题项到因子的路径是否非常显著来评价聚合效度。从下表 6–4 中参数看到，构建非限定模型（三因素）比单因素模型和限定模型（λ =1）有更低的卡方与自由度比值和更好的拟合度指标。因此，本研究设计的关系嵌入性、结构嵌入性和制度嵌入性不仅在理论上而且在数据实证上也是可区别的。

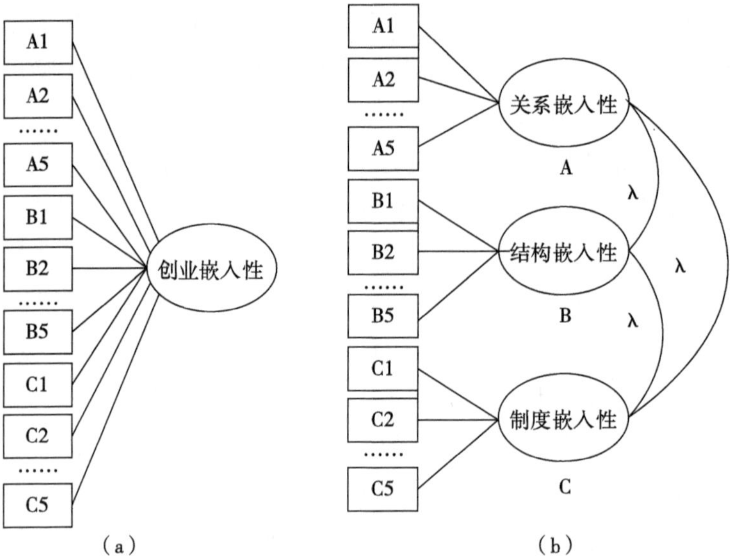

图 6-1　区别效度与聚合效度检验模型

表 6-4　单因素、限定与非限定三因素模型的比较

模型	χ^2	df	GFI	CFI
单因素模型	1419.74	90	.502	.495
限定模型 λ=1	249.01	90	.899	.940
非限定模型	209.26	88	.910	.954

从下表 6-5 路径回归系数可以看到，各个测量题项与关系嵌入性、结构嵌入性和制度嵌入性的各路径系数均在统计显著性均达到 $p<0.001$ 的水平上，说明其是可以聚合到各自变量（构念）上的。

表 6-5　题项变量路径回归系数

			Estimate	S.E.	C.R.	P	Label
A5	←	关系嵌入	1.000				.874
A4	←	关系嵌入	.943	.045	20.725	***	.886
A3	←	关系嵌入	1.010	.046	22.014	***	.911
A2	←	关系嵌入	1.033	.050	20.714	***	.885
A1	←	关系嵌入	.996	.057	17.534	***	.812

续表

			Estimate	S.E.	C.R.	P	Label
B5	←	结构嵌入	1.000				.891
B4	←	结构嵌入	.900	.049	18.416	***	.822
B3	←	结构嵌入	.982	.052	18.741	***	.830
B2	←	结构嵌入	.959	.053	18.256	***	.818
B1	←	结构嵌入	.973	.045	21.650	***	.889
C5	←	制度嵌入	1.000				.809
C4	←	制度嵌入	1.138	.066	17.190	***	.866
C3	←	制度嵌入	1.104	.070	15.848	***	.819
C2	←	制度嵌入	1.000	.065	15.421	***	.804
C1	←	制度嵌入	1.074	.066	16.357	***	.837

4. 正式与非正式社会网络治理的区别效度与聚合效度

对正式社会网络治理（X）和非正式社会网络治理（H）两个变量同样采用单因素、限制与非限制结构模型检验法，具体检验结果如下：二者卡方差异值的显著性概率值达到显著水平，表示未限制模型与限制模型显著不同，未限制模型的卡方值显著较小，表示非正式协调与正式协调的两个潜在构面之间区别效度较佳。各路径系数均在 $p<0.001$ 的水平上具有统计显著性，该模型拟合效果良好，即本文对正式协调与非正式社会网络协调的划分与测量是有显著区别的，并且各个测量题项可以很好聚合到各自变量（构念）上。具体结果如下：

表 6–6　限定与非限定模型参数比较

模型	χ^2	df	GFI	CFI
单因素模型	665.89	20	.584	.651
限定模型 λ =1	110.46	20	.918	.951
非限定模型	50.86	19	.957	.983

（三）共同方法偏差

共同方法偏差（Common method bias）是由于数据来源和分析方法产生

的变异，由于这项研究使用基于自我报告的问卷数据，另一个重要的任务是考虑共同方法偏差（CMB）的问题。根据 Podsakoff 等（2003）、Teller et al.（2016）的建议和做法，我们整合程序控制和统计方法来规避共同方法偏差的问题。

（1）在程序控制方面，首先，在问卷设计上，前期进行了初步的案例调研与非结构化访谈后，在文献回顾的基础上编制了问卷，我们清楚地界定问题的含义，Doty and Glick（1998）发现当构念不是很具体时候，偏差会更明显，所以我们在问卷题项上明确题项内容，消除问卷的歧义内容，并刻意避免人们对问题的偏见和倾向性。其次，我们没有透露我们项目的具体目的，并向我们的答复者保证保密，提示问卷回答者其答案只用于反映企业间的正常商业关系和本论文主题研究，不涉及个人隐私。最后，我们考虑了对题项的深层理解和局部语境化特点，在问卷题项上打乱了相互之间的顺序，避免出现同一问题的倾向性。

（2）在统计方法处理方面，在对 CMB 的测试方面还没有单一的最佳方法可用（Podsakof fet.al，2012 年）。此外，对于使用哪种方法以及 CMB 对数据的影响有多大（或影响不大）还有一个关键性的争论（有关关键性的讨论，请参见 Richardson、Simmering 和 Sturman，2009）。这里进行 Harman 单因素（one-factor）分析（Podsakoff &Organ，1986），使用非旋转主成分因子分析对变量进行探索性因子分析，将要提取的因子数量限制为一个，即一个一般因子。我们发现单因素解释了总方差的三分之一，即发现第一个因子解释了 27.7% 的变异，远小于 50% 总变异，这说明共同方法偏差的影响不大（Podsakoff & Organ，1986）。我们根据 Podsakoff et.al（2003 年）的研究，引入了一个潜在的方法因子（latent method factor），从而将所有的指标都包含在我们的模型中，估计了有和没有 LMF 模型的结果，我们发现因子负荷和路径系数在数值上都没有实质性的差异，并且都是显著的（t 值）正值。综上所述，两项测试的结果均表明，在我们的数据中，共同方法方差不是一个重要问题，这意味着 CMB 不会损害对我们结果的解释。

（3）尽管共同方法偏差会放大或缩小直接关系，但不会改变交互效应共同方法偏差问题（Siemsen，Roth，and Oliveira 2010）。Brockner et al.（1997）也曾指出，“对共同方法偏差对这类有交互效应的研究不是那么重要，因为访谈者并没有不假思索地评价所有项目高或低”。因此，我们推定本研究结果在共同方法偏差上还是具有鲁棒性的（robust）。本文调节效应的部分存在也进一步证明了共同方法偏差的影响较小。

三、嵌入性影响竞合关系与绩效的实证检验

本实证部分研究的具体步骤分为三个阶段：

第一步，先用结构方程模型检验整体的“嵌入性—竞合—绩效”的全模型分析，整体看三者之间的关系。并用非递归模型观察竞争与合作之间是否具有相斥作用，为后面竞合张力分析提供基础。

第二步，用回归模型分析竞合关系对绩效的影响，先将竞争与合作独立进入，然后进入竞争/合作的比值的平方项作为竞合张力，即：数值越接近1，表示竞争与合作二者越平衡，而如果数值越大或越小，都表示二者关系失衡，用平方项观察竞合张力的倒U型调节作用。

第三步，用回归模型分析嵌入性对竞争与合作的影响，并带入非正式协调、正式协调与嵌入性的交互项，观察社会网络协调机制的调节效应。

（一）结构方程模型介绍：CB-SEM与PLS-SEM

结构方程模型（Stmctural Equation Model，SEM）是一种综合运用多元回归分析、路径分析（Path Analysis）和因子分析方法而形成的一种统计数据分析工具（李怀祖2004，吴明隆，2010）。其主要优势在于能同时处理多个因变量，并可比较及评价不同的理论模型（侯杰泰等，2004；吴明隆，2010，p.8），结构方程模型可以将多个潜在变量及其测量变量置于同一模型中分析，研究它们之间的结构关系，这种多层次的路径关系更加符合人们的直观逻辑思维。

目前在SEM建模方面主要有两大分支：CB-SEM与PLS-SEM。很多研究比较了结构方程建模的CB-SEM方法（Covariance-based SEM）和PLS-SEM（Variance-based SME）方法，具体参见张伟豪相关研究报告[①]。CB-SEM方法的样本矩阵与模型期望共变异数最接近，常用软件有Amos、LISREL、Mplus等；而PLS-SEM方法即“PLS路径建模”方法对内生变量的被解释能

① www.papersmap.com/

力最大，由 Wold（1992）开发，其原理是采用偏最小二乘法（Partial Least Square，PLS）进行统计分析，PLS 算法本质上是一系列基于权重向量的回归（Henseler et.al，2009；Garson，2016）。在收敛时获得的权重向量满足不动点方程，相关技术介绍详见软件网站①。目前阶段，人们常用软件 SmartPLS、PLS-Graph、VisualPLS 等，而 SmartPLS3 软件被誉为潜在变量建模的一个里程碑，被广泛应用于管理学、组织行为学、社会学等领域研究，界面友好，功能全面，使用简便，可直接提供变量信度效度检验、间接影响和交互效应的估计及其基于引导程序的显着性检验等。

Hair et.al（2014）给出了结构方程建模的 CB-SEM 与 PLS-SEM 选择的经验法则，主要：

- 目标是预测关键目标构念或识别关键驱动构念（constructs）。
- 结构模型中包含形成型测量构念（formative）的一部分。虽然形成型测量构念也可以与 CB-SEM 一起使用，但这样做需要修改结构规范。
- 结构模型是复杂的（许多结构和许多指标），且可以同时处理形成型测量构念与反映型（reflective constructs）。
- PLS 相对于 CBSEM 对样本量需求较少，且数据无须服从正态分布。
- 计划是在随后的分析中使用潜在变量得分（scores）。

1. 结构方程模型应用

结构方程模型应用重点考虑两个方面：样本量和模型拟合度。对于样本量，SEM 适用于大样本分析，取样样本数越多，则 SEM 统计稳定性与各种指标适配度越好。但样本量过大也会带来样本分布差异大、投入成本高等问题，在 CB-SEM 分析中，样本量究竟达到多少最合适，这个问题尚无一致结论。一般认为，若要得到稳定的结构方程模型，最好在 200 个样本量以上（朱远程、马栋，2010）。而对于 PLS-SEM 分析，则样本量要求相对宽松，某些条件下，最小要求为 30～100 个样本。

应用结构方程模型主要包括模型设计、模型拟合、模型评价和模型修正 4 个步骤（侯杰泰，温忠麟和成子娟，2004）。其中模型拟合度表示模型与数据之间拟合程度，是保证统计分析结果的重要指标，CB-SEM 还可以通过统计输出修改指标 MI（modification indices），通过删除、增加或修改模型的参数

① https：//www.smartpls.com/documentation/algorithms-and-techniques/pls

实现模型的修正，但我们不没有过多的修正，特别是没有在二阶因子层面修正。实践中人们总结出多种拟合指数来评价和选择模型。吴明隆（2010）总结了整体模型适配度一般常用的评价指标及标准，现根据本文研究摘录如下：

表 6-7　模型适配度的评价指标与评价标准

统计检验量	适配的标准或临界值
绝对适配指数	
χ^2 值	显著性概率值 $p>0.05$（未达显著水平）
GFI 值	>0.90 以上
AGFI 值	>0.90 以上
RMSEA 值	<0.05（适配良好），<0.08（适配合理）
增配适配度指数	
NFI 值	>0.90 以上
IFI 值	>0.90 以上
CFI 值	>0.90 以上
简约适配度指数	
χ^2/df 值（NC）	1<NC<3 模型有简约适配度，NC>5 需修正
CN 值（临界样本数）	>200

资料来源：吴明隆（2010）

2. 本研究模型与软件选用

PLS-SEM 方法不会产生不合理估计值或模型无法辨识的问题，虽然这种方法并没有提供整体模型配适度和指针模型适配度，但是仍有几个标准来评估模型效度，比如模型变量有效性分析、直接观察适配度（GOF）、测定系数（R2）及效果（f2）等评价。PLS-SEM 方法具有广泛的理论和实践范围和灵活性（Garson，2016），越来越受到研究者的欢迎，PLS 在很大程度上是一种非参数建模方法，不假设数据呈正态分布，当研究重点是预测而非假设检验，样本量不大或存在噪声数据时，通常建议使用 PLS。同时，考虑到本研究中有的指标具有反映型特征，比如绩效构念的测量，（虽然进行了可靠性和一致性检验），我们选择采用 SmartPLS3.2.9 版本进行分析。

（二）基于 PLS-SEM 的全模型检验

本研究结构方程模型的构建思路是：嵌入性—竞合关系—绩效。即：不同形式嵌入性对竞争与合作的影响作用不同，从而影响创业整体绩效。我们构建模型包括 6 个潜变量、27 个观测题项，构建 PLS–SEM 模型，全模型的构念的信度与效度都符合要求，饱和模型的主要拟合指标符合如下表 6–8 所示。（同时我们也用 AMOS 软件做了拟合度检验，χ 2/df 值为 1.47，拟合度较好）：

表 6–8　饱和模型适配度

指标	SRMR	d_ULS	d_G	卡方值	NFI
数值	0.05	0.934	0.367	564.343	0.895

分析结果如下图 6–2 和表 6–9 所示，其中：路径系数的显著性做了标识，而且结果同 AMOS 软件模型计算标准化系数结果差别不大。

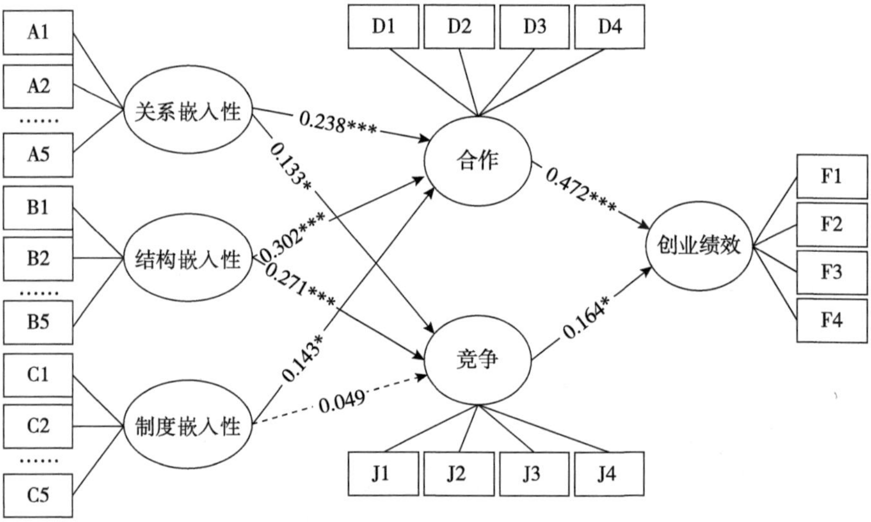

图 6–2　结构方程路径系数图

表 6–9　回归系数检验结果

关系路径	样本均值（M）	标准差（STDEV）	T 统计量（|O/STDEV|）	P 值	路径系数
关系嵌入性 –> 合作	0.245	0.062	3.824	0	0.238***
关系嵌入性 –> 竞争	0.137	0.064	2.075	0.039	0.133*
结构嵌入性 –> 合作	0.27	0.073	3.597	0	0.302***
结构嵌入性 –> 竞争	0.26	0.062	4.158	0	0.271***

续表

关系路径	样本均值（M）	标准差（STDEV）	T 统计量（|O/STDEV|）	P 值	路径系数
制度嵌入性 -> 合作	0.146	0.071	2.015	0.044	0.143*
制度嵌入性 -> 竞争	0.059	0.049	0.99	0.323	0.049
合作 -> 绩效	0.487	0.064	7.376	0	0.472***
竞争 -> 绩效	0.163	0.071	2.317	0.021	0.164*

* $p < 0.05$；** $p < 0.01$；*** $p < 0.001$；t = original sample / std error

同时，我们还可以观察到特定的间接效应，这样可以更全面比较模型构念之间关系，如下表 6–10 所示。

表 6–10 间接效应路径结果

关系路径	样本均值（M）	标准差（STDEV）	T 统计量（|O/STDEV|）	P 值
关系嵌入性 -> 合作 -> 绩效	0.112	0.039	2.73	0.007
制度嵌入性 -> 合作 -> 绩效	0.065	0.032	2.004	0.046
结构嵌入性 -> 合作 -> 绩效	0.124	0.041	2.809	0.005
关系嵌入性 -> 竞争 -> 绩效	0.025	0.018	1.303	0.193
制度嵌入性 -> 竞争 -> 绩效	0.01	0.009	0.972	0.332
结构嵌入性 -> 竞争 -> 绩效	0.045	0.022	1.977	0.049

从上述结果看出，海归回国后的创业嵌入性对竞合关系影响还是有很大差异的，这也揭示了嵌入性是海归创业中竞争与合作关系的一个重要前置影响因素。

（1）关系嵌入性对合作强度（$\beta=0.238$，$p < 0.001$）影响明显大于其对竞争强度（$\beta=0.133$，$p < 0.05$）的影响，说明海归创业通过关系嵌入网络后主要是寻求合作，通过亲情友情以及人格品质等建立的社会关系体现以和为贵，通过友好融洽、共同协调等方式获取资源，当然，这种社会关系合作会导致朋友圈的分割，会带来竞争关系，但不是主要目的。这种合作强、竞争弱的现象在实践中也较为常见，例如，江苏无锡的海归创业企业主要通过熟人牵线搭桥获得了本地村镇的信息化及云服务建设项目，但这也会导致与其他利益相关者的竞争关系，假设 H1a 得到支持，而 H1b 没得到支持。

（2）结构嵌入性对合作强度（β=0.302，$p < 0.001$）和竞争强度（β=0.302，$p < 0.001$）的作用都显著，说明结构嵌入性是海归创业者通过技术、资源、产品嵌入进本地网络，会产生很强的竞合张力，既带来相互之间的新技术合作、产业链融合等，又对原有产业结构产生冲击，带来资源与市场的竞争（比如替代品），海归创业项目往往也是更具创新活力的科技型企业，他们需要成长呵护，但也更喜欢挑战与探索，为产业集群带来新知识和新模式，提升和改造传统产品/服务，吸引很多合作者，这契合了产业集群异质性促进创新的结论。验证了前面假设 H2a 和 H2b，这与结构嵌入性的产业性质有关系，一项新技术或商业模式是在合作中发展、在竞争中取胜的。同时，我们对比结构嵌入性对合作与竞争的影响路径系数（0.031），并结合两条路径 C.R. 值差（0.45），没有发现结构嵌入性对竞争与合作的影响有显著差异。

（3）制度嵌入性对合作强度（β=0.143，$p < 0.001$）具有显著影响，而对竞争强度虽然有正向影响但不显著。这验证了假设 H3a 但没有支持假设 H3b。这说明海归创业者对政府制度设计的选择是侧重于创业支持，能在创业之初获得包容友善的孵化呵护，包括科研平台、开发合作等，而这也与政府提供一些公共服务性质有关，不能通过竞争来提高效率，特别是在创业扶持方面更注重普惠性，比如，支持产学研合作、优化城市文明环境。我们推测这种原因是因为大部分产业政策与制度规划都是鼓励新兴产业、引进具有互补性强、技术含量高的产业技术有关，这些政策制度都是以鼓励合作、共享共赢为主。但从政府角度来说，制度规划仍需要发挥市场在资源配置中起决定性作用，这也从另一个角度反映出创业制度在竞争方面的不足，某些学者也指出"上一轮支持战略新型产业的发展，政府做了很多弱化竞争直接干预"，例如新能源补贴等（吴敬琏，2016），政府即使需要介入微观经济，也要非常注意方法，不能片面削弱市场竞争①，而且在一些传统产业领域，还应当鼓励竞争实现优胜劣汰。

（4）从合作强度与竞争强度对绩效影响来看，合作强度是影响创业绩效的主路径（β=0.472，$p < 0.001$），而竞争强度对创业绩效的影响较弱（β=0.164，$p < 0.05$），结果支持了假设 H4a，但弱支持了假设 H4，呈现出

① 2016年4月19日在上海交大安泰经管学院《供给侧结构性改革的根本是改革》报告，http://finance.sina.com.cn/zl/china/2016-04-21/zl-ifxrpvcy4253764.shtml

“合作为主、竞争为辅”的状态。合作能够显著促进创业绩效，这与大多数学者的研究结论一致。说明海归创业者在初期仍通过合作开发、信息共享等获得信任、合法性等成长基础，而且从间接效应也看出，初创阶段，创业者社会资本对新创企业资源可获得性影响更大（何山，2010）。虽然竞争可以促进创业者奋发图强、进行更多更激进的创新，但创业者具有天生劣势（新进入者劣势），他们不可能依靠强大竞争强度获取市场份额与绩效增长，他们需要与其他企业组织合作来实现成长，这与现实情况一致。

四、竞合张力对创业绩效的倒 U 效应检验

考虑到 SmartPLS3.2.9 软件难以对变量进行非递归回归，而且为了更细微地观察竞争与合作的张力，我们先用回归模型分析竞合关系对绩效的影响，主要是看竞争与合作分别独立、相加、均衡对绩效的影响，确定竞合张力的构念形态，同时，为了检测倒 U 型效应，我们采用了竞争与合作比值的平方项作为自变量。

（一）检验模型与步骤

Edwards（1994）指出，组织行为研究中的许多研究都检验了两个结构之间的同余相似性（congruence，即拟合性、匹配性、一致性、相似性）作为某种结果的预测因子，这些研究中的绝大多数都是通过将两个或多个度量压缩为一个指标（如代数、绝对或平方差）或轮廓相似性指数（profile similarity）来实现结构同余运算的，但这些指数存在许多实质性和方法上的问题会影响结果的可解释性和结论性。闫俊等（2018）用 Edwards（1994）推荐的测试方式和思路研究了探索性创新和利用性创新，这两个关系也具有相互排斥又互补的张力（Lavie & Rosenkopf，2006），他们采用了相加、相减、相乘、相除四种处理方法。

模型将企业绩效作为因变量，主要运行了五个回归分析模型，探索竞争与合作这对矛盾关系对绩效的影响，因为本数据是通过 7 点李克特量表测量的，在数据处理上有其特殊性，其中：

第一个模型是将合作（D）与竞争（J）作为独立两个变量一起进入，检验各自独立效应；

第二个模型是将合作与竞争的总和作为一个变量带入，观察竞合总量的张力影响，对竞争与合作采用加总求和，其最小值为 2，最大值为 14，然后我们做了平均化处理（(D+J)/2）；

第三个是将竞争与合作的差值绝对值和作为一个变量带入，因为这样更能够体现竞争与合作强度的绝对幅度，其差值幅度变化为 0~6，可能包含（1，1）这种弱平衡，也可能包含（7，7）这种强平衡，绝对值越大表示越不平衡，可以观察到是竞合平衡好，还是不平衡好；

第四个模型是将竞争与合作相减的绝对值平方项（$|J-D|)^2$ 带入，观察竞合张力是否与创业绩效存在的倒 U 型影响；

第五个模型是将竞争与合作的比值（D/J）项带入，验证竞合平衡对绩效的倒 U 型影响。竞争 / 合作表示二者强度的相对幅度值，其变化范围为 0.14~7，其包含（1/7）弱竞争与（7/1）强竞争的两种极不平衡点，而 1 是绝对平衡点，包含（1/1）、（4/4）、（7/7）等多种情形，围绕 1 向两端过小（0.14）或过大（7）都预示着不平衡程度加大，因此，倒 U 型效应存在的时候，那么比值（J/D）对绩效应该不显著。

同时为了验证竞合张力对绩效影响的倒 U 型效应鲁棒性，我们还检验了将竞争与合作比值的平方项 $(J/D)^2$ 带入，相关结果为 $\beta=-0.238$，$t=-4.056$，$p<0.0001$，发现其也存在显著负相关。采用（竞争 – 合作）差值除以竞争合作总强度（abs（J–D）/（J+D））带入模型，也显示显著负相关，$\beta=-0.248$，$t=-4.129$，$p<0.0001$，即竞合张力越大，二者在高强度水平上越接近平衡，结果越显著。

表 6–11　竞争与合作张力的回归分析结果

变量	创业绩效（F）					
	模型 0	模型 1	模型 2	模型 3	模型 4	模型 5
行业	–.0586 （–.996）	–.077 （–1.438）	–.067 （–1.249）	–.087 （–1.485）	–.068 （–1.157）	–.064 （–1.062）
创业时间	.132* （2.190）	.096+ （1.774）	.093+ （1.722）	0.098 （1.668）	.105+ （1.775）	.142* （2.365）
规模	.059 （.980）	.022 （.399）	.031 （.579）	.036 （.619）	.043 （.732）	.049 （.807）

续表

变量	创业绩效（F）					
	模型 0	模型 1	模型 2	模型 3	模型 4	模型 5
合作		.376*** （6.732）				
竞争		.181** （3.248）				
竞争＋合作			.454*** （8.436）			
｜竞争－合作｜				–.252*** （–4.257）		
｜竞争－合作｜^{2}					–.227*** （–3.834）	
（竞争 / 合作）						.112 （1.868）
R^2	0.024	0.230	0.218	0.085	0.075	0.039
调整 R^2	0.013	0.215	0.206	0.071	0.060	0.024
F– 变化	2.179	36.008***	67.082***	18.122***	14.700***	4.208*

括号内为 t 值，* $p < 0.05$；** $p < 0.01$；*** $p < 0.001$

（二）检验结果讨论

从上面统计分析结果看出，在基础模型中，创业时间会对创业绩效有影响，这个与选择的样本有关系，即初创期企业时间越长，绩效就越好，在后面模型中，创业时间影响就很小，这也反映出竞合张力对创业绩效影响不受行业、企业性质及创业时间影响，也对应了崔小青（2014）的研究结论，即创业政策与创业绩效的正向相关关系不会随企业存在年限、企业性质和企业所处发展阶段的变化而变化。

（1）从模型 1 看出，海归创业的竞争与合作强度都会对创业绩效有影响，而且合作强度的影响比竞争强度更大，与前面结构方程全模型结论一致，而且其解释力是最高的（R2），表示存在二种效应。而从模型 2 看出，竞争与合作的总和（张力），即竞争与合作都越大，则对绩效影响越大，这就表示弱平衡，比如（1，1）或（2，2）组合不是最优的，而模型 5 进一步证明，如果竞争与合作比值会导致结果不显著，说明二者强度的比值存在不确定效应，表示竞合相对强度过大或过小都不是很理想结果。

（2）从模型 3 看出，虽然竞合总强度越大越好，但是二者差值（平衡）却对创业绩效有负向作用，这表示，竞合不平衡会负面影响绩效，而且模型 5 这种绝对值的二次项也呈现显著负相关，验证了前面假设 H4c，即海归创业网络的竞合关系平衡才有利于提高创业绩效，而且竞合相对强度与创业绩效呈现倒 U 型效应，具体结果如下图 6–3 所示。

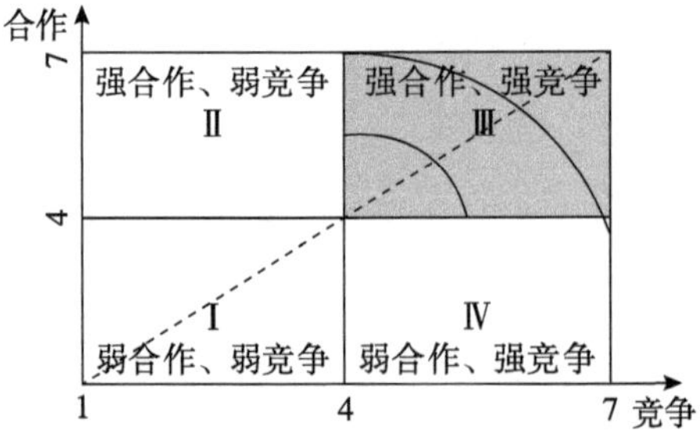

图 6–3 竞合张力对绩效影响

从竞合张力来看，竞合张力越大，对绩效正向促进作用越强（数值总和 2~14 区间），且越大效果越好，处在强竞合前沿面上效果较好；从竞合平衡来看，虽然企业可以沿着组合中心线实现平衡，而且竞合平衡的收益比其他形式竞合关系的收益要好（Park et al.，2014），但弱平衡（Ⅳ区）效果不明显，而是在第 IV 区间作用最大，结果验证了 Lado et.al（1997）强竞合平衡（强竞争与强合作）是提高创新绩效最有效的组合方式，也间接验证了中度竞争与高度合作的组合显著正向影响绩效（Park et al.，2014）。

五、社会网络治理的调节效应检验

我们根据上面研究的启示，竞争与合作强度越大，且二者平衡时对绩效贡献度最大，而竞合失衡严重或者在弱平衡条件下，对绩效影响较小，甚至出现负面效果。为此，我们需要观察社会网络的正式治理机制和非正式治理机制对嵌入性与竞合张力的调节作用，这些社会网络治理的作用主要体现为协调、配合以及协商等作用，我们先将自变量和调节变量进行中心化，用转换后的分数构造交互作用项，检验交互项系数是否显著来验证调节效果。

（一）非正式社会网络治理的调节效应检验

非正式社会网络治理方式主要是个人自愿与主动参加的一些人际交往与朋友圈，例如，结交亲朋故交、参加饭局、招待酒会以及一些临时协调会议等，通过这种私人间非正式交往，可以拉近与周围人的关系，特别在中国这种重视人情关系的社会里，可以协调各方资源帮助人们实现一些特定的目标行为。我们检验海归创业者的这些非正式社会网络协调活动如何影响竞争与合作的强度。受版面限制，我们这里只给出了关键的解释模型，结果如下表 6–12 所示：

表 6–12　非正式社会网络治理的调节效应检验

非正式网络（X）	合作（D）			竞争（J）	
模型	基础	模型 1	模型 2	模型 3	模型 4
行业	.016 （.267）	.035 （.609）	.021 （.380）	.050 （.860）	.042 （.728）
创业时间	.102 （1.690）	.122* （2.226）	.131* （2.397）	.066 （1.133）	.087 （1.504）
规模	–.047 （–.768）	–.064 （–1.130）	–.077 （–1.381）	.105 （1.813）	.089 （1.556）
关系嵌入性		.243*** （4.033）	.225*** （3.911）	.143* （2.345）	.113* （2.005）
结构嵌入性		.254*** （4.318）	.276*** （4.618）	.249*** （4.050）	.225*** （3.552）
制度嵌入性		.110* （1.983）	.112* （2.028）	.110* （1.978）	.125* （2.253）
非正式协调			–.159** （–2.873）	–.059 （–1.026）	–.040 （–.686）
关系 × 非正式			.156* （2.488）		.078 （1.181）
结构 × 非正式			–.153* （–2.422）		.074 （1.103）
制度 × 非正式			.038 （.697）		.111* （1.929）
R2	0.003	0.200	0.215	0.102	0.116
ΔR2		0.206	0.023	0.115	0.013
F 调整		17.641***	2.824*	7.865***	3.411+

括号内为 t 值，+ $p < 0.1$；* $p < 0.05$；** $p < 0.01$；*** $p < 0.001$

从上述结果看出，创业时间是对合作有正向影响的，这说明企业发展时间越长，发生的合作关系就越多。非正式网络治理措施能正向调节关系嵌入性对合作强度影响，但是效果较弱，可能是这些非正式网络协调方式对嵌入性具有基础效应，人们通过非正式关系进行交流沟通时候，强化对创业嵌入性的依赖，重新构建新的连结、建立新合作关系。例如，有创业者是聘用原来高中同学当营销总监，因为“他了解我的想法，真心帮助我开拓市场”。而非正式网络治理方式能显著负向调节结构嵌入性对合作的影响，这在实践中也能得到验证，即创业者通过关系圈、个人社交等方式弱化技术优势的合作，减少了对技术联盟与技术合作的依赖，例如，有的创业者会先通过熟人接到订单，而这种产品并不是企业创业核心产品，属于辅助产品，但“先赚钱生存做着这笔业务，市场接受新产品需要时间和实践”。非正式社会网络治理方式虽然会正向影响制度嵌入性对合作强度的关系，但不显著，也说明制度会促进产业集群内部合作交流，不需要通过私人社交关系进行强化。

非正式社会网络治理能正向调节关系嵌入对竞争强度影响，也正向调节结构嵌入对竞争强度影响，但都不显著，说明非正式社会治理方式还是体现了以和为贵的文化特点；但非正式社会网络协调机制会显著正向调节制度嵌入性对竞争强度的影响，这可能是由于私人社交及圈社交活动会让海归创业者加入小团体或者形成紧密的小圈子，争夺对政府的有限补贴以及优惠政策，从而可以充分享受政府制度与支持措施，以及园区设施、科研设备等，提高了自身获取资源与讨价还价的能力，造成不同利益群体间的竞争。

（二）正式社会网络治理的调节效应检验

正式社会网络治理形式主要是指海归在商业活动时参加协会、商会以及技术联盟等机构的形式，这些协会机构可以协调相互之间的关系，从中调和矛盾，维护集体的利益，并通过警告、公告以及监督等手段规范成员行为，很多企业家会通过协会来处理企业运营中的问题，包括协调定价、供应商谈判等问题。例如，浙江台州市海归留学生章 QL 回家从事农家乐创业，他没有依靠家人帮助，而是利用农民互助协会成员资格去扩展旅游服务项目，每两个月参加一次会议。即使在“农庄仍然成功”的情况下，仍广泛参与各类新农村建设协会、乡村旅游协会等，将农庄发展成为“娱乐、信息和购物的产业混合体”。因此，这类正式网络治理措施会对竞合关系产生影响，这里主要列出了四个检验模型，观察这类正式协调机制在对合作强度与竞争强度的作用。

表 6-13　正式社会网络治理的调节效应检验

正式网络协调作用（H）		合作（D）		竞争（J）	
模型	基础	模型 1	模型 2	模型 3	模型 4
行业	.016 （.267）	.030 （.526）	.018 （.327）	.049 （.846）	.035 （.610）
创业时间	.076 （1.258）	.117* （2.097）	.126* （2.269）	.070 （1.211）	.072 （1.258）
规模	–.047 （–.768）	–.067 （–1.189）	–.074 （–1.327）	.108+ （1.862）	.098+ （1.707）
关系嵌入性		.268*** （4.195）	.295*** （4.329）	.133* （2.044）	.147* （2.124）
结构嵌入性		.176*** （2.927）	.183** （2.926）	.230*** （3.744）	.242** （3.793）
制度嵌入性		.105+ （1.828）	.120 （2.068）*	.054 （.914）	.079 （1.330）
正式协调		.069 （1.140）	–.015 （–.220）	.030 （.490）	–.088 （–1.301）
关系 × 正式			–.182* （–2.444）		–.096 （–1.376
结构 × 正式			–.066 （–1.102）		.164* （2.474）
制度 × 正式			.121* （2.129）		.110+ （1.803）
R2	.003	0.182	0.202	0.108	0.124
ΔR2		0.189	0.028	0.115	0.025
F 调整	0.813	12.235***	3.150*	7.572***	3.783+

括号内为 t 值，+ $p < 0.1$；* $p < 0.05$；** $p < 0.01$；*** $p < 0.001$

正式网络治理能显著负向调节关系嵌入性对合作强度影响，说明通过协会等机构会对个人非正式社交合作产生挤出效应，比如，通过协会与新伙伴建立技术联盟，弱化了原有社会关系的合作。正式网络治理虽然也能负向调节结构嵌入对竞争强度影响，但效果不显著，这是因为建立在技术主导的合作互补关系，轻易不会受到协会等机构影响，但一个有趣的结果是正式社会网络治理方式会正向调节制度嵌入性对合作强度的关系，这点与非正式网络治理方式正好相反，这也符合协会、商会等社会机构的职能定位，表明他们在促进合作共享方面与政府制度设计是一致的，也是政府职能的社会化补充，而通过协会可以更好地获得政府制度红利，比如，响应新农村建设的新型产业联合体资助，可以获得声誉更好的风投机构青睐或合作（薛超凯等，2018）。

正式网络治理能负向调节关系嵌入性对竞争强度作用，但不显著，说明这类正式组织机构不会改变原有社会关系层面的竞争格局；但正式网络治理可正向调节结构嵌入性对竞争强度的作用，这表明创业者新技术获得协会、商会等机构的认可支持后，其技术产品竞争力会显著增强，这也与社会机构促进技术创新、推动行业发展的作用相一致，这也反映在正式网络治理能显著正向调节制度嵌入性对竞争强度的作用上，虽然效果非常弱，这些社会机构会推动新技术新产品获得政府支持，比如，获取政府奖励与优先采购，导致创业者与其他企业的竞争加强；强化创业者在产业内的地位和竞争力。

通过对上述网络治理调节效应结果分析看到，不同网络治理方式在关系嵌入、结构嵌入对竞争与合作的调节效应不同，如同车辆的前后挡杆，可以采用不同组合维持平衡。但网络治理对制度嵌入与竞争合作强度影响都是正向的，这点存在反直觉现象，我们推测这与制度嵌入的外部性有关，非正式网络治理会强化不同情景下的目标导向，把充分利用政府制度寻求各自利益最大化；而正式网络治理方式会与政府制度设计形成互补性功能，比如，推广新技术新产业，营造良好营商环境等，既鼓励合作分享的共赢又鼓励比拼学创的创新。在这里我们要特别指出的是，这些调节效应检验是针对单个路径检验，这样做好处是可以清楚地看出调节变量对每个嵌入性到竞争与合作之间的调节效应，可以为政策设计提供参考。但在实际中，几乎不存在单个调节方式下的单个路径效应，而是多个变量之间多重反馈的非线性效应，因此，我们在后续研究中用系统动力学模型观测这种多组态的复杂行为与结果。

六、结果讨论与启示

本章主要通过问卷收集数据，实证检验了海归创业的嵌入性通过竞合张力影响创业绩效的路径，并检验了社会网络治理方式对嵌入性与竞合张力的调节作用。已有研究从关系嵌入和结构嵌入入手发现突破新创企业资源瓶颈将会极大地提升绩效（如：Garcia — Villaverde et al.，2018；Stam and Elfring，2008），例如，闫俊、葛宝山等（2018）证明创业企业的关系嵌入和结构嵌入的交互与双元创新之间呈现显著正相关。但是其内在机理还是黑箱，我们通过这个研究发现，这种嵌入性会通过改变竞合关系从而影响创业绩效。

（一）海归创业嵌入性与创业绩效

（1）关系嵌入性会显著促进海归创业的合作强度，这与社会网络关系的性质一致，即促进了企业间相互信任与资源共享，这对帮助海外回国创业者适应国内环境、寻找创业资源非常关键，而关系嵌入性虽然也引起竞争强度增加但影响较弱，仅在 $P<0.05$ 水平上显著，而且这导致关系嵌入性通过竞争影响绩效的间接效应不显著，说明关系嵌入性主要是通过增强合作强度而提升绩效的（见表 6-9）。

（2）结构嵌入性会显著同时促进海归创业的合作强度与竞争强度，并且显著的促进创业绩效。这充分反映了结构嵌入性的本质与重要性，即结构嵌入性是创业者依托自己核心技术嵌入在产业链体系中，具有很强的鲁棒性（robust），也充分说明具有核心技术对海归创业成功的重要性，无论是来自合作互助创新，还是来自竞争激发的创新，都能促进创业绩效提升，这点在实践中也充分体现出来。

（3）制度嵌入性主要是促进海归创业者的合作强度，通过公用基础设施和服务，帮助海归创业者对接资源，为海归融入国内市场环境提供支持，这也与政府制度设置的初衷一致，但是这种制度嵌入性对竞争强度的作用没有体现出来，因此，制度嵌入性对海归创业通过竞争提升绩效的间接效应不显著。

（4）总体来说，竞合关系中的竞争强度在促进海归创业方面的作用（与合作相比）还不突出，这反映出两方面的问题，一是从创业本身性质来说，具有新进入者弱势，需要以合作为主寻求创业资源促进企业健康成长；二是从海归创业者本身性质来说，因为他们重新回到国内也需要通过合作来适应国内环境，这与我们常规的理解一致。但从另一个方面来说，海归创业者具有很强的技术优势，在竞争力方面应该比国内本土创业者更高，也需要加强竞争来促进创业绩效，之所以出现这种情形，我们推测可能与目前国内市场体制还不完善、制度环境有待改善有关，即海归创业者的技术竞争力在市场中还没有完全发挥出来。

（二）海归创业竞合张力的社会网络治理机制

（1）非正式网络治理措施能正向调节关系嵌入性对合作强度影响，但是效果较弱，首先，这些非正式交际活动，如招待会、酒局及聚会等会获得新的商机，会减少对原有社会关系网络依赖。而非正式网络治理方式能显著负向调节结构嵌入性对合作的影响，会对技术优势引发的合作产生挤出效应。非正式社会网络治理方式虽然会正向影响制度嵌入性对合作强度的关系，但不显著。

非正式社会网络治理能正向调节关系嵌入对竞争强度影响，也正向调节结构嵌入对竞争强度影响，但都不显著，说明非正式社会治理方式还是体现了以和为贵的文化特点；但非正式社会网络协调机制会显著正向调节制度嵌入性对竞争强度的影响，通过私人关系获得政府部门的强力支持，或者加入小团体或者形成紧密的小圈子增加讨价还价的能力，争夺对政府的有限补贴以及优惠政策，这些现象都从另一角度表明非正式社会网络活动（人情交际）在中国制度情景下的重要性。

（2）正式网络治理能显著负向调节关系嵌入性对合作强度影响，说明通过协会等机构会对个人非正式社交合作产生挤出效应。正式网络治理虽然也能负向调节结构嵌入对竞争强度影响但效果不显著，这是因为建立在技术主导的合作互补关系，不会受到协会商会等中介机构影响，至少短期内的技术合作关系不会解除。但一个有趣的结果是正式社会网络治理方式会正向调节制度嵌入性对合作强度的关系，这点与非正式网络治理方式正好相反，这也符合协会、商会等社会机构的职能定位，表明他们在促进合作共享方面与政府制度设计是一致的，也是政府职能的社会化补充。

正式网络治理能负向调节关系嵌入性对竞争强度作用，但不显著，说明这类正式组织机构不会改变原有社会关系层面的竞争格局，这也说明协会等机构不会介入到人际关系层面；但正式网络治理可正向调节结构嵌入性对竞争强度的作用，这表明创业者新技术获得协会、商会等机构的认可支持后，其技术产品竞争力会显著增强，合法性得到显著提升，这也反映在正式网络治理能显著正向调节制度嵌入性对竞争强度的作用上，虽然效果非常弱，这些社会机构会推动新技术新产品获得政府支持，强化创业者在产业内的地位和竞争力。

（3）结构嵌入性具有很强的鲁棒性，这表明依靠技术实力占据产业链有利位置的海归创业者具有很强的竞争力，这些社会网络治理机制难以影响其外部的竞争合作关系，依靠技术实力获得话语权可以在市场中占据主动性。这对海归创业者具有重要启示意义，即海归创业者需要掌握在产业链中具有重要价值的技术产品与服务，并充分论证这种技术产品与服务在现有市场中推广应用途径，通过“顶天立地”实现创业成功。

（三）研究假设检验结果

表 6-14　检验假设结果汇总

假设	内容	结果
H1a	海归创业的关系嵌入性将显著提高创业网络中的合作强度。	支持
H1b	海归创业的关系嵌入性将显著减少创业网络中的竞争强度。	不支持
H2a	海归创业的结构嵌入性将显著提高创业网络中的合作强度。	支持
H2b	海归创业的结构嵌入性将显著提高创业网络中的竞争强度。	支持
H2c	海归创业的结构嵌入性对创业网络中的合作强度比对竞争强度的影响更强。	不支持
H3a	海归创业的制度嵌入性将显著提高创业网络中的合作强度。	弱支持
H3b	海归创业的制度嵌入性将显著提高创业网络中的竞争强度。	不支持
H4a	海归创业的网络合作关系强度显著提高创业绩效。	支持
H4b	海归创业的网络竞争关系强度显著提高创业绩效。	支持
H4c	海归创业网络的竞合关系平衡有利于提高创业绩效，即竞合强度与创业绩效呈现倒U型效应。	支持
H5a	正式社会网络关系治理正向调节海归创业的关系嵌入性对合作强度的影响。	不支持
H5b	正式社会网络关系治理负向调节海归创业的关系嵌入性对竞争强度的影响。	不支持
H5c	正式社会网络关系治理正向调节海归创业的结构嵌入性对合作强度的影响。	不支持
H5d	正式社会网络关系治理正向调节海归创业的结构嵌入性对竞争强度的影响。	支持
H5e	正式社会网络关系治理正向调节海归创业的制度嵌入性对合作强度的影响。	支持
H5f	正式社会网络关系治理负向调节海归创业的制度嵌入性对竞争强度的影响。	不支持
H5g:	非正式社会网络关系治理正向调节海归创业的关系嵌入性对合作强度的影响。	支持

续表

假设	内 容	结果
H5h	非正式社会网络关系治理负向调节海归创业的关系嵌入性对竞争强度的影响。	不支持
H5i	非正式社会网络关系治理负向调节海归创业的结构嵌入性对合作强度的影响。	支持
H5j	非正式社会网络关系治理正向调节海归创业的结构嵌入性对竞争强度的影响。	不支持
H5k	非正式社会网络关系治理正向调节海归创业的制度嵌入性对合作强度的影响。	不支持
H5l	非正式社会网络关系治理正向调节海归创业的制度嵌入性对竞争强度的影响。	支持

第七章　海归创业关系嵌入性与结构嵌入性协同演化

创业以一种动态和不断发展的方式形成网络，创业者利用他们在不同网络中不断演化发展的嵌入性获取的资源进行迭代创新。虽然嵌入性一词本来就包含着动态特性，但 Lassalle et.al（2020）指出“在关于移民创业的文献中，嵌入性经常被当作一个静态的概念来分析”，实际上，在不同的创业阶段，海归创业者对于嵌入性有不同的侧重，这些变化反映了创业者所处的环境发生了改变，需要及时调整战略决策进行创新。创新与市场需要不同的行为与价值创造机制，竞合作为一种机遇与创新的来源，通过内置的竞争与合作二元性为价值获取和创造提供了更加巨大的潜力，竞合不仅可以为大公司带来高价值，也可以为中小企业带来高价值（Gnyawali & Park，2009；Bouncken，et al，2020）。制度嵌入性因为具有很强的外部性，其映射为外部环境因素，并且在一定时期内相对固定，因此，我们首先通过两个案例来阐述海归创业者的关系嵌入性与结构嵌入性的动态演化带来的竞合张力的变化；然后阐述嵌入性变化中竞合张力与创新的关系，指出竞合张力决定了初创企业的规模边界。

一、关系嵌入性与结构嵌入性的变迁

海归创业在选择嵌入性的时候，会有一个主要的考量因素，比如，有人会选择自己社会关系丰富的地方创业，有人会选择匹配自己技术产品的产业链完整的地方创业。那么关系嵌入性与结构嵌入性是否会发生变化呢？这包括两个方面：一是什么因素导致嵌入性的变化；二是这种嵌入性变化对竞合关系产生了什么影响。梁萍平（2012）发现海归创业者在不同发展阶段对于嵌入性有不同的侧重：在酝酿阶段，主要运用认知嵌入性和结构嵌入性来实现创业绩效；在初始阶段，则侧重于运用政治嵌入性和结构嵌入性来获取资源；最后到发展阶段，将综合运用认知嵌入性、结构嵌入性和政治嵌入性来实现企业绩效目标。创业过程中，随着战略市场变化，创业嵌入性会发生变化，Lin et al（2009）研究发现焦点企业关于“谁”建立“何种类型”网络嵌入性会在“何种程度”上对技术转移绩效造成很大影响。

（一）创业嵌入性的演化方式

尽管不同网络配置有其优点，但需要结合具体情景与战略进行调整。结合本研究主题思想，我们提出嵌入性演化方式是通过关系嵌入性与结构嵌入性的变化实现某个特定目标。现有文献中创业嵌入性的演化方式从创业嵌入性时间维度、空间维度、结构维度三个方面来理解。

首先从时间维度上，从初始创立的萌芽期（initial founding）到后续发展期（post-founding），创业者社会网络必然发生变化，产品市场的范围与关系也在拓展，这个创业过程需要弱联系和强联系的不同组合，而且整体的最佳组合将是不同的，也会导致不同竞争与合作关系，在网络整体层面形成张力变化。而且一旦创业者成功地汇集资源开发了核心产品和能力，就很可能出现网络扩展现象，可以跨越区域和地理边界在更广范围内共享互补优势。

其次，从空间维度上，Kalantaridis & Bika（2006）在研究在英国坎布里亚乡村创业在多大程度上是一个本土化过程（localised process）时，指出这取决于人们对本土化的理解：一是被地理定义的，在当地出生和长大的个人与他们的直接（地理）背景有最密切的联系，获取最直接的资源、人才等支持；二是关系和网络的接近性，而不是地理上的直接性，这种关系创业者能够凭借出身或工作经验，与远在边界之外的信息源保持牢固而持久的关系并寻找新的信息机会。因此，创业嵌入性的空间变化是超越当地市场的限制、开辟新的成长空间。

最后，从结构维度上，Hite & Hesterly（2001）认为，创业者个人网络会从基于身份主导的强关系网络演变为一个有意识管理的、包含大量弱连结的网络。Elfring & Hulsink（2007）按照关系连结变化程度提出了网络演化（evolution）、网络更新（renewal）与网络革命（revolution）三种模式（如下图 7-1 所示），其中，网络革命特点是在涌现阶段出现了大量弱连结，这是疯狂寻找商机和获取 IT 行业内部联系信息的结果，在某些情况下，创业者甚至通过陌生电话、会议和网络搜索等方式与陌生人联系，其中一些人的联系变成了弱联系。当 IT 行业的知名企业与这家初创企业建立了联系时，就会发生从无目标搜索到重点搜索的转变。

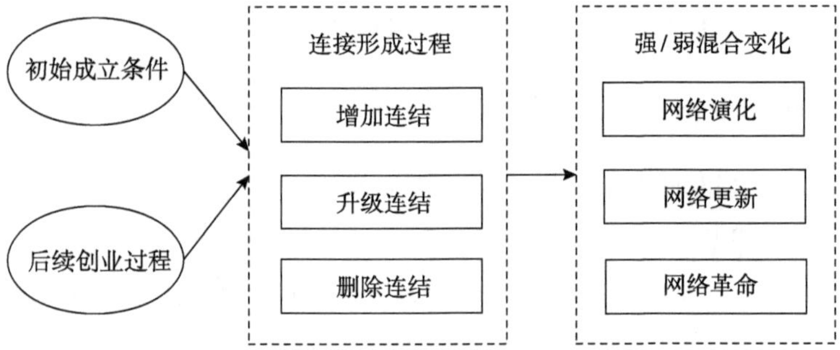

图 7–1　网络连结形成前因与结果（Elfring & Hulsink，2007）

总体而言，创业网络及其关系、结构随着时间的推移而变化、生长和发展，网络演化不仅仅是创业资产基础的延伸，这种关系动态性也代表了创业环境的结构化重组，Jack et.al（2008）对三家创业案例纵向研究发现，开发、维护和部署基于算计的（calculative）和基于身份的联系不是相互冲突、或连续、或替代性的力量，相反，它们是相互缠绕、相互依赖的过程，并且在很大程度上同时发生，这些关系在实证上能支持企业家的成长，而不是通过建立结构性惯例和有限的结构洞桥来约束它。个体嵌入网络后，随着自身能力的发展以及合作的潜力增长会为企业在资源互补、技术诀窍、能力提升和创新方面提供了更多的资源支持与市场选择，这时候创业者需要及时调整策略适应不同战略发展方向。

（二）创业嵌入性的演化结果

创业嵌入性演化是随着创业企业发展和战略目标而变化的，这一方面是创业者发展必然趋势，另一方面，创业嵌入性演化不同路径也会导致不同结果。比如，Elfring and Hulsink（2007）发现那些追求渐进式创新的人，会利用家庭成员之间的牢固联系和工作的前同事来获得合法性，涉及重大创新的初创企业仅偶尔依赖现有的牢固关系，而主要受益于与行业内龙头企业新建立的牢固关系。

从创业目标来看，有些创业价值是需要不同网络方式获得最大成功。《巴拉巴西成功定律》一书指出“成功是一种集体现象，是一种社会网络对你的回应”，这一成功定律可以给我们有价值的启示，具体内容是“如果业务表现可测量，业务表现驱动成功；如果业务表现不可测量，则是网络驱动成功”，书中举例网球运动和艺术品的成功，艺术家的成绩，无法像体育比赛的胜负那样测量和统计，判断一件作品的好坏，是很主观的事情，可能每个人的看法都不一样。这种情况下，艺术家的成功主要依靠社会网络。同样，技术的竞争力可以准确测量，电池续航能力、抗癌药物的功效，而有些模式、口味与外观设计就难精确测量，如咖啡口味、衣服款式等。在这里可以解读为：如果海归创业基于技术产品的竞争力强，可以选择结构嵌入性，占据产业链的关键位置实现成功；如果海归创业基于商业模式与声誉等软实力，则更多的依托社会关系网络实现成功。

二、案例 1 诺亦腾：结构嵌入—关系嵌入

北京诺亦腾科技有限公司（Noitom）[①]是由刘 HY 和戴 RL 两位海归博士在 2012 年创办的一家在动作捕捉领域掌握国际领先技术的高科技公司，刘 HY 本科毕业于同济大学土木工程系，2003 年获得美国约翰·霍普金斯大学土木工程系博士学位。2009 年，金融危机对美国经济带来严重冲击，刘 HY 动了回国创业的念头，回国后遇到志同道合的创业合伙人戴 RL 博士，戴 RL 先后毕业于中国科学技术大学及香港中文大学（2007），两个人具有类似的学科背景和互补的知识结构，一个擅长硬件，一个偏软件。“学科交叉，软硬结合”，他们一拍即合，决定在新科技浪潮中寻找创业方向，经过 6 年多的努力，公司已经从最初的十三个人创业团队成长为一家具有国际竞争力的智能感知与沉浸式交互技术提供商。目前已完成 3 轮融资、市场估值达到 20 亿元。

（一）创业初始阶段的结构嵌入性

首先，他们结合自己对力学、自动化知识的专业理解和科技敏感，认为围绕传感器的应用、具有实时感知的智能化外延硬件将是未来科技发展的一个主流方向，并确定了动作捕捉作为创业发力点。他们选择北京中关村作为创业地，因为这里聚集了一批国内新一代信息技术、数字创意与人工智能等“高精尖”产业，可以获取科技信息与研发合作支持。2012 年底，经过二年多的艰苦研发，团队实现了惯性动作捕捉核心技术突破，开发出拥有自主专利的校准与数据融合算法，通过把微型穿戴式传感器穿在人体身上，利用传感

① 本部分资料主要来源于网上报道、期刊论文等二手资料数据。

器采集的信息组合形成人的运动数据，通过无线技术输送到电脑上，用自有的核心算法与软件恢复出传感器穿戴者的连续人体动作，形成数字模型。与传统技术相比，该技术具有价格低、使用范围广，精度可控性好等优点，从而在数字智能化产业中占据核心地位，可以广泛应用于影视游戏、体育训练、医疗诊断与康复、工业仿真与虚拟教学等诸多领域。

其次，诺亦腾掌握的核心技术，除了在动作捕捉领域独树一帜之外，还可以让企业无缝进入现今非常火爆的 VR 领域，并占据虚拟现实产业链的“输入（交互）—处理（内容）—输出（穿戴）”的上游输入端。技术优势让他们在 2016 年国内的 VR 泡沫期仍然保持快速增长，获得大量风投资本的青睐。

（二）结构嵌入性与关系嵌入性的调整与协同

在创业初期，为了让自己快速成长并走向市场，团队需要在技术端与市场端同时发力：一边搞研发，一边谋划市场布局“推销”自己①。虽然消费级市场是最大的蛋糕，也可以树立企业声誉，但是对新产品技术却存在两大挑战：一方面，消费市场对新产品的接受速度较慢，营销培育成本较大，时间较长；另一方面，消费者对于新品牌的认可和忠诚度都很低，很难同时满足不同消费者的多元化需求。当企业到市场上去推销产品，特别是直接向大众消费者（C 端）推销成型产品时，就需要借助社会网络关系。2013 年诺亦腾的第一款产品，监测高尔夫运动的 mySwing 挥杆宝在美国热销就是一个典型的关系嵌入与结构嵌入的协同过程；对诺亦腾这款“智能硬件”背后的思考，或许能为硬件创业者带来更多实在的启发（陈凯文，2016）②。

（1）从市场布局来看，企业采取了在高端市场（美国）切入高端产品（高尔夫教具）的策略，一战扬名树立起企业的地位声誉，该产品也曾被 CNN 全球制造行业竞争力调查系列片中的中国站专门报道。这种“出口转内销”的传播方式让企业获得了社会高度认可，摆脱了创业初期困境，走向快速发展道路。

（2）从技术布局来看，团队将首次商业化运用定位在高尔夫运动上，高

① 从“技术”到“服务”，诺亦腾扎根 VR B 端市场的变现之路，87870 虚拟现实网，http：//www.87870.com/news/1711/29463.html，2017-11-09

② 陈凯文．以酷炫动捕技术闻名的诺亦腾，是怎么做「智能硬件」的？深圳湾．行业观察．2016-04-07. https：//www.shenzhenware.com/articles/10760.

尔夫被誉为贵族运动，也是世界上对动作精确度及可重复性要求极高的运动，mySwing Pro 是一款基于动作捕捉技术的高尔夫智能教学套件，包含 18 个动捕传感器和一台专用平板电脑。高尔夫运动员穿戴 mySwing 进行练习时，其挥杆动作的 3D 数据会被实时捕捉和量化，高精度动作捕和量化数据，帮助教练和运动员对训练过程进行分析和评价，发现并改进动作上的问题。这款产品将为高尔夫球教练行业带来革命性的突破。而诺亦腾公司的挥杆宝产品不仅在亮相时间上与竞争对手同步，并且在性能上远超对手，这与国内厂商过去在新兴行业领域、新产品方向选择上表现出的滞后性截然不同。

（3）mySwing 是如何嵌入高尔夫这一高端运动圈内部、获得专业人士青睐呢？

在外围做产品是难以打入行业内部的，特别是专业性很强的技术类工具，mySwing 的做法是通过关系嵌入高尔夫行业关键群体、用技术优势从内部培育并扩展市场。

首先，组织管理方面，诺亦腾在美国专门成立 mySwing Golf 全资子公司，并聘用前高尔夫著名运动员为总裁，全公司从管理人员到会计出纳都是高尔夫行业内人士，其中许多人在加入 mySwing 之前都是美国职业高尔夫球协会（PGA）成员。这样的人员构成使得该公司拥有较高的高尔夫专业水准，在行业内有着广泛的人脉连接，所以也就不需要费劲周折在把产品“打入”行业市场的问题，需要做的只是把 mySwing Pro 在高尔夫圈子里秀出来，剩下的“交给产品自己去做”。

其次，营销对象上，根据高尔夫领域特点，重点瞄准的用户是资深的高尔夫教练们。他们对新的趋势往往有着敏锐的嗅觉，能够更快地接受新的技术。在教练们接受并在教学中使用 mySwing 之后，借助他们的专业影响力来教育更多高尔夫从业人员以及高尔夫玩家，完成从 B 端向 C 端的延伸，这样市场教育和市场扩展就会流畅许多。另外，优秀的教练在高尔夫界大多有着自己的品牌效应，他们的使用和认可本身便是对 mySwing 品牌的提升，能够更快地消除 mySwing Pro 作为新产品在消费级市场的陌生感。在营销手段上，mySwing Pro 积极参加了多届美国职业高尔夫球协会（PGA）作品展，由著名教练现场为观众讲解高尔夫挥杆技巧，同时 mySwing 也会定期组织线下培训和线下见面等活动，围绕产品使用和高尔夫训练为用户提供一系列服务。产品销售方式主要是以极低的租金出租给教练和学员使用，条件是需要使用者上传他们的使用数据。

第三，基于数据产生增值服务，mySwing 还拥有由世界一流教练和运动员组成的顾问团，以及来自美国奥委会的大量挥杆数据。mySwing 也鼓励每个用户及时上传使用数据，这些数据实际上是运动员和教练经验的量化，通过将这些经验数据图表化，高尔夫学员可以清晰地了解每位教练或运动员的动作特征，顾问团会编制教材和规范来指导训练，并会引入 mySwing 用户之间的交流经验，这些数据在未来会变成很大的资产，提供更有价值的增值服务和产业延伸。

（三）创业者维持结构嵌入优势，暂不进入消费端

作为一家技术型创业公司，在这一轮智能可穿戴设备的技术浪潮中，诺亦腾冲在了浪尖，在动作捕捉技术领域的国际竞争力有目共睹，仅在影视制作方面，诺亦腾的动捕系统就占据了全球超过 50% 的市场；为了保持行业优势，企业必须走得更快、更远，并建立起自己的技术壁垒。诺亦腾在自主研发的惯性传感器动捕技术的基础上，已经推出了一系列具有完全自主知识产权的成果，包括面向专业影视制作者的动捕设备 Perception Legacy、面向个人开发者的动捕设备 Perception Neuron、大空间多人商用 VR 解决方案 Project Alice，以及虚拟拍摄 + 实时动捕 + 实时引擎的混合现实制作系统 Trance。但这些产品主要是面向 B 端商业用户，而诺亦腾创业者从 2014 年就非常明确短期内不能做 To C 端产品，不会推出真正消费级产品。对于这种战略规划，创业者们有自己的考虑：一是目前企业状态不具备进入 C 端的时间和能力，大众消费级产品复杂多变，企业的算法优势并不能体现出来，投入的大量资源精力会很快被消耗掉，甚至是面临死亡，创业期还不具备进入 C 端的完整供应链能力。二是当前的产品战略是：收拢市场，将重心放在各种 B 端商业项目上，将第一批用户筛选到少而精的状态，即高端的商业用户；选择只做行业有代表性的案例，比如给大众汽车做的史上最大规模 VR 交互体验，占据产业链上游（输入端）市场，可以更好打造和培养自身高端服务能力。三是与其他大厂联合开发，做消费级别配件。即使是联合开发，诺亦腾的态度也很明确“我们甚至于不会挂诺亦腾的品牌，不会为其生产垫资、构思，而是以技术支撑的名义去参与，最多协助构思”。四是团队主要精力用于技术产品的迭代创新，实践诺亦腾一直以来“颠覆运动捕捉行业格局”的愿景，进行

更多“更有意思、更疯狂”的项目，比如，从 VR 向 AR 的转型，扩展工业应用场景。

三、案例 2　温州中津先进科技研究院：关系嵌入—结构嵌入

温州中津先进科技研究院是一家英国名校海归博士创办的专注于大数据与智能计算应用研究的商业应用与服务机构，创业者王 ZY 博士毕业于牛津大学计算机科学专业，于 2013 年 10 月响应温州市人才回归号召回到家乡参加工作，并于 2014 年 10 月创办中津研究院。目前已在电商数据、智慧教育大数据及政府数据库等方面具有较强影响力，员工规模达到 100 人，并在杭州、上海等地设立分支研发机构。

（一）创业初始阶段的关系嵌入性

中津研究院一开始参考香港应用科技研究院、台湾新竹工业研究院、深圳光启研究院等海内外知名科技转换及项目孵化型研究院的成功模式，其家人在温州具有较丰富的社会关系，这为其创业提供了有力支持。2014 年初，其回到温州后先在温州市商业局担任特殊雇员（挂职副局长），这是国内各级政府新推出的一种吸引高科技人才的用人形式，在时机成熟后，于 2014 年 10 月份正式创办具有民办非企业单位（民非）性质的研究机构，同时，市政府部门按照人才引进与创业政策在三年内给予 2000 万元资金支持。

温州是以传统制造业、商贸业为主的民营经济发源地之一，从现有产业基础条件来说，温州并不具备大数据与数字化智能等新兴产业创业的环境，并且远离北京、上海及深圳等信息科技中心，也与作为数字经济高地的杭州距离较远，缺少相关的技术、人才及市场等条件，政府科技创业支持政策也没有显著优势，作为牛津大学毕业的高才生回到温州进行大数据智能领域创业，主要是基于家乡亲情的关系嵌入。这种亲情朋友社会关系在初期为创业提供了强有力支持，比如，社会影响力、市场扩展以及政府支持等，技术变现速度快、本地商业化落地快，并且能很快进入 B 端市场业务，包括电商数据采集、鞋服云平台项目。

（二）结构嵌入性与关系嵌入性的调整与协同

1. 借助关系嵌入性构建结构嵌入性优势

借助社会关系网络持续提高组织创造力。温州地处浙南边缘，远离上海、杭州等科技创新中心，创业者只能借助其在计算机数字化处理方面具有的核心能力。创业初始期，创业者社会网络关系主要嵌入学术圈和政府圈两个领域：一是创业者围绕自己的专业知识和同学朋友圈，先后与英国伯恩茅斯大学、新加坡国立大学、美国部分高校及国内浙江大学、华东师范大学等专家学者建立合作关系，提升自己在国内学术圈影响力；二是依靠自己在温州本地的影响力和学术背景，与各级政府部门（经信局、科技局）建立联系，并对接了温州市工业科学研究院、勘察设计研究院及温州大学等本地科研机构，构建起创业生态圈，这符合创业初期的发展理念：走“应用型”研究道路、服务本地化市场为主。

在创业初期，中津研究院并没有大规模切入市场端，与其他商业机构合作主要是以社会关系为主，比如，与每日互动科技（温州平阳人创办）、温州电信、绿森数码等企业合作。在这个阶段，先后承接了温州鞋服云平台，为鞋服企业提供大数据分析服务，为康奈集团提供大数据服务支持，帮助企业分析了解用户需求，其最大商业项目是与浙江省商务厅合作的电商数据项目，并在 2015 年 10 月份被省电子商务促进中心授予“浙江省电子商务大数据研究基地”，这一项目标志着创业者的技术商业化取得阶段性成功。

2. 以关系嵌入性推动结构嵌入性落地

中津研究院在 2017 年（即政府创业扶持结束之际）开始进入全面市场化发展期，这个时期温州大数据市场开始出现一些本土数据服务公司与杭州、北京等地外地数据公司，创业者面临与这些竞争者直接竞争，创业者充分利用本地化、技术化优势，以关系嵌入为主、结构嵌入为辅进行本地商业化，加强与本地电信运营商合作，推动业务下沉到县区政府机构，即以关系网络推广自己的核心技术，赢得市场认可，实现自收自支与盈利发展。大数据智能技术对温州传统产业来说仍是新生事物，而政府部门则响应浙江省“最多跑一次”改革以及数字经济发展战略，成为大数据应用推广的先行者，为此，中津研究院确立了以政府事业单位为主的 B 端市场业务，主要面向政府、教育、保险等机构推动数字技术转型升级。例如，与平阳县共同合作打造“电商数据小脑”、2017 年 5 月份携手鹿城区教育局全面推进教育大数据建设并在 2018 年初上线，后续逐步推广到各个中小学校园，取得较大成功，并成为研究院一项核心业务。

在这期间，创业者也曾投入很大资源与精力推动工业大数据应用，力图拓展到温州本地鞋服等传统产业中去，希望为温州民企挖掘“大数据宝藏”，引领温州产业升级，但因为工业数据结构化程度低、数据分散、企业投入兴趣不高等原因，没有取得突破性进展，为此，创业者集中精力推动政府 B 端市场开发，同时，依托项目实施取得良好口碑，将教育大数据、城市经济数据等一些优势项目与电信、移动、代理商等运营商合作，以结构嵌入性拓展外地市场，摸索出自己的“数据变现”的新模式，

四、案例嵌入性与竞合张力总结分析

从诺亦腾在创业初期的发展历程来看，创业者对公司战略规划科学，技术发展路径清晰：第一阶段，技术沉淀期，通过技术创新并逐步形成产业的过程，最终确立科技领先优势地位，在行业内占据核心位置；第二个阶段，深度垂直的商业应用期，随着技术的迭代成熟，B 端商业应用越来越规模化，利润价值凸显出来；第三阶段，C 端爆发期，随着硬件及配套产业成熟，产品成本降低、体验感增强，逐步走向 C 端大众消费市场。而温州中津研究院依托自己的关系嵌入优势，一步一步挖掘和实现结构嵌入性优势，摸索出自己的“数据变现”的新模式：第一阶段，关系开发期，创业者回国后利用原有亲朋好友以及自身学术声誉，扩展本地社会网络，积累了丰富的社会资本，为技术落地创造了良好社会环境；第二阶段，利用浙江省大数据发展的政策窗口期，深耕政府事业单位的 B 端市场，构建起自己核心业务模块，摸索出自己的“数据变现”新模式。

竞争与合作的二元性导致二者之间具有动态配置的特性，这种特性反映出竞争与合作的隔离机制（isolation）及其随时间的变化组合（Dagnino，2009；Czakon，2009；Bouncken，et al，2020）。Czakon（2009）指出，一个发展模式应该包括双方协商一致的共同演化，但也有单方面的行动，包括合作竞争和机会主义，这主要是由于权力不对称性。企业可能具有不同的生产力和能力来平衡竞争中的紧张关系（Bengtsson et al.，2016），或者在创造价值

和获取价值方面的行为、经验基础和相关投入有所不同，例如：本案例中两家企业在初期都会有力地推动价值创造，并使用优越的技术能力来获取不成比例的价值份额（Lavie，2009）；而中津研究院会利用他们本地化社会资源和权力基础来提高他们的市场扩展能力（Hoffmann & Schlosser，2001），但诺亦腾会利用技术优势采取更大的灵活性和冒险行为，这些战略措施都会减少竞争压力，从竞合中获取高于平均价值的优势主动权。

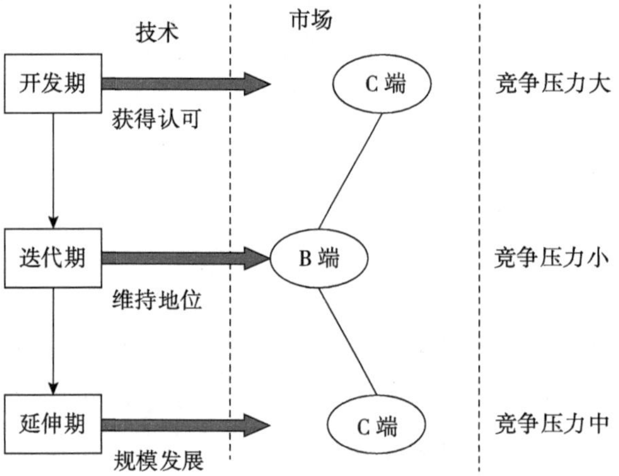

图 7-2　嵌入性与竞争压力变化

选择结构占位比市场销量更关键。在创业开始，企业用核心技术占据产业链上游核心位置，但这种结构嵌入性需要获得社会认可。作为初创企业，面临着来自商业化的强大竞争压力，因此，两家企业分别选择各自领域内前沿技术，通过社会关系嵌入性进入市场，获得了市场与资本认可。当企业获得足够资本市场支持后，企业回归到技术本身，不断优化技术提高自我的技术竞争力，维持结构嵌入性的优势地位，专注 B 端高端客户市场，有效减少来自市场的竞争压力。在未来发展中，企业建立了足够技术储备和数据资源，并且下游的传输技术（5G）或工业企业数据集成技术日趋成熟后，企业才开始向 C 端发力，争夺大众消费市场这块大蛋糕。

五、创业企业的边界扩展

企业边界是企业组织结构的基本特征之一，也是企业成长的核心概念。

那么创业企业的边界在哪里呢？人们从不同的视角研究了企业的起源、性质与成长等问题，百度百科的“企业边界”收集了关于企业边界的很多解释[①]，例如传统竞争理论、效率理论、奈特的不确定性理论以及科斯开创的交易费用理论等（张卫国，2003；王颖，2018）。孟华、朱其忠（2019）梳理了企业边界研究的发展脉络，从劳动分工、供求均衡、交易成本、企业能力、技术创新、委托代理、战略联盟等七个理论视角对企业边界问题的相关研究成果进行了综述。

基于交易费用理论，人们提出企业和市场是两种不同的组织劳动分工和资源配置的方式，企业的边界是在“其运行范围扩展到在企业内部组织交易的成本超过通过市场或在其他企业中进行同样交易的成本的那一点上”（R·Coase，1937），因此，企业的边界不仅取决于市场的交易成本，还取决于企业的组织成本（张卫国，2003），当企业内部的成本高于市场交易的成本时，企业边界（规模）将趋于缩小，反之企业则规模扩大。Williamson（1985）认为资产专用性、不确定性和交易频率决定了资产配置形式，并将企业边界理论从静态推向了动态（王颖，2018）；当资产专用性低、不确定性低和交易频率低的时候，采用市场配置更有效率；而当资产专用性、不确定性和交易频率高的时候，采用企业管理这种方式配置更有优势。很多研究证明了市场规模与交易成本的关系，例如，宣烨（2013）发现生产性服务业区位选择主要取决于本地市场需求和其服务向外延伸时所产生的交易成本。

基于企业资源观，Penrose（1959）的《企业成长理论》通过企业内部管理活动来分析企业成长行为，认为企业内部所拥有的资源是企业成长的源动力，认为企业成长不仅是企业规模扩大与组织扩张，还包括竞争力提升与员工成长等多维度的发展演变（王颖，2018）。企业能力理论进一步延伸了资源基础观，认为能力边界的变动决定着规模边界的变动（曾楚宏、林丹明，2005）；钱德勒在《看得见的手：美国企业的管理革命》（1977）一书中，运用丰富的企业史资料论证了在大量生产和分配的条件下，管理协调比市场机制带给企业更高的生产力和更低的单位生产成本。但是这些理论模型都是围绕一个成熟的组织模型来研究，比如，都是基于企业这个生产综合体的管理架构完整、制度与生产流程完善、工艺成熟等条件之上。

---

① https：//baike.baidu.com/item/ 企业边界 /5140323？ fr=aladdin

（一）竞合张力与新创企业边界

很多研究证明了创新是市场规模增加的主要动力之一（徐长生等，2008）；曾楚宏和朱仁宏（2014）梳理相关文献发现企业边界的确定和变动是由生产能力和交易费用所决定的。创新更是新创企业成长扩大的最主要动力，创业者是在竞争与合作的网络中开拓疆土的。企业网络是一种在市场与层级制中间资源配置的形式，可降低成本、市场风险并提高专业化分工与合作的收益。网络可以为企业提供互补性和异质性资源，特别是当市场不具备效率时，网络联结便成为创新企业合理而有效的一个选择（李支东，2014）。对于创业者来说，通过嵌入网络获取资源也是一个竞争与合作的动态过程。例如，企业的知识溢出、共享会促进合作，但有限资源也会带来竞争，激发企业创新，张文松、郭广珍（2005）从成本角度讨论了加入网络概念后企业边界的确定问题。

我们在实践调研中发现，因为新创企业的不成熟，大部分的技术研发与生产活动都还没有实现充分的市场交易行为，企业边界模糊不定，因此，通过交易成本的角度很难刻画出创业的边界，需要寻找到一个更直观的方法来测量和展示创业企业的边界，竞合张力模型为我们提供了一个新视角。首先，传统的竞合张力模型是从纵向合作与横向竞争的二维度进行分析，对应了传统企业边界扩张的兼并和收购等方式，例如，纵向一体化控制专用性资产的程度可以接近企业边界。其次，虽然人们提出多种形式的企业边界概念和理论模型，但是“规模边界和能力边界一直是研究的重点，边界的二重性受到众多学者的认可和推崇”（孟华、朱其忠，2019）。竞合张力充分反映了这种边界二重性，既从内部看到创业者的管理能力，又从外部观察到协调能力、营销能力等，张力的变动反映出企业边界变化。最后，创业者在网络中孕育成长，竞合张力反映了创业者在复杂多变的社会网络中的资源占有与利用情况，嵌入程度所产生的竞合张力与企业创新绩效直接相关，推动着新创企业的边界扩张。

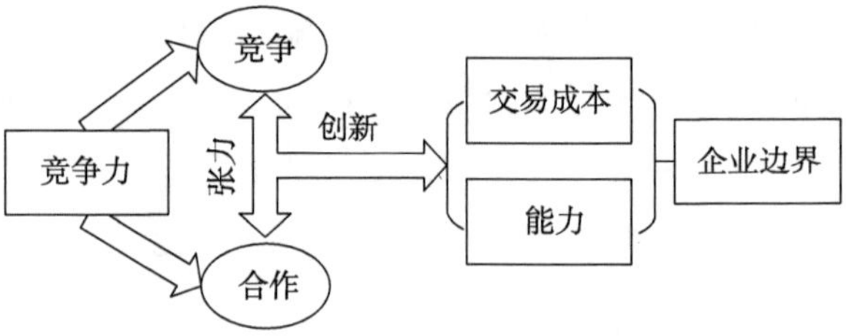

图 7–3　竞合张力与新创企业边界理论

从这个意义上说，新创企业的规模是企业面临竞争与合作张力的函数：

$$S=F(fc,\ fo,\ \beta \cdot exp|fc-fo|)$$

其中，S是规模，fc是竞争强度，fo是合作强度，β是创新指数，而创新指数与竞合张力有关，即竞合程度和企业规模扩展之间是相互促进的，并且与企业创新指数有关，当创新指数更大、竞合张力更大时候，企业规模扩展速度更快。

（二）创业者的相对优势：竞合驱动的创新

很多研究都已经证明了社会网络与产业集群在促进创新行为、提升企业绩效方面的作用，强调了社会网络具有涌现特性，即整体会因为各个组成部分的相互连结和互动呈现出新的特性，这种特性只有整体才具备（Christakis & Fowler，2009），具有自组织的多元互补特征，促进了参与者之间的知识共享与创造、信任机制与交易成本等，这也是产业集群产生聚集优势的来源。对于嵌入进社会网络或产业网络中的企业来说，无论是正式连结还是非正式连结，都表现为竞争与合作关系，虽然大家是为了合作而在一起，但利益与权力的不对称必然会产生竞争，社会网络就是一个竞合关系综合体，这些关系是新想法产生、资源积累和新资源组合的源泉。例如，Benavides-Velasco（2004）发现，竞合增加了生物技术行业的创新能力；Bouncken & Fredrich（2012）认为竞合关系将公司的竞争资源与合作资源同时结合起来，提高了对资源和市场的获取效率，为突破性创新提供了非常重要的补充资源，且这些资源在其他方面难以获得，他们提出竞争者之间的合作可以推进高度新颖的解决方案，因为它打破了集体思维的封锁状态。但对于初创企业来说，他们如何利用这些竞合关系及其资源进行创新呢？

初创企业利用网络竞合关系进行创新，获取相对竞争优势。这类初创企业不能像其他成熟企业一样在更大范围（网络之外）布局，需要充分利用网络内资源和市场空间进行战略规划，Christakis & Fowler（2009）在他们的《大连接》中指出：我们置身其中的社会网络决定了我们与谁相识，别人怎么看待我们，并提出了参照群体的同化效应与对比效应，人们“通常更关心自己在现实中的相对地位，而不是绝对地位”。例如，通过社会活动增加自己在网络内的身份地位，或者与集群内的领头企业建立直接联系提高产品竞争力。

竞合张力的变化推动创业者持续创新。有一些研究表明，激烈的竞争是迫使和激励企业创新和提升其竞争优势的驱动因素（Bengtsson & Kock，2000），竞争程度和创新之间是相互促进的，但是徐长生等（2008）在实证研究中却发现竞争程度对市场规模的影响是不确定的，而市场规模扩大能够促进竞争。同样，也有大量研究证明了合作对创新的重要意义，在竞争与合作同时存在的情况下，Lado，Boyd & Hanlon（1997）的观点是，竞争和合作策略的结合将为公司创造更高的租金（协同租金），Park et.al（2014）关键论点是在合作力量和竞争力量之间表现出平衡的合作关系将有助于企业从这些关系中创造和获取价值，并证明在适度竞争和高度合作的情况下竞合对创新绩效有积极的影响。而我们从前面案例中得到的启示是：竞合张力的变化，无论增大还是减少，都会促进企业开展一次创新，这种创新形式可能是商业模式创新、供应链管理创新，也可能是技术研发创新，而每一次创新的形式都与周围连结企业进行了合作，产生出新的竞争优势，因此，这种创新是一种竞合力量交互变化的结果，并体现为网络内的相对优势，改变着创业者在网络内的结构位置。

第八章　海归创业的嵌入失衡：嵌入不足与嵌入过度

社会网络嵌入性从产生之初就存在“双刃”效应，一直贯穿着“不足与过度”的悖论，这种悖论本质上是社会结构二重性的体现（李鹏飞，2019），即：在企业获取资源的过程中，社会网络关系的强弱会产生正面和负面两种不同的效应，目前对于负面效应的研究大多停留在理论描述层面，缺少实证研究的检验（刘蕴，2018），而已有的实证检验更侧重于强调网络关系带来的正向作用，对反向作用的关注较少（李鹏飞，2019）。关于社会网络嵌入二重性的研究由来已久，Uzzi（1996）论述了嵌入性变化悖论：

> 嵌入性仅在达到临界点时产生正收益。一旦超过此阈值，嵌入性的返回值将变为负值。这个过程似乎由两个主要组成部分控制：第一个问题是公司如何与其网络合作伙伴，通过嵌入式连接到网络的公司比通过臂长型（arm’s-length）连接网络的公司有更大的生存机会；第二个组成部分涉及一个公司自身所连接的网络类型。在这种情况下，出现了一个悖论：最优网络不是由所有嵌入的连接或所有臂长（arm’ s-length）组成的，而是将两者结合起来。一个重要的含义是，嵌入式网络提供了一种竞争性的组织形式，但也有其自身的缺陷，因为参与者的适应能力取决于一个关系网，其中一些关系超出了他或她的直接影响。

Granovetter（1973）区分了强关系与弱关系特征并提出了弱连结的信息桥观点，认为强关系网络内获取的资源具有较高的重复性和冗余性，易导致创新锁定陷阱，而弱关系一般产生于差异化的组织之间，有利于获取异质性信息进而产生创新资源，因此他强调了弱连结在企业创新中的力量。但对于企业而言，其实很难掌控过于松散的网络，一方面，因为嵌入不足会导致信任度偏低、机会主义增多，从而影响社会网络功能，另一方面，网络关系的收益也存在边际递减效应，构建和维护业务的强嵌入关系需要较高的投入成本，当关系强度已经到达最优状态时（收益递减点），这种投入所带来的收益就会被机会成本和灵活性降低所抵消，造成同质化“锁定”，即一种过度嵌入现象

（Uzzi，1997；Kansson、Senhota，1998；Kao，et al，2019），组织逐渐失去适应市场变化的灵活性。很多学者通过构建嵌入性的多个衡量指标，例如关系强度、社会资本、网络密度等研究证明了嵌入性与企业绩效、生存、专利等存在倒 U 型关系（Gulati & Westphal，1999；Borgatti & Foster，2003；Waston，2007；李鹏飞，2019）。因此，根据嵌入的不同投入产出比，可以将嵌入性划分为三个层次：嵌入不足、经济嵌入和嵌入过度（如下图 8-1 所示）。

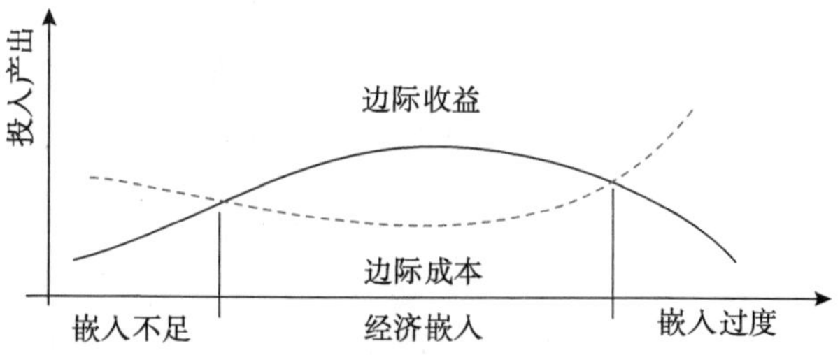

图 8-1　嵌入性的投入产出

一、海归创业的嵌入性不足

通过嵌入社会网络，创业者可以获取互补性资源、依靠网络资源获取网络租金等一系列显性收益，并随着信任关系的建立，大幅降低交易成本，提高组织合法性与声誉等作用（Gulati，1998）。此外，社会关系还会推动隐性知识嵌入到企业的本地化经营实践、管理理念以及待人处事的习俗中（Cohen and Levinthal，1990；林竞君，2005）。所谓嵌入不足，主要是指个体虽然与其他企业结网，但可能因为遭遇嵌入障碍而游离于网络主体之外，或者与其他个体联系过于松散，导致其无法从网络中获取充足资源支持，在这种情况下，网络维系投入成本会大于从网络获得的收益，他们面临着退网或者增加投入来融入网络的两种选择，例如，Uzzi（1996）调研时发现"友谊伴随着生意，保持距离的交易关系对结构化产生了反作用"，因为退出威胁可能被用来作为讨价还价的能力。现有很多研究都关注的是过度嵌入（over-embeddedness）产生的弊端，而对嵌入不足的研究较少。在调研的创业案例中，我们发现有不少企业因嵌入性不足导致创业失败，从产生原因来看，主要归纳为关系嵌入不足和结构嵌入不足两种情况，通过进一步分析，我们又发现嵌入不足的情况主要发生在初创阶段的企业，而在成熟企业中则很少发生这种现象。

（一）关系嵌入不足

关系嵌入不足是指创业者无法有效融入社会网络获取足够的创业资金、信任、市场信息以及声誉传播等方面的支持，而研究也显示很多海归创业者喜欢单打独斗，这种情况既有曲高和寡，也有力不从心的缘故，或者因为思维习惯差异太大而难以融入、不愿融入等，这种游离于本土社会网络之外的创业者无法形成互惠性、持续性的合作关系，是难以获得信息、资源与社会资本支持的。例如，初创期企业可借助社会网络弥补正式信用的不足，却容易因为创业成本过高陷入商业化历程受挫等困局。接下来由两个案例就这一情况进行具体说明：

创业者 A 女生 2011 年从意大利留学回国，在海外期间曾接触到诸如 EsteeLauder（雅诗兰黛）推出的白茶护肤品、美国 Origins（悦木之源）的白茶美肌抗氧化系列、Dior（迪奥）白茶配方眼部卸妆液等化妆品，这些化妆品采用白茶提取物作为活性成分增强美颜护肤，让 A 女生对白茶有了深刻印象，后来又偶然地从朋友那尝到荒野生态白茶的滋味，更是对白茶产生浓厚感情。于是 2013 年，她毅然辞别家人从安徽马鞍山专门赶到中国白茶发源地福鼎市，圆一回白茶事业梦。她发挥自己攻读的自然科学专业的优势，与合伙人共同考察寻找一片 400 亩的生态荒野茶园，从茶叶种植、采摘到加工实行全生态有机管理模式，让茶叶回归本真，在每个细节都展现出白茶的内涵与品质，也打算通过差异化战略在福鼎 2000 多家茶厂独树一帜。但创业者过于独特，与本地合伙人只专注于茶叶本身的品质，却忽略了与其他厂家、茶农及上下游配套厂商的关系，最终造成经营困难：一是白茶加工工艺有很高的技巧，高端独特的白茶涉及很多茶农的隐性知识与传承技艺，创业者很难通过自己的科学实验分析来实现；二是茶叶上下游配套厂商有一个紧密合作网络，创业者游离这个网络之外就无法获取充分信息，造成采购、包装、运输等成本居高不下；三是创业者独特的品质很难得到周围厂商的认可，企业声誉地位与口碑传播空间有限，即使外地顾客也需要品尝后再决定购买。

创业者 B 男生 2013 年从美国留学回来，由于大学期间学习的是计算机专业，于是回到家乡湖南长沙市创业，从事宽带无线接入系统及物联网硬件设备开发。在创业之初，他心想长沙作为国内内陆的工业之都，拥有工程机械、汽车制造、电子信息和材料工业等千亿级支柱产业，在转型升级中将会有巨大的物联网市场需求，认为其创业项目是符合市场实际需求的细分领域的。为此，他联合高中同学共同创业并获得创业孵化园的部分资金支持，先后推出了具有自主知识产权的4G无线接入系统与车间物联网设备，但因为他一直专注科技开发而无暇顾及社交，甚至自己都戏称“对复杂商业圈感到不安”，没有与周围企业形成稳定的合作关系和联盟，游离于本地社会网络之外，导致他创业失败：一是其产品虽然拥有核心技术，但需要与其他系统化集成商合作才能形成产业化，最终由于没有加入该网络中而导致无法打开市场；二是其缺少与周围政府机构的关系连结，政府曾经组织过多次融资推介活动并大力推荐他，但他本人总是推脱掉，埋头研发却没有走出象牙塔模式，无法维系长期投入；三是作为本地人，他的亲朋好友对他的这种高科技产品无力伸出援手，对市场推广没有发挥出影响力。

（二）结构嵌入不足

在本文中，结构嵌入性程度是以创业者技术在产业链中的地位来衡量的，企业所居链节的位势直接决定了本地集群企业的盈利能力以及对整条价值链的控制和影响力（林竞君，2005），用所处产业链的位置可以更清晰地表明创业者在网络中所处的结构位置。而结构嵌入不足指的是创业者产品或技术不能很好嵌入本地产业链，缺少上下游配套资源与市场的支持，比如，缺少专业人才、协作研发机构以及配套厂商等问题，导致创业者的生产研发成本过高、不能有效从网络中获得知识溢出效应，也难以获得规模经济与范围经济，而且知识的搜索、甄别和整合都需要更高的成本（张华、郎淳刚，2013）。Uzzi（1997）在论述曼哈顿地区服装业的“嵌入性悖论”时也指出，居于网络的结构洞（structural-holes）位里的成员会要求其他成员付出关系租金才可获得网络外部性收益，这直接抬高了成员的交易成本。虽然互联网时代下创业边界不断扩展、日趋模糊，但创业仍需要一个产业链与市场的支撑；《101家创业公司失败反思》文中也提到即使“软件和概念并没有扩展到它的物理边界之外”仍需要充分了解顾客需求。结构嵌入性不足对创业者来说是一个非常严重的挑战，因为创业者自身禀赋决定了其在短期内难以改变自身在本土产业链中的位势。接下来由两个案例就这一情况进行具体说明：

创业者C籍贯南昌，在日本留学工作十多年，曾就职于东京的一家上市公司的 AR/VR 项目组海外市场部。2015 年，他看到国内产业市场的蓬勃发展，与几位志同道合的同学回国创业，到上海从事虚拟现实软件的开发并小有成就。2016 年，他响应家乡号召回到南昌继续创业。当时，南昌正宣布率先打造城市级 VR 产业基地，大力推进虚拟现实产业集群建设，并出台利好政策扶持产业、聚集人才，以完善应用开发与推广、产业合作、人才培养等配套服务，构建一条集项目、基金、服务、培训于一体的 VR 产业孵化生态链；直到 2018 年，落户红谷滩新区的 VR 企业已超过 40 家。但随着创业项目的开展，后续发展问题也逐渐出现：一是南昌整个虚拟现实产业链还不完整，无论是龙头企业还是配套企业都很少，本地汽车、航空与材料等主要产业与 AR 产业也几乎没有关联，无法形成产业聚集效应，虽然当时政府已经意识到这个问题，但直至 2020 年才对此出台了 VR 产业链链长制的解决方案；二是本地市场需求小，应用场景较少，创业者作为软件开发虽然不需要生产配套，但研发端与销售端两头都在外地，例如，虚拟内容制造商集中在深圳或北京，硬件制造商集中在深圳与广州等地，市场主要在长三角地区与北京，这样导致创业者无法从本地产业聚集中获得有价值资源支持，很难找到专业人才、研发协作企业等，导致有效的研发沟通与销售成本较高，难以实现可持续增长。

创业者 D 从日本留学后到韩国继续从事研究工作，利用自己专业优势开发出一种稀土催化新型金属复合带材合成工艺，在 2011 年决定回国创业。在考察完南京、苏州等多地后，最后选择浙江温州电气产业集群作为创业首选地，因为这里有广阔的市场利于新技术的推广和应用。2012 年，该工艺开始尝试投入生产中并在年底推出了合格成品，但在市场推出后却反应平平。由于其产品处于产业链上游、宣传推广力度不够，而且对当地大部分企业来说性能“超标”并不划算，于是他找到当地一家中型生产电接触材料企业毛遂自荐，这家企业的管理者敏锐地意识到该工艺材料的价值，便与其签订了排他性供货合同，这让创业者很快走出初期困境。可到 2016 年后，创业项目又再次陷入停滞期并于 2018 年被并购到客户企业，经分析发现主要原因是其“孤悬于”本地产业链之外：一是先进工艺合成新材料处于产业链上游，其主要原料来自省外江西及海外供应商，转化后的产品并不满足本地大部分企业需求；二是创业者通过单一企业嵌入进本地产业网络，这种排他性联盟虽然缓解了初期的资金困境，但也限制了其后续与本土企业的全面对接；三是创业者技术工艺处于上游，较少与本地企业、科研机构进行充分交流以收集足够的客户信息，难以短期内开发出另一款契合本土企业需求的新产品。

二、海归创业的过度嵌入

相比纯粹的市场关系，适度的关系嵌入能帮助创业者以更低成本、更便捷的方式获得资源以及共享更多私有隐性知识等优势（Uzzi，1996），但社会嵌入性的阴暗面也反映在过于密集的关系结构上，以及信息仅流通于强联结的实体之间，甚至排斥外来组织的嵌入（Uzzi，1996，1997），这会容易导致企业产生路径依赖和组织惯性，产生大量冗余信息，对具有某一类资源和信息的关系圈子形成锁定，减少激发创新行为的活力因素，对创新行为产生抑制效应（科尔曼 1988，1990；Burt 1992，1997；Granovetter，1985；张晓棠，荆心，2012）。Jack，Dodd，，and Anderson（2008）认为，过度依赖社会关系可能会限制企业资源的多样性，因为强联结的网络关系往往是在具有相似组织结构、企业文化、愿景、经验、背景等特征的组织间发展起来的（Granovetter，1973）。

杨震宁、李东红、范黎波（2013）认为“身陷盘丝洞不能自拔”是对社会网络关系过度嵌入最形象的比喻，通过实证也发现社会网络关系的过度嵌入会导致组织产生创业认知偏差。李鹏飞（2019）也指出小微企业早期创业活动中的网络嵌入悖论现象更加突出，并发现关系强度、网络开放性、网络多样性对于创业绩效的总效应都存在网络嵌入悖论。Uzzi（1996）发现结构嵌入性的积极影响增加到阈值之后，继续嵌入会降低公司绩效，随后的研究人员也强调了网络关系过度嵌入的风险（例如：Adler and Kwon，2002；Kao，et al，2019）。刘蕴（2018）实证发现社会网络关系嵌入过度对企业资源获取具有显著负向影响，并指出认知偏差和网络锁定在两者之间起中介作用。张环宙（2018）在研究亲缘关系这类特殊的“强关系”网络时，从嵌入视角观察乡村中微型旅游企业的成长发现，亲缘社会网络对乡村旅游微型企业的创业生成与绩效有促进作用，但过度依赖这种具有高内聚、高冗余、高同质性的亲缘网络将阻碍企业经营收入的持续增长。Nell & Andersson（2012）也发现很多跨国子公司在高度复杂的环境中，会主动避开一组有限且非常紧密的嵌入关系，避免过度嵌入导致成本增加，子公司及其合作伙伴对于嵌入性带来过高成本的这种意识也会反向引发一个降低高度嵌入关系估值的过程，他们提出了导致这种行为的三个原因：资源约束、潜在沉没成本和机会成本。

（一）关系过度嵌入

关系过度嵌入是指创业者过于依赖社会网络关系并受到结构化的规则与习俗限制，从而忽视了自己的创新特性。根据杨震宁等（2013）的定义，社会网络关系嵌入过度是指“创业主体过度地依赖社会网络资源而夸大在网络利用中的信任、承诺和信息共享关系，影响组织的创业认知和资源获取质量”，一方面，创业者的注意力会随关系维护成本的上升而分散；另一方面，网络内部现有规范约束使得网络成员不愿打破陈规提出创新性建议（李鹏飞，2019）。因此，嵌入程度越高，企业就越有可能被“锁定”在这种高密度的社会网络关系内部并导致整体网络的耗散结构，失去创新灵活性。以下将由两个案例来阐明这种情况：

创业者 E 在英国名校攻读电子工程专业硕士，于 2008 年留学回国，在南京某商场从事物流供应链开发工作。2010 年，他决定搭上无锡发展物联网产业的快车，回到老家无锡进行创业，依托当地物联网、集成电路等产业优势，选择了云计算设备及云服务软件开发这两块业务。2011 年，随着国内智慧城市及政务网的建设和发展，政务云市场迎来爆发式增长，创业者开始重点开拓政企云和物联网云应用及平台建设领域，运用自主开发技术设计云平台内部的功能模块，向政府和企业客户提供端到端的解决方案。在这期间，创业者在董事会、股东中引入了大量本地人和公司机构投资者，包括退休离职的政府官员。同时，创业者本人也参加了本地各种协会商会，并担任其中 3 家副会长职务，通过搭建一系列社会关系网络，创业者先后获得了当地政府部门、银行及工业园区等十余个项目，到 2015 年，创业者在本地收入占据总收入的 78% 以上，同时也彻底放弃了硬件开发制造业务。但到了 2016 年，随着国内云计算产业快速发展，不同垂直行业、不同区域的厂商之间竞争加剧，特别是阿里云、IBM 等巨头企业开始渗透到二三线城市，创业者经营逐渐困难，其占领的市场急剧萎缩，却拿不出具有竞争力的产品去开拓市场，主要原因是：一是创业者主要精力与资源放在社会关系运作与维护上，没有围绕自身核心技术进行持续研发，逐步形成自己在技术和业务上的壁垒；二是创业者的社会网络与社会资本主要是立足本地开展的业务，这对创业初期非常有用，但却没有为其打开连结外部市场与信息的渠道，导致只能锁定在本地；三是企业主要向本地与上海的企业采购技术软件进行集成，满足现有政务云、企业云等项目建设，但这些项目都是小规模、低层次的解决方案，从事的是大量技术含量低的无效工作，无法锻炼和培养创业团队进行技术创新，最后变成施工队。

创业者 F 在 2008 年回国后到苏州创业，后来回到家乡温州依靠光通信领域的核心技术继续创业，其项目还被列为当地政府的重点项目。但创业者为了快速实现规模化并兑现招商承诺，进行超常规发展、盲目扩大，并充分利用本地人际关系和民间资本优势，大笔举债，其社会关系的融资遍及周边青田、苍南等县区，最终陷入本地联保连带及债务危机，导致运行停止，其短暂的创业经历说明过度嵌入本地社会关系的弊端：一是创业者回到家乡创业，没有利用社会网络构建创业生态而是依靠社会关系筹资，最后陷入联保和借贷债务纠纷；二是家乡的强连结网络也导致人际关系复杂，过度信任导致其做出非理性决策与承诺，虽然通过亲朋好友与很多企业建立合作关系，但缺少技术层面合作与支持，对核心技术转化应用没有实质性帮助。

（二）结构过度嵌入

依据本文定义，海归创业的结构过度嵌入是指创业者技术项目被“挟裹”进本地产业链中，逐渐失去创新特色而陷入同质化竞争的格局。虽然海归依托本地产业集群进行创业可以更好获得配套技术研发、生产工艺以及市场销售等方面支持，但如果创业者陷入本地产业结构网中无法自拔，导致内部知识同质化、外部感知能力下降，将极大地阻碍新技术创新（李颖等，2018）；而且这种同质化会增加成员之间的冲突、知识分享效率下降等问题。接下来由两个案例进行具体阐述：

创业者 G 在法国获得金属材料专业硕士学位，并于 2001 年回到家乡广东惠州一家企业担任电子产品技术工程师，2005 年，其借助广东电子产业发展迅猛的势头开始创业，主要从事数字信号转换设备开发并取得专利技术。当时，随着国内数字电视发展，其产品技术因转换流畅、信号及电子元件性能稳定等优势被本地机顶盒生产厂家广泛采购，随着收入规模增长，创业者开始提前布局智能家庭网络接入系统，并推出了模块化智能集成电子元器件等新产品，但当地企业仍主要采购数字模拟信号转换器件，企业不得不把大笔资金与资源用于扩大转换电子元器件生产。2017年后，随着数字电视的日趋普及，机顶盒的销量快速减少，导致企业来自下游厂家的采购量急剧减少，而企业早期推出的智能家居类技术也已不再适应当时的场景需求，在与本地同行企业的竞争中处于下风，导致企业濒临破产：一是创业者与本地企业形成了上下游紧密合作关系，虽然在创业初期获得成功，但其创业的主导产品属于过渡性产品，很容易被大规模地模仿和替代，而企业却不能与时俱进地做出创新；二是创业者虽然具有前瞻性，推出了新型核心技术，但却没有考虑到现有产业结构的实际需求，无法得到上游原材料及元器件、下游采购厂商的兴趣和认可，导致技术产品在束之高阁后被淘汰；三是创业者局限在东莞本地产业格局中，却没有嵌入临近的深圳产业链，没能顺应数字化应用场景推出新产品。最终在日新月异的数字技术时代，被挟裹进本地电子产业体系内一同跌宕起伏，在下游企业陷入经营困难的情况下自身也随之陷入困境。

创业者H是2010年从英国留学后，回到浙江从事电子商务业务，当时浙江网络经济发展正如火如荼，各种网站平台、团购、微商创业日益火爆，创业者联合几位朋友开始自主创业，利用温州本地产业优势建立网上商城，主营3C产品、鞋服、食品等产品，创业者还推出联合经营策略，与本地网商、生产厂家等建立战略合作关系，用高额返利承诺扩展加盟商，在销售上推出“特别低价”策略，销售记录一度创高，但这种急剧扩张超出了自身管理能力，很快便陷入资金链断裂并破产清算：一是创业者自身能力不够，主要依赖上下游合作方，例如，产品采购是从厂家直接发货、无力控制厂家发货质量，物流上依赖于第三方、仓储不足；二是下游销售过分依赖经销商，其产品主要依赖各地经销商供货，再出售给消费者，当产品价格出现波动时，一些经销商为了利润会停止向外抛货，经常出现“下单的时候有货，客户付款却没货”的现象；三是创业者虽与上下游企业建立了合作关系，却没有构建自身的核心能力，只占据上下游产品流通的渠道，由于各种同类网站和平台竞争激烈，客户很容易被分流。

三、海归创业嵌入失衡与竞合张力

网络嵌入不足的影响除导致合作关系松散以外，对竞争也会带来不确定性。由于关系嵌入不足，创业者难以融入本地关系圈，当创业者项目与本地产业关联不多时，也就不会产生很强的竞争关系，但当与本地产业关系密切时，社会关系支撑的缺乏将放大创业产品的替代效应而弱化互补效应，造成竞争加剧；而结构嵌入不足则不会带来很强的竞争关系，也难以形成互补性优势。反之，当网络嵌入过度时，一般会导致竞争不足而合作过于紧密：关系嵌入过度会让强连结锁定创业者，使其陷入本地错综复杂的关系网络，结构嵌入过度会挟裹创业者随着本地产业兴衰起伏，而且在同质化增强后也会导致竞争愈演愈烈。例如，Johannisson 和 Mønsted（1997）指出，社会关系可以用某种方式强制当事方遵守或要求他们履行某些潜规则，从而可能限制商业活动和创造力，甚至在极端情况下，过高的义务感和友谊感最终会导致自身蒙受了损失却也要舍己为人。总结来看，创业者需要理性分析自身所处环境和状态，才能正确获取网络优势资源，正如杨震宁等（2013）研究指出，有些创业企业不是缺乏网络资源，而是需要提高识别优质网络资源的能力。

（一）嵌入失衡案例的竞合关系解析

从上述创业嵌入性的失衡案例来看，关系嵌入失衡是一种较为复杂的社会关系，虽然有学者证明：在商业网络环境复杂的情况下，相对较弱的联系似乎比增加强连结更合适（Nell & Andersson，2012），但关系嵌入不足也会让创业者因为不接地气而难以获取本地化优势，尤其是缺乏客户需求信息时，导致推向市场的产品没有消费群体，甚至会被另类看待而面临各种掣肘与竞争。当然，对于处在初期阶段的创业者来说，也许强连结的作用更显著，因为此时创业者需要更多的是一种低成本、可信赖的支持，而强连结提供的信任、承诺以及社会认可等支持正好可以弥补“新进入缺陷”的不利影响（杨震宁等，2013）；然而关系嵌入过度又会让创业者深陷社会关系，甚至做出非理性承诺、出现认知偏差等，而且可能存在负面的多米诺效应，即一家企业出现问题会连累其他关联主体（如创业者 F）。此外，创业者如果需要对关系维护付出持续的、较大的成本与精力而难以专心投入研发创新，最后也会“泯然众人矣”，陷入与本地企业的同质化竞争中。

对于结构嵌入失衡的分析，很多学者主要还是立足于社会网络结构视角（Lassalle，et al，2020），认为悖论产生的根源在于关系质量和网络位置的割裂研究，（张晓棠，荆心，2012），例如，李鹏飞（2019）发现嵌入悖论不仅表现在关系嵌入层面的关系强度悖论，也表现在结构嵌入层面的网络多样性和网络开放性悖论。但本文主要通过产业链结构占位来描述结构嵌入，并发现结构嵌入不足的创业者会游离于本地产业链之外，导致难以获得材料技术、研发、市场等方面支持，也会增加生产交易的成本，即便存在零星合作也不能形成互补性优势；而且这种结构嵌入不足的案例也较为常见，2000 年电子商务明星“e 国”的失败就是因为其在市场没有成熟前过早切入所引发，当时中国无论是物流、支付、配送，甚至网购人群都极不成熟，一家创业公司是无法形成完整产业链、实现规模化优势[①]。

结构嵌入过度的案例也阐明了创业者被本土产业链挟裹的困境，由于创业者初期资源禀赋低，导致对产业链提供支持依赖较强，比如，当创业者拥有新的研发产品，但在现有产业链内面临上游原材料采购、生产加工等配套不足或者下游企业需求不足时，都会让新产品无法实现产业化，这时候依靠强连结提供一些互惠互利更有可能获得帮助并促进商业化。但随着连结强度增大，创业者需要承担额外的社会责任与群体规范，束缚不断增多导致产生网络惯性（inertia），产品创新的自主权风险也在加大（Hansen，1999）。因此，当嵌入过度时，创业者会疲于应付现有需求市场，失去探索和利用圈子外的信息和资源的机会，这点与成熟企业不同，因为成熟企业有足够的实力可以同时进行研发与生产储备，而创业者却分身乏术，当他们失去创新特色后很快会被市场无情抛弃。

表 8-1　案例间嵌入失衡与竞合关系比较

嵌入失衡		案例	特征描述	竞合关系
嵌入不足	关系嵌入不足	创业者 A	外省来本地创业，关系陌生，难以获取关键信息、技术支持	合作不足 竞争过度
		创业者 B	家乡创业，专注研发忽视社会网络关系支持商业化	合作不足 竞争加剧
	结构嵌入不足	创业者 C	家乡产业链不成熟，项目研发与销售两端在外	合作不足 竞争不足
		创业者 D	外省来本地创业，只与本地一家企业合作，孤悬于本地产业链	合作不足 竞争不足

① 17 家中国初创公司的失败史，https：//kb.cnblogs.com/page/164879/。

续表

嵌入失衡		案例	特征描述	竞合关系
嵌入过度	关系嵌入过度	创业者 E	依靠本地社会关系商业化，缺少研发支持而无法持续创新	合作过度 竞争不足
		创业者 F	依靠亲朋社会关系融资发展，陷入本地联保联贷圈	合作过度 竞争不足
	结构嵌入过度	创业者 G	局限在下游企业需求，缺少创新研发，无法应对市场转型	合作过度 竞争不足
		创业者 H	自身没有核心能力，上游、中间、下游受制于供应商、物流、销售商	合作过度 竞争增多

（二）海归创业的嵌入失衡与竞合关系总结

从关系嵌入角度来分析，创业者在创业初期的合作关系非常重要，嵌入不足可能会直接导致出现合作不足的情况，并带来多方面的压力，尤其是很多初期创业者并不善于构建并维系一个健康的社会网络，很难独立面对市场的竞争压力。这点在海归创业者身上，表现得更加突出：一方面，他们在外留学多年一直忙于学业，等到毕业后回到家乡，很多人际关系都已经变得疏远，重新嵌入并维系一个社会网络对他们而言需要付出巨大精力；另一方面，他们自身的视野、思想与生活习惯都发生变化，与亲朋好友的交流在初期新鲜感消失后，开启新的共同话题时会比较敏感，尤其对创业这个话题。这一点在我们调研当中也可以发现，很多留学生在与亲朋好友谈及创业时，第一次能获得的赞许支持只有不到 10%，这也反映了人们对留学生的职业期望依然停留在传统的就业观念，虽然“大众创业、万众创新”的号召让人们对创业观念发生了变化，但创业毕竟是充满不确定性的开拓性事业，投入产出比未必符合大多数人的期望。

从结构嵌入角度来分析，由于结构嵌入不足会带来较大的竞争压力，而结构嵌入过度也会带来同质化的竞争压力，因此从事技术性创业的海归创业者最好不要依据感情因素“择一城而居”，而要选择一个能产生产业链协同效应的地方进行创业，并通过经营良好的社会网络关系来放大自身技术的互补效应、弱化替代效应，与产业链上下游企业形成稳定的战略合作关系。也许这个地方是一个陌生的城市，但其一定要具备转化技术、实现创业的土壤，从某种意义上理解，就是：第一，技术带来的互惠互利是促进结构嵌入的基础；第二，利用技术嵌入产生信任，应用社会网络促进信任，来减少竞争压力。当然，缺少竞争对创业者来说也不是好事，因为创业者可能会满足于现实市场需求而失去创新动力，特别是在关系嵌入过度的情况下，创业者会陷入错综复杂的关系网而失去探索搜寻新信息与资源的机会（如下图 8-2 所示）。

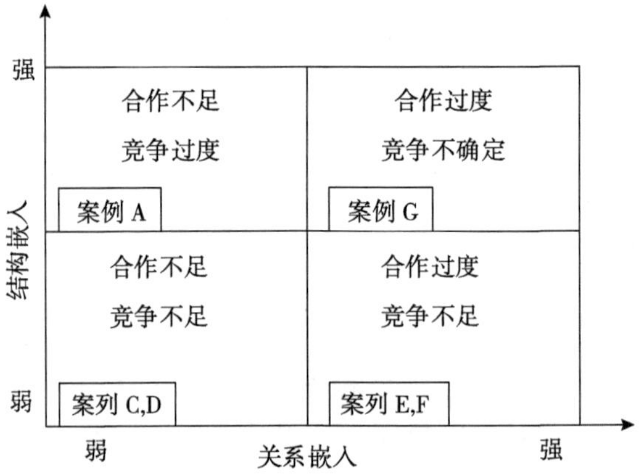

图 8-2　嵌入性失衡与竞合张力关系

总之，嵌入性失衡会带来竞合张力失衡。一般来说，嵌入不足（包括关系嵌入和结构嵌入）会导致合作不足；关系嵌入过度会导致合作过度，但关系嵌入过度和结构嵌入过度对竞争的影响要视具体情况而定，比如不同类型的创业项目（技术型与商业型），当创业项目与本土的社会关系以及产业关联紧密时，可能借助社会关系网络对同质化竞争压力会产生减缓效应，但也可能随着社会网络簇群分化而加速竞争，未来研究可以进一步观察这种双重嵌入下的竞合二元悖论。但迄今为止，在有关企业间网络的文献中，这两个因素普遍被视为是独立的（Rowley et.al，2000），Gilsing & Duysters（2008）发现结构嵌入性和关系嵌入性的结合对企业间行为能够发挥共同作用。而从上面分析也可以启发我们，当创业者面对竞合张力失衡时，可以借助关系嵌入与结构嵌入来进行调控。

第九章　创业生态网络与竞合张力治理

很多研究都强调了社会网络、社会资本对创业活动的重要性，并提出创业过程就是在不确定性环境下新创企业社会运行的网络嵌入过程，人们还提出了与之相对应的创业网络概念，并被理解为一种生态网络，是新企业物以类聚加之生态选择的必然结果（耿超，2012），选择适宜的网络治理机制能够促进创业网络的高效运行、降低机会主义风险，为创业者及新创企业创造一个良好成长空间。近年来，与网络、网络组织和网络社会等概念联系在一起的治理理论与概念不断出现，网络治理机制包括一系列从正式治理机制到非正式治理机制组织手段，例如，陈和平、龚孩谚（2017）认为社会网络理论与公司治理理论的融合开启了公司治理研究的新篇章，突破了传统管理以个体行为特征变量解释公司治理效率和效果的局限性。网络化治理是指企业间利益相关者通过正式契约和隐含契约所构成的组织模式中的关系安排或企业内部股东、经理与员工之间的关系安排（韩兆柱、李亚鹏，2016）。一个健康的创业生态网络由各参与者之间平衡有序的竞合关系决定，但韩炜、杨俊、张玉利（2014）指出，现有创业网络治理大多援引成熟企业网络组织的治理理论，忽视了创业自身特征，不能有效回答“在何种情境下新创企业适宜采用哪种治理机制”的问题。在本章，我们基于创业嵌入视角，用社会网络治理手段分析控制新创企业竞合张力的机制，指导新创企业从开放创业网络中获取最大收益。

一、嵌入性视角的创业网络治理

社会网络治理机制（包括创业网络）从不同视角呈现出多元化的特点。例如，公司创业网络治理的核心就是针对创业主体内、外部交互作用的网络关系及其结构来设计治理机制（王世权、王丹，2011）；网络治理被认为是有别于市场交易与官僚控制的第三种治理方式（Thorelli 1986）；李维安（2005）认为网络治理机制的本质是协调机制；但学者们对创业网络治理机制的研究较少（韩炜、杨俊、张玉利 2014；耿超，2012），我们认为网络治理机制需要基于创业者及其新创企业的自身特点进行设计。

（一）嵌入性视角的创业网络治理优势

人们总结了初创企业特性，诸如：资源禀赋差，交易成本较高；存在新进入缺陷、面临高失败风险；拥有创新性，易实现快速成长，较年轻的企业预期增长更快；拥有扁平化组织结构，灵活性高等特点（Shane & Cable，2002；耿超，2012；李鹏飞，2019），张怀英（2018）认为与成熟企业不同，创业企业首要考虑的两个战略因素：跨越初创期“生死存亡”这一鸿沟和最大程度获取发展所需的关键资源。大多数创业者都要面对创业资源拮据的窘境，因为很多战略资源难以在创业之初通过市场交易获得（李鹏飞，2019），而创业网络就是围绕创业活动形成的一个生态系统，一个充满活力的生态系统，使活动、资产和能力能够灵活地、不断地重新配置，以应对意外情况（Williamson & Meyer，2012）。新创企业的生存和成长是不断建构、维持和治理外部交易网络的过程（韩炜、杨俊、张玉利 2014）。因此，从嵌入性视角研究创业网络治理将具有独特优势。

首先，创业活动本身就被看作一种经济嵌入过程，包括本土网络与海外网络的双重嵌入。这种嵌入性反映了创业活动的创意产生、机会捕捉、创业实施等成长演化机制，孙国强（2005）曾指出公司创业网络的价值在于网络整体的连通性、通过利益相关者之间的合作来发挥异质性资源协同效应。但创业者以不同嵌入方式嵌入到社会与商业网络中，其面对的关系是有很大差异的，对获取资源的效率也不同。Zhao，et al.（2020）研究结果表明，由于企业对外部环境的态度、判断和反应的差异造成了不同的创新倾向和层次结构，关系嵌入性受到缺乏协调和反应不同步的限制，这表明还需要额外的方法来治理不协调的行为。Lin et al.（2012）认为，与交易成本理论相比，网络视角关注的是网络嵌入性如何帮助企业管理相互关系，以获得社会交换、相互适应和信任的好处。Powell（1990）甚至认为网络嵌入性产生了优于正式治理机制的社会控制，并取代了正式的治理机制。

其次，创业嵌入性对创业行为过程与绩效具有直接影响。现有文献表明，社会资本是个人或社会单位所拥有的关系网络中嵌入的、可利用的、衍生的实际和潜在资源的总和（Nahapiet & Ghoshal，1998）。社会资本可以由在建立信任中扮演关键角色的个人（Ring，1996）、通过直接或间接关系施加影响的企业（Gulati & Garguilo，1999；Gulati&Singh，1998；Jones et al.，1997），或个人（其身份来自其技术地位）来产生（Stuart，1988）。也就是说，网络嵌入性产生了及时的、相关的社会资本，这些社会资本是孕育、滋养与呵护新进入者创业成长的关键资源，例如，庄晋财等（2014）针对农民工创业，构建了一个“网络嵌入—创业资源—创业能力”的结构方程模型；李鹏飞（2019）建立“网络结构—创业者能力—创业绩效”的理论模型；葛宏翔（2019）指出社会资本对创业绩效的作用有赖于创业者的资源整合，而资源整合的核心是一种柔性的沟通协调力，因此，嵌入性视角可以很好地揭示创业的属性，也能够有效地解释契约和权威治理之外的社会治理现象。

（二）嵌入性视角的创业网络治理形式

企业间联盟存在交易风险，包括信息不对称、不确定性、交易复杂性和资产专用性（Kotabe&Hiroshi，2006；Reuer&Arino，2007；Subramani&Venkatraman，2003），要求企业间治理机制纳入复杂的合同和明确的保障措施，大量出色的工作已经研究了如何有效地管理防范风险的制度安排与治理方式，例如，Smith & Price（1973）在《nature》发表的成果中也指出“限制战争”策略既符合种群利益也更有利于个体发展。鉴于在网络间的合作关系中并非零和博弈，合同在实现价值创造和占有之间的平衡效力很低，伙伴关系网络最好能找到共同点，例如文化、功能和组织上的相似性，制定有效的协调机制，以确定如何开展联合活动（Mariani，2016）。Powell（1990）指出网络嵌入性在价格机制之外的一个重要不同是依靠社会控制来创造激励参与方参与自我监督和避免欺骗或逃避的行为。Lin et.al（2012）认为在各种协调机制组合中，考虑如何将网络嵌入性运用于企业间联盟是很重要的，商业生态是以相互作用的组织和个体为基础的经济群落（Moore，1993），既要保持合作伙伴之间的一致性，又要管理合作伙伴之间的沟通和冲突。创业者新进入一个特定社会网络或商业体系，在很多市场交易行为（如商业竞标、大宗交易合同）以及公共行为（如加入协会、主持活动）方面不具备竞争力，要想避免零和博弈便需要在多方主体的错综复杂关系中寻求平衡，因此，对于创业网络的治理选择要灵巧而有弹性。

人们通常基于社会治理视角来理解网络治理方式，网络治理的运行方式既包括正式契约，一般以是否存在股权来区分合同协议的正式化（Lin et.al，

2012）；也包括非正式的社会控制和协调机制，如声誉、信任等（耿超，2012）。Lin et.al（2012）总结了网络治理中网络嵌入性产生的社会控制作用，认为网络嵌入与正式治理机制具有替代性、互补性和调节性等不同观点。韩炜、杨俊、张玉利（2014）从创业情境出发，提出创业网络“混合治理机制”具有高度不确定性和资源不对等关系的独特性，即契约与信任相互依存、互为补充，建构治理成本最优化的“混合治理机制”。李浩（2016）认为孵化网络负效应的治理包括契约治理和关系治理，契约治理包括制定规则、合规和违规制裁，关系治理包括社会规范、信任和声誉、网络惯例和联合制裁。我们结合调研案例做法，参考 Peng（2003）提出新创企业沿人格化与非人格化关系链的治理思路，对应于正式治理和非正式治理两种类型，将具体形式列举如下：

表 9-1　创业网络治理形式

网络治理形式	内容描述	举例
正式形式（场合）	各类民间组织及非营利机构等结构化程度较高的社会治理形式	商会，产业协会，技术联盟，社团，公益慈善组织
非正式形式（场合）	各种松散型的情感关系网络与非结构化的社交活动	老乡联谊会，恳亲大会，同学会，亲友圈

正式网络治理形式有较为正规的制度、定期的会议、较为完整的组织结构和相对固定的成员等特征，可以为组织成员提供合法性支持、社会约束以及关系协调等治理活动，例如，绿色环保联盟可以用社会责任感来代替或补充正式法律的约束，倡导企业自觉采用绿色生产；海峡两岸茶业交流协会定期筹办福鼎白茶开茶节推广本地茶品牌、为企业牵线搭桥。海归创业方面，作为著名侨乡的温州，针对华侨侨胞、留学生等团体组织就有二十多个，既有政府背景的温州侨联、留学服务中心，也有各国留学生社团以及留学生创业园、留学生创业协会等。非正式网络治理形式主要强调人格化交易与社交活动，某些社会关系使信息变得可信和可解释，使信息具有超越其表面的品质和价值（Uzzi，1996）。比如，温州地方很多企业在创业之初就是族群内相互支持，会有一系列族群内的行为约束机制；创业者在同学会中会得到很大的信任支持。

（三）海归创业网络竞合张力的社会治理框架

竞合关系是企业间基本关系，其竞争与合作的相对强度导致竞合张力变化，从治理角度来认识竞合张力平衡，就是要从外部更广阔的关系角度来平衡竞争与合作，即：竞合关系的网络治理机制。前面章节论述过，创业过程本质上是创业者新进入一个社会商业网络，获取、整合、利用资源的一系列行为和活动，因其具有天然弱势，需要投入很多精力和资源去平衡各种错综复杂关系，维系竞争与合作的平衡为创业成长创造良好条件，张怀英（2018）也指出创业企业面对瞬息万变的市场态势，需要将竞合战略作为一种权变战略来掌控竞合关系，也反映了企业自身的能力，例如，当嵌入冗余时，技术等价问题也需要考虑，因为它可能限制企业改变关系的能力和动机（Maurer & Ebers，2006）。因此，从嵌入性和竞争力的角度来看，网络治理与竞合关系是密切联系在一起的（如下图 9–1 所示）。

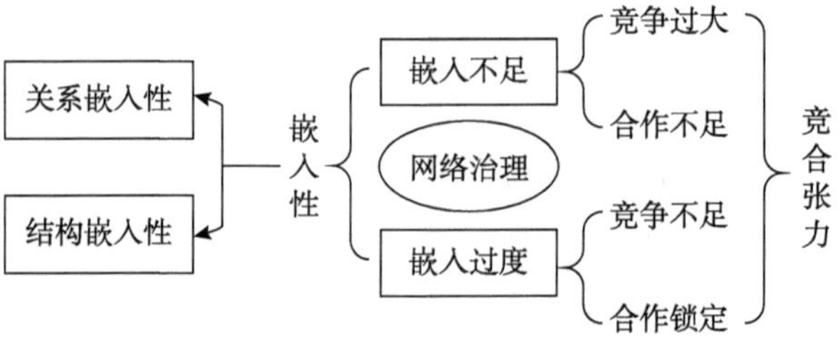

图 9–1　嵌入性竞合关系的网络治理框架

（四）创业网络治理的目标：竞合张力

Tidström（2014）总结了前人对商业关系中竞合张力的研究（如下表 3–3），并指出企业相似性、个人关系、信任、承诺和制度因素等潜在问题可能会影响张力的管理，但是如何在多元主体纵横交错的盘丝洞内实现这种平衡，却没有提出具体的应对策略。基于上述框架，我们提出了“嵌入性—网络治理—竞合张力”的治理机制。不同嵌入性导致企业间竞合关系不同，因此需要在具体情境下选择相应的治理模式。首先，分析嵌入性对网络治理的影响机理，即关系嵌入性所具有的亲情、人缘等因素和结构嵌入所导致的企业占位、结构等因素，都会影响创业所需的资源、信任和社会资本；网络治理需要充分考虑这些影响因素，选择不同治理手段，去维持企业间竞合张力的平衡，避免过度嵌入的锁定和嵌入不足的边缘化。其次，前面嵌入性失衡分析了嵌入不足与嵌入过度带来的负面影响，既不能竞争强化，也不能合作过度，创业网络治理的重点就是不同嵌入性下维持平衡的合适的竞争张力，例如，从关系嵌入性方面，强化信任与合作关系是一致的；从结构嵌入方面，创新是维持竞争优势的关键；关系和认知资本对知识转移非常重要，因为他们创造了闭合（van Wijk et al，2008）。

首先，结合案例中企业的结构与关系，可以探索不同治理手段达到的效果。例如，第 8 章中的创业者 A 孤身离开家乡到福鼎圆白茶事业梦，在遇到同行业竞争过度的情况下，需要通过茶叶协会、青年商会等组织广泛融入当地茶企业，既推销自己做茶理念又获得同行支持认可；而如果其只通过私人交际圈去推销自己的项目，传播影响范围太小，难以在本地主流茶商中获得认可。对于高技术型的创业，这种正式化的网络治理更具有优势，这种优势一方面是技术创新本身产生的，因为技术创业的优势是在对原有技术的替代与互补中实现的，正式的合法性支持会推动商业化进程，而结构嵌入所提供的自我保护机制也可以成为取代正式治理机制的社会控制，比如依靠核心专利控制上下游关联企业；另一方面是创业者本身特点导致的，存在一个选择性偏差，即这类创业者受理工科逻辑的思维训练，一般都长期沉浸在某一个科研领域，对社交、管理、营销、市场开拓等方面缺乏感性认知与商业逻辑，他们更需要借助协会、商会这种中间人过渡搭桥走向商业市场。

其次，正式化网络治理与非正式化网络治理并不是截然分开的，而是相辅相成的。从结构嵌入与关系嵌入、技术创业与商业模式创业等交叉重叠来看，也不存在单一的有效治理模式，例如，彭伟（2017）实证发现技术导向与市场导向的联合均衡对海归创业者本土网络与海外网络嵌入的联合均衡具有显著的正向影响，嵌入性的结构与关系共同影响竞争与合作的失衡状态，Uzzi（1996，p682）调研访谈就曾说明这点："友谊伴随着生意……，你需要利润来生存。那么是什么让你变得重要呢？你不能仅仅依靠友谊。低端市场有太多的承包商，他们的生产规模太大。如果你是最后一个人（承包商或制造商最不依赖的人），当业务放缓时，你会首先被踢出去"，过多的重复联系也会导致过度嵌入，基于技术纽带的位置嵌入所产生的社会控制也支持正式治理机制的使用（Lin et al，2012）。Mariani（2016）的案例研究也发现，对联合活动的所有权 / 管理和控制而言，非正式协调机制（如社会关系和信任、角色）和更正式的协调机制（如计划和规则）都可以有效地管理竞合互动，来缓解与竞合的紧张关系，建立共识。因此，创业网络治理的目标是考虑多维度创业因素的条件下，实现并维持组织成长的合适竞合张力水平（如下图

9-2 所示）。

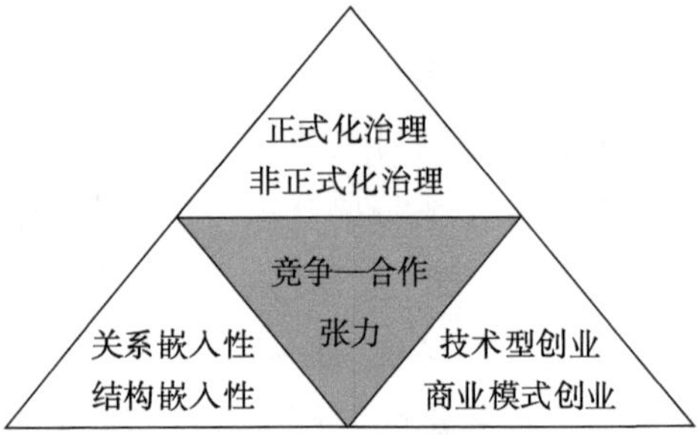

图 9-2　创业网络治理的目标

二、创业网络治理的应用

我们对调研的两家温州海归创业案例进行比较分析，研究不同创业网络治理的共性与差异性，这两家创业案例分别属于高技术型和传统商业型，具有很高的代表性和典型特征。其中，创业案例 A 是由牛津大学计算机博士于 2014 年回到家乡进行的大数据与人工智能创业，因其较高的专业性与社会地位，在传统民营企业为主的温州引起很大轰动效应，政府也专门拨付 2000 万资金支持其创业；创业案例 B 是由法国留学商科硕士 2015 年回到家乡进行的文化传媒创业，当时也响应了温州文明城市建设号召，受到政府的鼓励支持，具体的案例描述如下表 9-2 所示。

表 9-2　创业案例描述

嵌入性特征	案例 A	案例 B
关系嵌入性	牛津留学博士回到家乡创业	法国留学硕士回到家乡创业
	周围社会关系支持较大	周围社会关系支持中等
结构嵌入性	从事大数据创业，同类企业较少，	从事文化创业，同类企业较多，
	与本土企业互补性较强，与本地产业关联度大	与本土同类企业竞争较大，与本地产业关联度低
制度嵌入性	政府支持力度大，享受人才补贴与创业资金，项目扶持	政府支持力度大，享受政策与少量补贴扶持
发展问题	市场开拓难度大，利润高	市场开拓难度低，盈利空间小

（一）创业网络治理的案例比较

案例A属于高科技创业，这类创业成功严重依赖人们对新技术的理解和实践，对温州当地众多传统制造企业有广阔的应用空间。但在创业初期，人们普遍认识不到其技术核心价值，这类大数据技术一般需要规模积累与沉淀，因此，创业者虽然获得了很强的政府支持，但在市场开拓中仍面临非常大压力。创业者利用其社会影响力广泛参与各类产业协会与推介活动，但只承接了少量研发项目，而且因为对需求理解不深刻，绩效并不是很理想；后来，创业者还是依靠政府背景与技术实力承接了浙江省商务厅的电商大数据业务，运营状况才得到改善。但在后续市场推广的初期，其也面临着与阿里大数据以及杭州等外地的数据公司进行竞争的压力，在这种情况下，创业者开始借助协会、同学会等帮助，与各种机构、公司建立合作关系，扩展宁波、杭州等外地市场。因此，其创业网络治理可以分为两个阶段：第一阶段并没有面临竞争压力，主要任务是技术落地，由政府助推、协会机构协助、个人声誉与亲朋交际为主，比如，积极与高校、政府及本地企业合作，依靠关系嵌入推动了新技术在本地的商业化落地；第二阶段随着技术落地，外部竞争者增多，企业竞争压力加大，网络治理主要是依靠技术合作单位组成的联盟、协会等正式网络治理方式，一边来协调平衡与外部竞争者关系，另一方面主动开拓宁波、金华等外地市场，降低竞争压力。

案例B属于传统文化媒体创业，其创业成功的关键在于人们接受其商业模式创新并实现可持续发展。自2017年在温州第一家门店开业以来，到2020年暑期，创业团队已在上海、南京、福州等地开出15家门店，成为全国知名跨界书城和网红书店。创业之初，他们就用科技与商业模式的融合创新，精准定位用户群，打造喧嚣城市中的“有料生活感”，凸显自己特色品牌。他们的盈利点不仅在于卖书，更多地体现在书店空间、用户、产品、策划四个方面：在内部经营上，构建其零售、快闪、展会和广告等主营业务，例如，零售除常规的书、饮品、文创产品外，还有其他一些临时产品，无料书铺和华纳联动，售卖电影《白蛇缘起》首映式的票。在外部运营上，通过直营、联营、多业态、一店一设计等模式向外扩展市场，采用联合店的模式，公司只需负责运营，减轻了开书店的资金压力；与生活感很强的苏宁极物合作，借助其品牌优势，也树立了自家书店在市场上的品牌形象；使书店与其相关的多种业态进行重组后，让书店更有趣、生活感很足，例如，除有社群数据文化商业平台、智能机器人引导外，打造涵盖城市文化创意、生活美学的多元文化空间。因此，其创业网络治理也从两个阶段来理解：第一阶段主要是在激烈市场竞争条件下，创业新理念被社会接受认可，主要是通过个人亲朋关系圈进行关系与结构嵌入，推进商业模式落地；第二阶段是通过协会、团委及青年社团、企业联合等开拓市场，亲朋好友与股东出资加贷款的模式提供资金支持，实现个性差异化发展，并通过关系嵌入进入上海、福州、成都等大城市。

对于创业案例 A，其依靠技术优势可以通过结构嵌入更容易地开拓市场，对于来自外部竞争者的竞争压力，则需要通过关系嵌入抱团抵御。而创业案例 B，其依靠的商业模式创新需要借助关系嵌入开拓外地市场，在实际经营过程中则通过差异化优势实现结构嵌入，因此，其竞争压力既有外部竞争者也有内部合作者。两家创业案例基于嵌入性的创业网络治理模式与竞合张力变化如下图 9-3 所示，可以看出创业案例 A 在初期通过关系嵌入市场时没有

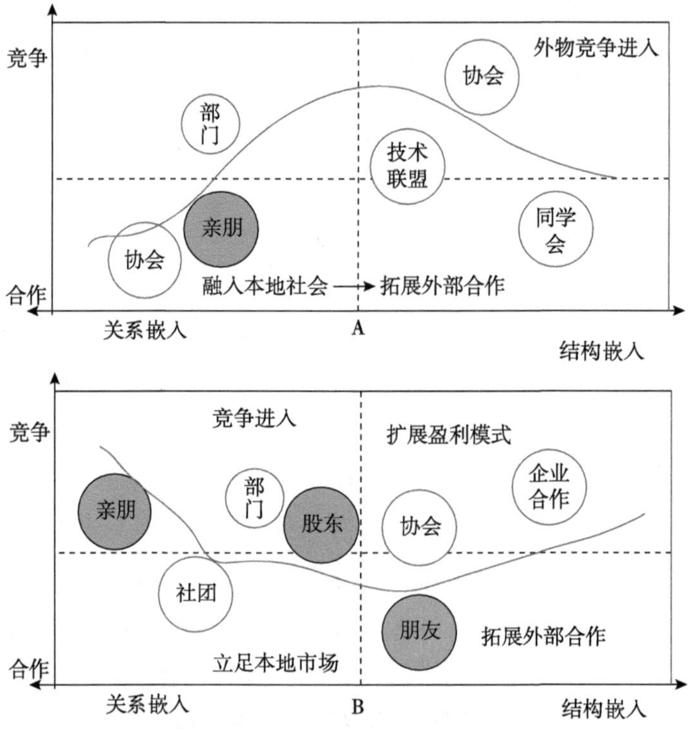

图 9-3　创业网络治理模式与竞合张力变化

竞争压力，主要是通过非正式与正式网络治理方式促进本地化与商业化，随着市场竞争加剧，其主要通过正式化网络治理方式化解外部竞争压力。案例B在创业之初就面临激烈竞争，主要通过亲朋好友以及政府部门支持实现自己的商业模式，降低关系嵌入带来的竞争压力；随着规模扩大与商业成功，依靠内部股东、朋友等提供资金支持，借助朋友与企业合作开拓外部市场，其结构嵌入的差异化也减少了竞争压力。

（二）创业网络治理的案例启示

从上述两个案例还可以得到网络治理的一些共性启示，反映不同行业中、不同嵌入性模式下的网络治理特点。由于网络合作互动的演变轨迹不能被高度正式化的协议所约束，因此很可能需要确定协调实体（例如指导委员会和技术委员会）和机制（例如，社会关系、信任、角色，计划和规则）来促进关系的可持续性发展（Mariani，2016）。此外，借助过去合作经验积累起来的信任，可能会推动双方达到更高水平的协调，进而提高双方关系的可持续性。

从嵌入性视角来说，结构嵌入性创业的区位因素很关键，一项新技术在本地产业网络中的价值主要体现在互补性上，而这需要创业者积极参与本地技术交流、以正式网络治理方式为主推广商业应用，辅之以自身影响力、亲朋好友等非正式治理方式推进合作；而关系嵌入性创业的社会资本因素非常关键，一种新商业模式与逻辑要先被社会认可才能落地实施，这就需要创业者积极借助私人交际圈、同学朋友等推广其理念并支持，比如，加入股东、筹借资金等，到后续发展则要凸显出自己的商业特色，此时最好以商会、政府机构、联盟等正式网络治理方式扩大市场影响力。

从行业特点来看，高技术类创业中，信息不对称与价值分配不均是导致竞合关系形成的主要原因，比如，最初人们看不到、看不懂这些技术价值，后来人们又会觉得企业要价太高，合作者也觉得自己利润分配偏少，因此，网络治理方式应该以公开透明以及正式渠道为主，通过正式网络治理方式，如协会、技术同盟等为新技术赢得声誉与合法性，才能有效扩展市场空间，而且这类正式网络治理方式（多为专业性协会）可以帮助企业专注技术创新，在其核心流程上部署最新技术，并集中精力深化其核心竞争力；传统行业类创业中，权力与利益不对称是竞合关系形成的主要原因，网络治理方式可以采用亲朋好友、私人聚会甚至捐客等协调各方利益，通过正式治理方式来提高社会影响力与地位。

三、海归创业网络治理的动态仿真研究

创业网络治理涉及商业生态体系的多主体、多组态的多重动态复杂关系，为了更细致深入分析创业网络治理对竞合关系的影响，我们采用系统动力学仿真方法，依据前面统计分析结果与案例研究结论，抽象并构建一个结构模型，探究嵌入性、网络治理模式以及竞合张力相互之间的内在联系，通过定义系统变量、结构与交互规则，可内生性揭示与规则相对应的结构 - 行为模式与变化规律性（Sterman，2000p.69）。

（一）系统动力学方法论

Harrison et.al（2007）指出：传统的理论开发方法在分析同时运行的多个相互依赖的过程方面的能力有限。即使很好地理解了单个过程，但分析它们相互依存的行为也会非常困难，因为所涉及的过程可能以复杂且无法预料的方式相互作用。此外，由于相互作用通常会产生带有反馈的非线性系统行为，因此使用常规线性模型进行实证分析的价值有限，尤其是（典型情况）在最受关注的区域中样本稀疏时。因此，在研究管理和组织行为的复杂性时，一种更系统化的理论发展和分析方法是非常有用的，他们认为仿真或计算建模在这方面具有独特的优势，计算机模拟现在被认为是进行科学研究的第三种方式（third way，Waldrop，1992）。系统动力学方法论主要是基于信息反馈和循环因果关系的视角来理解复杂社会系统的动态性，能帮助人们识别动态复杂性要素与反馈机制来改善我们的心智模型（Senge，1990；Sterman，2000），弥补传统因果分析方法的缺陷，目前被广泛应用于社会经济系统、生产管理行为以及行为心理学等各个方面，并被众多咨询公司、银行及政府机构实践应用。

系统动力学建模用来说明研究对象结构的主要方法是：因果循环图、存量和流量（Sterman，2000）。一个系统动力学模型可以在数学上用一组常微分方程①表示，其中 $x(t)$ 是 n 个状态变量（存量）的列向量，$u(t)$ 是 n 个外生变量或控制变量。

$$\frac{dx(t)}{dt}=\hat{x}(t)=f\left(x_n(t),u_n(t)\right) \tag{1}$$

对给定模型结构①的初始条件 x（0）的知识以及输入变量 u（t）的路径，模型的行为完全确定。正是在这个意义上，模型结构①构成了时间行为 x（t）的“理论”（Forrester，1961；Sterman，2000；Kampmann & Oliva，2008）。Otto（2008）的系统动力学不仅适用于发展理论，也适用于理解与策略设置相关的复杂行为，他总结了应用系统动力学方法的五个信念（belief）：（1）时间是构建概念框架去理解市场进入期间的交互和干预的一个重要元素；（2）虽然研究中使用的纵向过程模型会提供有限（线性）的时间视角（Abbot 1995），但是非线性方法（例如系统动力学）包含对自变量和因变量的多重测量并产生随时间变化的数据图；（3）与传统方法相比，非线性建模方法的预测更具定性化；（4）对参与者的行为及其效果的解释是更大的动态语境的一部分；（5）系统动力学模型长期以来一直与复杂系统的反直觉概念联系在一起，即复杂系统的行为通常与人们的预期不同。学者和企业家们都批评了在设计和使用传统商业模型时采用过于静态的视角，因为这种静态的观点阻碍了新生企业家尝试他们的商业模式（Cosenz & Noto，2018）。为此，我们采用动态仿真模型观察创业嵌入性与治理模式之间的多重反馈与交互关系，以下四个研究论文给了我们具体的仿真建模应用启示：（1）Larsen & Lomi（2002）集合了组织生态与演化理论的主要观点，构建了一个组织变革的二阶系统动力学模型，识别和阐明在组织理论描述中所隐含的动态要素，描述组织惯性与能力动态积累过程，该研究给了我们建模方式与思路方面的启示。（2）Dangelico et.al（2010）以美国西雅图航空航天园区为例，基于知识观视角，并考虑到制度、经济和社会问题等其他维度，用系统动力学模型构建并形式化描述了科技园区内知识、邻近性和企业集聚过程的复杂动态性。研究发现，随着认知和组织相似性的提高，行动者可以充分激发集聚效应在知识共享和创造方面发挥其优势，从而有利于区域的成长发展，该研究对我们的变量设置提供了启示。（3）Größler（2006）用教科书中的一个案例转化为 SD 模型，探索制造企业战略能力与资源之间的动态关系，阐明了系统动力学在战略动态管理主题上的应用；然后 Größler（2010）用大型跨国调研得来的实证数据库建立结构方程模型分析成本、质量、供给、灵活性的能力，并借助结构方程结果构建探索性系统动力学模型，用来表现这些积累能力的层级结构与战略能力的动态积累过程，该研究在变量关系与模型构建方面给了我们启示。（4）Cosenz & Noto（2018）用动态商业模拟方法设计和试验新创企业的商业战略，他们将传统的商业模式与系统动力学建模相结合得到一个策略设计工具，该工具可以克服商业模型用静态视图表征的一些限制。通过使用模拟，将价值创造过程中的不同关键要素映射到因果相互依赖的系统中，企业家可以试验并了解企业如何在绩效、创新和价值创造方面对战略和组织变革作出反应，该研究在创业管理方面给了我们启示。

（二）模型建构与描述

模型是一种以某种前提和假设作为基础的思维模式，用于揭示系统的内在关系和结构（Pichler，1967），是人们用适当规则进行抽象的现实写照物，除了模型本身以外，还有建立模型的过程都有助于更好理解复杂系统。仿真是基于一个精确表述变量之间关系的形式模型（formal model），该模型包括基于理论推理的变量值随时间变化的过程表述，识别对组织系统行为起关键作用的底层过程，并将它们形式化为数学方程或计算规则集，形式内容可以为确定的数学关系，例如方程式，或明确的规则集，例如“当 X 发生时，然后执行 Y”，或两者的组合（Harrison et.al，2007）。

根据模型建构的思路，Larsen & Lomi（2002）区分了一阶模型与二阶模型：一阶模型（first -order models）主要说明那些为了理论检验而开发的实证过程；二阶模型（second-order models）是在一种基础理论描述的貌似真实的重构（或集成）基础上，进行抽象表征，作为对理论构建过程的一种帮助，而不是一个特定组织情景的模型，也不是组织的实际问题，是一个“模型的模型”（model of a model）。

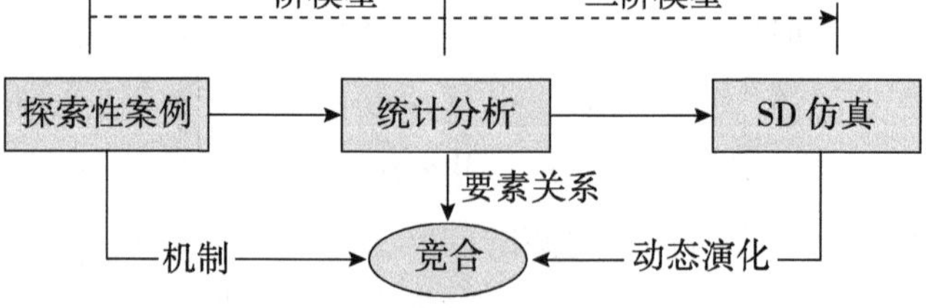

图 9-4　模型建构思路

在本文中，我们使用对案例抽象与统计模型结合构建起来的系统动力学模型，具体参考 Größler（2010）研究做法，将系统动力学与结构方程模型整合应用，用定量与定性分析方法将从大样本统计的结果与微观个体行为相结合转化成一个动态模型。Größler（2010）通过统计分析，发现战略能力之间关系的静态模型可以分两步转换为系统动力学模型：第一步，能力的层级结构用来构建一个能力结构的正式表征；第二步，能力之间关系用路径系数以及统计分析中所产生的其他数值进行参数赋值。参照他的研究做法，我们给出模型整体结构与初始设定条件下的模拟结果（如下图 9-5 所示）。

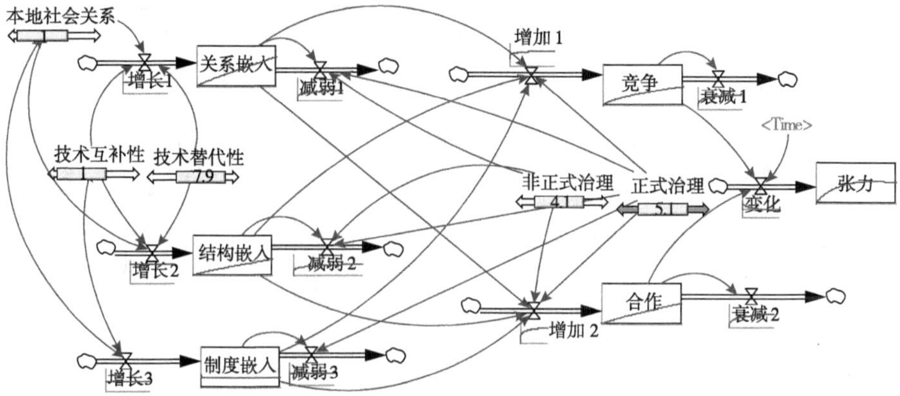

图 9-5　海归创业嵌入性与网络治理系统动力学模型

（三）模型主要变量关系

本模型中，主要自变量是本地社会资本、技术互补性、技术替代性、非正式网络治理、正式网络治理 5 个辅助自变量，其中，参考 Dangelico et.al（2010），创业嵌入性主要考虑本地社会关系、技术产品与本地产业企业关联度、本地政策制度环境的关系，而模型假定创业技术产品与本地产业技术存在互补性与替代性两种关系，当替代性较大说明与本地企业技术产品同质化较大；而制度嵌入主要是政府吸引互补性产业技术，同时，本地社会资本丰富也可以打造良好的政企关系。所有模型变量的单位是抽象化的指标点，即在［0 ~ 10］之间变化，其中 1 表示最低、10 表示最高。虽然这些绝对数值不能做出完全解释，但它可以具有较好鲁棒性（robustness），对比较彼此之间的相对变化，来研究它们随时间变化的行为趋势（图形）以及比较不同的方案结果（Größler 2010），尽管对软变量的设置存有争议，但是使用经验性数据、主观臆测数据以及定性量化数据来揭示一个系统的动态本质，也具有积极而重要的作用，例如，通过对初始模型的敏感性分析帮助识别并精确估计重要的参数和结构。动态假设可以帮助检查模型的内部一致性，也可以判断从经验研究得出的结论是否合乎逻辑，并从综合角度考虑彼此是否一致。主要变量关系如下表 9–3 所示。

表 9–3 模型主要变量与公式

变量		公式	解释
嵌入性	增长 1	SQRT（本地社会关系 + 技术替代性）/（1+ 技术互补性）	技术替代性高，依赖本地关系高，而技术互补性依赖关系少
	增长 2	SQRT（技术互补性 ^2+ 技术替代性 ^2+ 本地社会关系 ^2）/（1+ 本地社会关系）	本地社会关系高，对技术嵌入依赖降低
	增长 3	SQRT（技术互补性 ^2+ 本地社会关系 ^2）/（1+ 本地社会关系）	政府支持互补技术发展，促进政企关系，社会关系也弱化制度
	减弱 1	LN（1+ 关系嵌入）/SQRT（1+ 正式治理 + 非正式治理）	正式与非正式治理会减缓社会关系衰减
	减弱 2	LN（1+ 结构嵌入）*（1+ 正式治理）/（1+ 非正式治理）	正式治理促进技术共享传播，非正式治理维护小圈子技术优势
	减弱 3	LN（1+ 制度嵌入）*LN（1+ 正式治理）	正式治理可挤出或替代制度影响
竞合	增加 1	（0.27*LN（结构嵌入 +1）+0.13*LN（1+ 关系嵌入）+0.05*LN（1+ 制度嵌入））+SQRT（正式治理）	前面章节的结构方程系数，正式治理会增强社会影响力与地位
	增加 2	0.24*LN（关系嵌入 +1）+0.3*LN（结构嵌入 +1）*LN（非正式治理 + 正式治理）+0.14*LN（制度嵌入 +1）	前面章节的结构方程系数，正式与非正式都会增强合作
	变化	（竞争 – 合作）/（Time+1）	正值表示竞争，负值表示合作

（四）模型检验

模型是基于现实的抽象与理论概括，Forrester（1968）认为，模型的真实性与实用性不应以想象的完整性为背景，也不能证明任何模型是真实化的准确代表，而应通过与其他思维或描述性模型比较来识别，在识别模型时，不能在绝对的尺度上责备它们的不完整，而应在相对尺度上证实它们是否成功的阐明了我们对系统的认识和见解（陶在朴，2005）。Sterman（2000）从结构和行为两方面列出了 12 项检测模型的方法，包括边界确定、结构评价、量纲一致、极限情况、积分错误、敏感分析等。Otto（2008）补充了适应性与一致性检验方法，适用性测试确定模型是否适合它所解决的问题，而一致性测试则检查模型是否与它试图捕获的现实部分相一致。本模型参考这些做法进行了量化运行检验。

首先，进行了极端值测试检验，模型在极端情况下表现出鲁棒性，意味着不管输入值或施加模型极端政策，模型的表现都符合现实情况。第一种极端情况是，在本地社会资本与技术互补性、以及替代性都处于很低水平时（0.5），这时候嵌入性以关系嵌入为主、制度嵌入次之、结构嵌入最后（图 9-5A），这与实际情况一致，在创业者关系与技术都很低、不具备创业条件时，仍需要首先寻找社会关系支持、然后寻找制度漏洞或者寻租空间，而技术最难以突破。第二种极端情况是，在本地社会资本技术互补性、以及替代性都达到最大时，可以看到关系嵌入、结构嵌入与制度嵌入增长后维持在一个恒定水平（图 9-5B），而且在同等创业条件下，制度嵌入优势会更明显，这与实际情况一致。创业者各方面条件都有很强优势条件下，会优先考虑政府支持与制度红利。

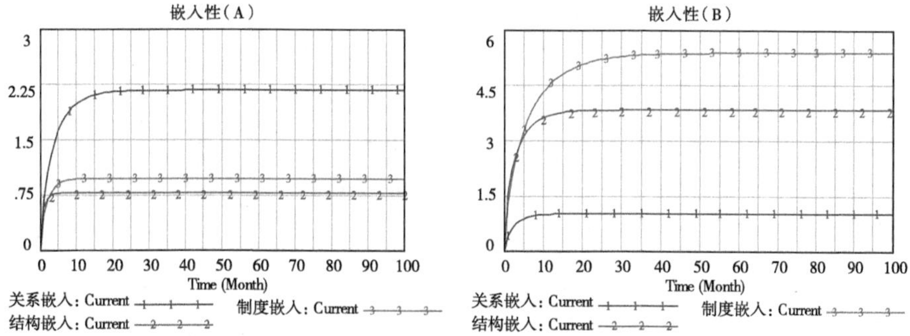

图 9-6　模型极端值测试

其次，对模型积分进行测试，通过将时间间隔减半并重新运行模拟，检验模型结果不应该对运算间隔或积分方式很敏感，避免产生一些欺骗性的动态变化，我们缩短间隔时间产生可复制的结果，同时我们改变了模型的输入方程，用 Stella v.9.1.3 版本的积分函数（DERIVN）替换 Vensim.PLE7.3.5 版本模型中的自然对数函数（LN）产生出一致结果，说明模型的内部效度是可以的。

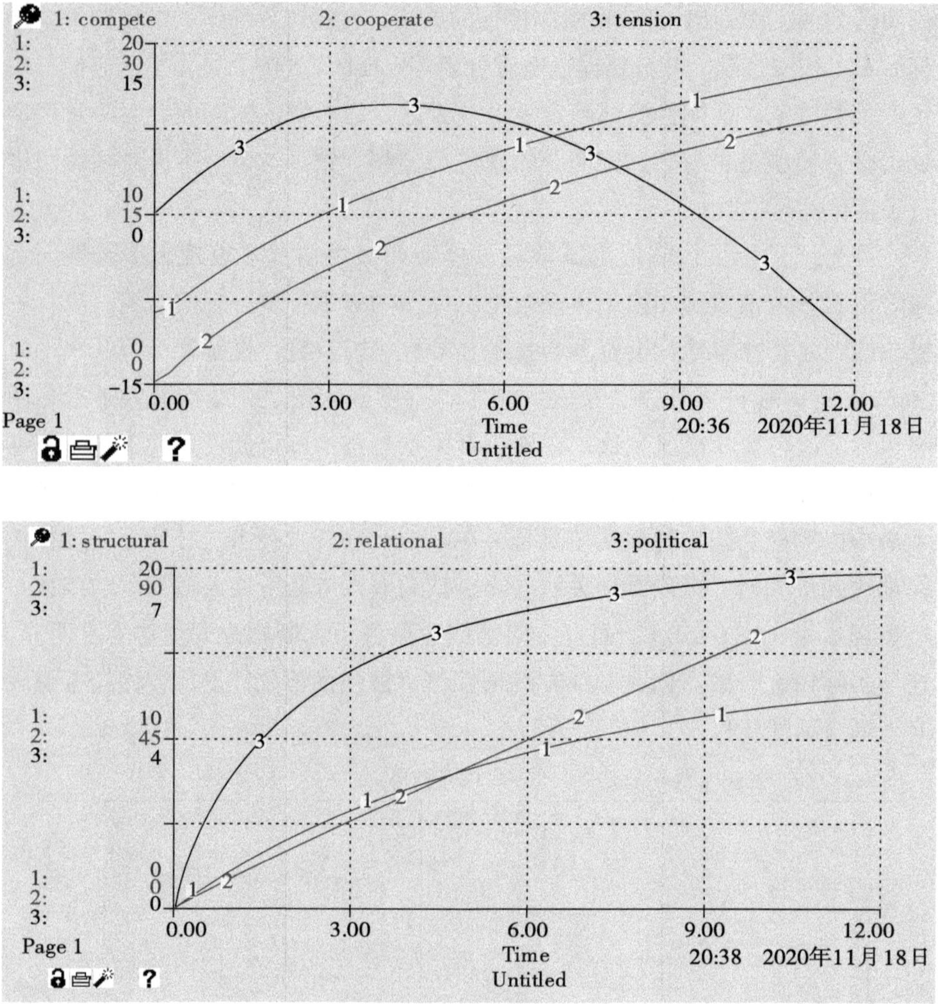

图 9-7　积分测试比较

最后，我们应用模型自带软件包进行了灵敏度分析检验，并改变了非正式与正式网络治理的数值，发现竞合张力变化明显，说明在合理的范围内变动时，网络治理能够有效影响竞争与合作关系。从极端条件测试和敏感性分析中，得到的结果也表现出一致性和鲁棒性：在更大范围内调整参数仍可产生类似的仿真结果。

如同 Larsen & Lomi（2002）做法，我们是在结构方程统计模型与现实案例的抽象基础上建立一个二阶模型（second-order models），这种模型是一种理论描述的模型（theoretical narrative），而不是一个历史所确定的模型（historically determined）。这类模型也面临着与那些逻辑重构模型类似的验证问题，突出强调了对基础理论描述的简化，二阶模型的质量与效度更多依靠模型所提出的问题类型以及他们所提升的探究质量，而不是依靠他们所提供的答案或它们追踪历史数据的能力，因此，传统的统计分析验证方法不直接适用于二阶模型。在这些条件下模型验证一般是在“逐段连接”基础上完成的，通过检查不同的符号表征与基本理论描述之间的正式的与实质的一致性。当一致性不能唯一确定时，就必须进行详细的模型局部检验或对符号表征进行非单调性演绎论证；当满足内部效度与一致性（理论描述与模型重构）等这些基本方面后，则要基于模型建立的目标去评价外部效度，因为建立这个系统动力学模型的目标并不是为解决一个具体的现实问题，或用精确数值来复制实际的经验行为，相反，我们是要建立一个概念性理论动态模型（Größler 2010）。从这个角度来看，提出这个模型不是从内容视角来识别目标间的因果等本质关系，而是分析嵌入性与网络治理方式的相互关系及其导致的竞合张力变化。

（五）仿真模拟结果

我们仿真运行了主要的四个场景（scenarios）介绍不同输入变量产生的系统动态性与反应，这四种场景与海归创业的实践相符合，最后竞合张力为正值时，表明以竞争为主；张力为负值时，则表明以合作为主。

（1）本地社会资本 =8，技术互补性 =1，技术替代性 =1，这表明该创业只有关系嵌入，纯粹依靠当地社会关系创业，其结构嵌入与制度嵌入处于一个较低水平（下图 9-9A 所示）。当其维持较低的正式治理和非正式治理水平（非正式 = 正式 =1）时，如图 9-8A 所示，表明以竞争为主，毕竟没有技术优势的创业不可避免会陷入竞争格局。而当增加非正式治理水平时（非正式 =6，正式 =1），竞合张力将趋于平衡，即伴随非正式治理增加将转向合作为主（如图 9-8B 所示）；反之，保持非正式治理水平不变，增加正式治理水平，则竞争压力将增加。

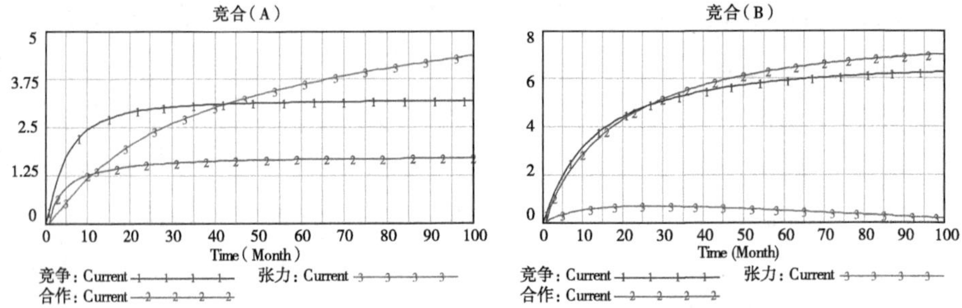

图 9-8　高社会资本、低技术互补性条件网络治理与竞合张力

（2）本地社会资本 =1，技术互补性 =8，技术替代性 =3，这表明该创业为技术创新型创业，依靠技术嵌入本地产业体系并形成互补关系，竞争者较少，这种产业会受到各地政府欢迎，被列入当地重点支持的产业规划，即使没有当地人脉资源支持，也可以采用制度嵌入与结构嵌入进行创业，如图 9-9B 所示。这也预示着创业者若期望得到制度红利，技术要迭代式地往前走，不能指望“一招吃遍天下”、一个技术吃到老，要保持自身技术对本土产业具有持久的互补性优势。

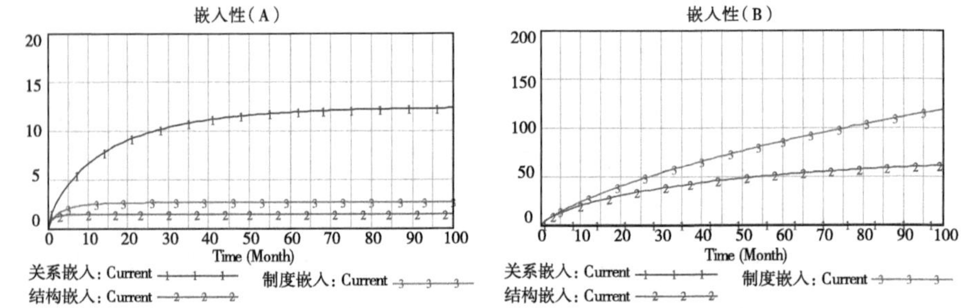

图 9-9　（A）（B）场景社会资本与技术特征的网络嵌入性比较

在这种创业情况下，如果创业网络治理处于较低水平时（非正式 = 正式 =1），其往往表现出咄咄逼人的态势，会面临较大竞争压力，竞合张力以竞争为主并持续增长。在这种情况下，如果创业者稍微扩展一下人际关系，就可以缓解很大竞争压力，如前面部分创业案例 A，当创业网络非正式治理 =2.5、正式 =1 时，其竞合张力就趋于平衡，而这时如果同时提高正式网络治理水平，则竞争强度会显著增强，因为其获得了行业内协会、企业等支持，逐步具备垄断优势，在这种条件下，必须让非正式网络治理水平高于正式网络治理水平才能重新到达新高度下的平衡，如图 9-10B 表示，达到非正式

=6.5，正式 =5 水平的新竞合平衡。。

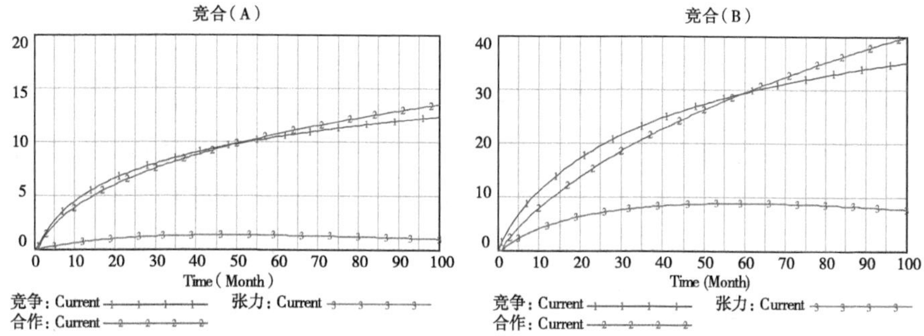

图 9–10 低社会资本、高技术互补性下网络治理与竞合张力

（3）本地社会资本 =8，技术互补性 =8，技术替代性 =4，这表明创业者具备本地社会资本优势与高技术优势，并且对本地产业的替代威胁较低，在社会资本与技术优势同等条件下，创业者仍优先考虑制度嵌入（图 9–11A），这与我们调研的案例实际情况一致，因为当前我国政府大力推进大众创业、万众创新，来自政府的支持与认可是优先考虑的支持。而在这种情况下，其面临着较大竞争压力，选择网络治理的策略与情景 2 一样，让非正式网络治理水平高于正式网络治理水平才能实现动态的新平衡。

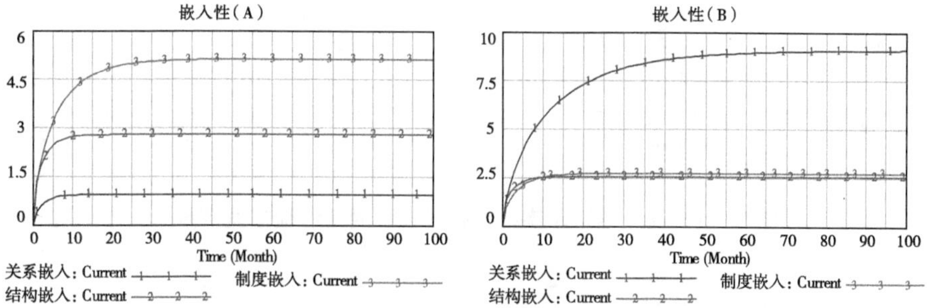

图 9–11 （A）（B）社会资本与技术特征的网络嵌入性比较

（4）本地社会资本 =8，技术互补性 =2，技术替代性 =8，这表明创业者仍是传统产业创新，对本地产品技术具有替代挤出效应，而互补性较低，这类产业多数不受政府眷顾，因此，其嵌入性仍依赖于关系嵌入，而结构嵌入与制度嵌入较低（图 9–11B）。这种条件下创业者会面临较大的竞争压力，周围替代品会虎视眈眈。在这种情况下，我们发现采用正式网络治理几乎没有效果（图 9–12A，非正式 =2，正式 =6），因为创业本身技术优势不明显，而行业中在位者都已经占据并分割了协会商会等主要席位和市场份额，很难通过这类方式缓解竞争压力，效果不明显，而非正式治理必须远远超过正式网络治理水平才能达到新（图 9–12B 是，非正式 =6，正式 =2）的竞合平衡，但如果非正式治理水平过高，正式治理水平过低就会陷入低端锁定（过度嵌入）状态（图 9–12C，非正式 =9，正式 =2），当本地社会资本较弱（本地社会资本 =2，非正式 =8，正式 =5）时，正式社会治理效果就体现出来了（如图 9–12D）。

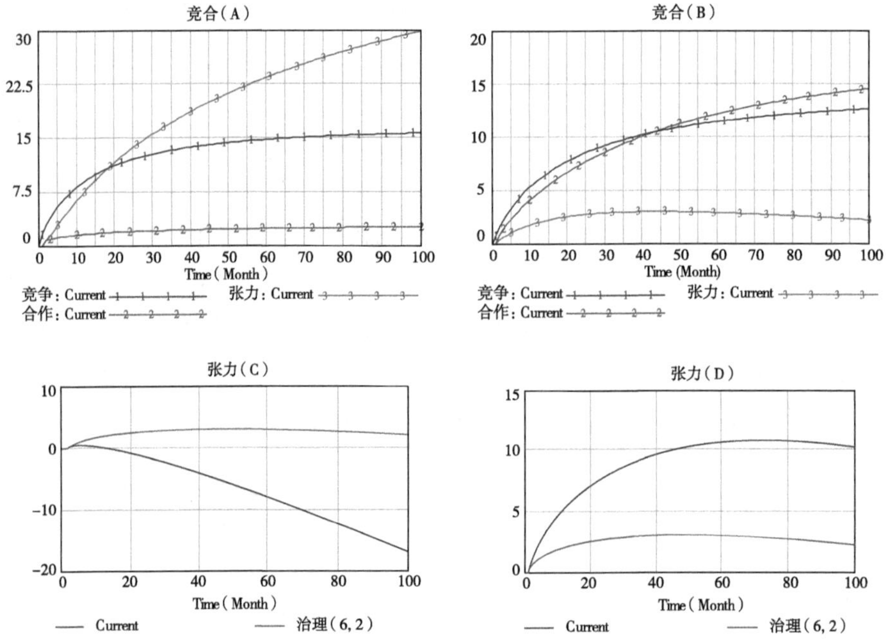

图 9–12　高社会资本高技术替代性下网络治理与竞合张力

（六）仿真结果总结

从上述不同场景模拟结果显示，海归创业的嵌入性对竞合关系具有直接影响，且这些网络嵌入性都受到创业者本身资源禀赋影响，比如，如果海归创业者所具备的技术对目标市场而言缺少创新性（即互补性），则很难获得当地部门的青睐与政策支持。同样，在技术优势明显或者社会资本与技术优势同等条件下，创业者仍优先考虑制度嵌入性（图 9–9B，9–11A），因为这样更容易获得土地、补贴、税收等方面的支持，而且创业者在初期更需要创业创新的政策支持与呵护。

从网络治理的角度来看，正式治理与非正式治理具有交互调和作用，如同车辆的前进后退挡杆，在不同情景下二者作用不同。当创业者没有技术、只有人脉关系（社会资本）时，此时社会关系嵌入会带来很大竞争力，即提高非正式治理水平能有效缓解竞争压力，说明亲朋好友以及私人关系能有效沟通协调各方关系，化干戈为玉帛，但这种情况往往需要较大的资源与精力去维持关系。当创业者拥有高新技术闪亮登场时，即使互补性较高也会在初期呈现竞争态势，这时候创业者如果稍微扩展一下人际关系，就可以极大的缓解竞争压力；一个有趣的发现是，这时如果提高正式网络治理水平，则竞争强度会显著增强，比如，高调参选协会领导、频频参展各类推介会、成立技术联盟等，因为其获得了行业层面的正式加持与信用背书，会逐步具备垄断优势。总之，在技术互补性明显条件下，非正式治理方式（体现平易近人）能有效缓解竞争压力、增进合作；而技术互补性低、即使技术替代性高或社会资本高，非正式网络治理方式效果也不明显，因为市场交易是公平的，推杯换盏不能为市场带来实际利益，企业仍需要用技术创造实际价值，我们可得出启示：非正式治理方式的效果是建立在技术互补的优势上的。

第十章　研究结论与未来展望

嵌入性是实施创业的第一步，也是创业管理决策中“战略中的战略”，一个好的创意需要选择合适的地方才能落地生根并茁壮成长。本书从海归创业的嵌入性特点入手，分析了创业嵌入性对竞合关系的影响机理，并系统阐述了网络治理对嵌入性与竞合张力的作用。本章主要对相关研究结论与启示进行概括，并指出研究的不足之处，同时为后续研究方向提出几点建议。

一、研究总结与讨论

（一）研究章节内容总结

本书根据研究框架设计，沿着嵌入性—竞合关系—网络治理的脉络体系，共包括十个章节的内容，各章内容总结如下：

第一章主要介绍了海归创业背景，并提出了海归创业嵌入性的问题，然后提出了海归创业“嵌入性—竞合关系—网络治理的“研究思路与框架，界定了相关概念”。

第二章根据研究主题思路，总结梳理了海归创业网络嵌入性、网络嵌入性与竞合关系、社会网络治理与竞合关系三大块的相关文献，提出了本研究主要理论基础与研究视角；并构建了本文嵌入性的三个维度，指出竞合关系和网络治理都是当前研究的前沿热点，二者的交集区更是存在丰富的研究空间有待探索。

第三章主要论述了海归创业的嵌入性、竞合关系与网络治理之间的逻辑关系，并通过网络分析、案例解析等方式，提出了网络治理对竞合张力的作用机理，这部分主要是从结构与关系两个维度考虑竞合张力，重点解释了竞合张力的可操作化概念，论证了平衡是一个动态过程而不是一个静止状态，而且平衡是一种相对值，而不是绝对值，是竞争与合作在不同程度的共存；最后提出了本文的实证研究框架。

第四章是海归创业嵌入性的案例研究，创业板和科创板随机选择了三家科技制造型企业作为本章研究对象，分析了创业者在初期和发展期两阶段的关系嵌入、结构嵌入性与制度嵌入特征，然后分析其竞合关系以及创业者平衡竞合关系的典型策略，本章得到的一些结论也为后面部分的统计实证假设提供了现实支撑。

第五章是统计实证框架与问卷设计，基于文献与案例分析，总共提出了22个假设；然后给出了关键变量的测量方法，并重点介绍了竞合张力的统计分析方法；最后基于现有文献中成熟量表与案例研究结论，设计了调查问卷。

第六章是实证研究部分，首先介绍问卷发放方式与描述统计分析，并进行因子分析、信度检验和内容效度、聚合效度、区分效度等检验以及处理共同方法偏差；然后，对研究假设应用结构方程和回归分析法进行检验，并用多个回归模型解构和检验竞合张力的构念与作用；最后检验了不同社会网络治理方式对嵌入性与竞合关系的调节效应。

第七章通过两个海归创业案例，观察关系嵌入性与结构嵌入性协同演化的特征，首先分析了关系嵌入性与结构嵌入性之间相互协同的演化关系，然后分析了竞合张力与新创企业的边界关系，创业者是通过竞合驱动的创新获取来自社会网络的相对优势。

第八章应用案例分析调查研究了海归创业嵌入不足与嵌入过度的两种嵌入失衡状态，并对案例中嵌入失衡状态与竞合关系进行对比：从关系嵌入角度来分析，创业者在创业初期的合作关系非常重要，嵌入不足可能会直接导致出现合作不足的情况，并带来多方面的压力；从结构嵌入角度来分析，由于结构嵌入不足会带来较大的进入竞争压力，而结构嵌入过度也会带来后续发展中的同质化竞争压力。

第九章提出了海归创业网络中竞合张力的社会治理框架，然后通过分析创业案例的网络治理做法来构建系统动力学仿真模型，研究海归创业网络治理结构 – 行为模式与变化规律性。

第十章总结了本研究的主要结论与启示，并指出研究不足与未来研究方向。

（二）研究主要结论

（1）海归创业嵌入性与竞合关系。案例研究表明，创业者在创业初期都会根据自身情况有目的的选择一种关键的嵌入性，如关系嵌入性或制度嵌入性，验证了梁萍平（2012）的结论。但进入发展期后，作为技术型创业者，结构嵌入性的作用相对更明显，决定了创业企业在产业中的地位，且企业核心技术越靠近上游，结构嵌入性越强，核心竞争力越大，而如果核心技术优势还不明显，则结构嵌入性会降低，需要通过关系嵌入性来弥补，但维护这种关系嵌入性往往需要较大的投入。大样本统计实证也表明嵌入性与竞合关系存在密切关联性，

关系嵌入性会增强合作与竞争激烈程度，但对合作强度影响明显大于其对竞争强度的影响，说明海归回到国内创业通过关系嵌入本地网络后，主要目的是寻求合作，通过亲情友情以及“以和为贵”的人格品质等融入社会关系来寻求合作支持，但关系嵌入性也会分割网络形成聚簇区分彼此而带来竞争。

结构嵌入性对合作强度和竞争强度的作用都比较显著，说明海归创业者通过技术、资源、产品嵌入进本地网络的这种结构嵌入性会产生很强的竞合张力，既带来相互之间的新技术合作、产业链融合等互补性，又对原有产业结构产生冲击，带来资源与市场的竞争（比如替代品）。

制度嵌入性对合作强度具有显著影响，而对竞争强度没有影响，产生这种情形的主要原因是与政府制度设计的出发点有关，因为大部分产业政策与制度规划都是出于鼓励新兴产业、新技术发展而设计的。

（2）竞合关系与创业绩效。从合作强度与竞争强度对绩效的影响来看，合作强度是影响创业绩效的主路径，而竞争强度对创业绩效的影响较弱，呈现出“合作为主、竞争为辅”的作用状态。通过进一步分析也表明，竞合相对强度与创业绩效之间呈现倒U型效应，首先①竞合总强度显著促进创业绩效；②二者差值（非平衡）对创业绩效有负向作用，这表示竞合不平衡会负面影响绩效；③竞合比值平方项也呈现负相关，说明差值过大或过小都不利于促进绩效，高强度海归创业网络竞合关系在高强度水平上平衡才有利于提高创业绩效，结果验证了Lado et.al（1997）、Park et al.（2014）的结论，即强竞合平衡（中、强竞争与强合作）是提高创新绩效最有效的组合方式。

（3）网络治理对嵌入性与竞合关系的调节作用。

非正式网络治理会正向调节关系嵌入性与合作强度之间的关系，也会显著负向调节结构嵌入与合作强度关系，非正式社会网络治理正向调节制度嵌入性与合作强度的关系，但不显著。

非正式网络治理正向调节关系嵌入与竞争强度作用，也正向调节结构嵌

入与竞争强度关系但都不显著，非正式社会网络协调机制会显著正向调节制度嵌入性对竞争强度的影响。

正式网络治理能负向调节关系嵌入性对合作强度影响，也能正向调节结构嵌入对合作强度影响，但效果都不显著，正式社会网络治理方式会正向调节制度嵌入性对合作强度的关系。

正式网络治理能正向调节关系嵌入性对竞争强度作用，但不显著；正式网络治理可正向调节结构嵌入性对竞争强度的作用，也能在弱显著水平上正向调节制度嵌入性对竞争强度的作用。

但这些调节作用都是基于单个路径的分析结果，可以为企业与政府决策提供某个方面的决策，例如，提高正式网络协调（协会商会）的效果，但当这些因素组合在一起就呈现出复杂系统的涌现特性，具有多重反馈非线性效应，因此，我们用系统动力学仿真模型观察这种多重反馈效应，发现一些有趣的结果。比如，当关系嵌入较高而技术竞争力不强时，要侧重非正式网络治理方式（私人社交）增进合作；当从事“新尖高”技术创业时非正式网络治理效果非常明显，而且正式网络治理方式（协会商会）会强化其技术竞争力。

（4）竞合作为一种机遇与创新的来源，通过内置的竞争与合作二元性为价值创造和获取提供了更加巨大的潜力，竞合张力的变化也推动着创业者持续创新。公司自身的成功在一定程度上取决于它如何有效地利用公司、机构和个人网络的互补能力、资源和知识，一方面，竞合张力反映了创业者在复杂多变的社会网络中占有与利用资源的情况，嵌入程度所产生的竞合张力与企业创新绩效直接相关，推动着新创企业的边界扩张与成长状态，从这个意义上说：创业者选择结构占位比专注于扩大市场销量更关键；另一方面，创业者嵌入网络中，面对的非对称竞合张力驱动着企业通过创新以获取在社会网络内的相对优势，即竞合张力的涨落推动着创业者持续创新。从熵增理论来理解，就是“对抗熵增、实现超越”，企业与其他参与者外力交互中创新，实现竞争与合作的有序状态从而获得最大收益，这个结论也与 Park et.al（2014）等学者研究发现一致，即“在合作力量和竞争力量之间表现出平衡的合作关系”会有助于企业从这些关系中创造和获取价值；从整体网络层次来看，系统的竞合张力是促进创新的内在动力；从个体层次来说，通过每个参与者的创新来推动竞合张力到达新高度的平衡。

（5）本研究中强调了网络嵌入性协同对竞合关系的影响，在创业发展历程中，关系嵌入与结构嵌入相互促进，但嵌入不均衡会导致竞合关系变化。从关系嵌入不足来看，由于创业者难以融入本地关系圈，当创业者项目与本地产业关联不多时，也就不会产生很强竞争关系，但当与本地产业关系密切时，社会关系的缺乏将放大创业产品的替代效应而弱化互补效应，造成竞争加剧；从结构嵌入不足来看，虽然不会带来很强竞争关系，也难以形成互补性优势。反之，当嵌入过度时，一般会导致竞争不足而合作过于紧密：关系嵌入过度会让强连结锁定创业者陷入本地错综复杂的关系网络，结构嵌入过度会挟裹创业者随着本地产业兴衰起伏，而且随着产品同质化增大最后导致竞争愈演愈烈。

二、研究的理论贡献与实践启示

（一）理论贡献

（1）将创业嵌入性、竞合二元性与网络治理整合在一个框架内，系统研究和揭示海归创业的内在机理。与一般创业相比，海归创业的动机形成与决策过程更具谋略性（胡洪浩，2014），嵌入网络是海归创业落地实施的第一步，也是创业战略决策的关键环节；因此同时考虑结构和关系嵌入性可以丰富我们对网络中组织行为及合作结果的理解（Capaldo，2014），比如当海归回国创业时，首先面对的便是“创在何处”的问题。本研究从关系嵌入、结构嵌入与制度嵌入三个维度揭示了海归创业的前置条件，然后从竞合关系（张力）入手，探讨创业者如何平衡各方关系、避免“身陷盘丝洞”的过度嵌入或曲高和寡的嵌入不足等问题，为海归创业者“本土化、接地气”创业实践提供了决策参考，也为创业研究提出了新的理论框架指导。

（2）丰富了嵌入性理论研究内容，并扩展了结构嵌入性的内涵。海归创业嵌入到本地网络中，最直接的表现是改变了社会网络与产业体系中的关系与结构，从而形成各种竞争与合作关系。但现有嵌入性研究多将嵌入性看作一个继嵌入网络后获得的资源结果，而我们强调的是嵌入这个过程的前置性，而非嵌入后的结果状态，即在进入网络门槛之前的自身所具备的可能条件，然后研究进入后对各种竞争与合作关系产生的影响，在本书中我们提出并重新论证用产业链结构位置来测度企业在网络结构中的位置，为后续研究提供一个结构嵌入的可操作化方法。

（3）扩展了竞合关系的研究视角，并提出了竞合张力涨落推动创业者持续创新的观点。从社会网络嵌入性揭示海归创业的竞合二元性（Ambidextrality），竞争与合作相统一的协同既是网络的内在优势，也是企业网络竞争战略发展的必然趋势（彭正银，2007）。Gnyawali et.al（2006）认为竞合网络具有连续和动态的张力（tension），能够有效地管理这种张力的组织将获取更大的网络价值。为此，本研究先提出了竞合强度与竞合张力的概念化测量方法，采用竞合相依、各有侧重的二维构念将竞争与合作分开测量，然后用二者差值的绝对值作为张力平衡的指标，差值越大表示越失衡，研究证明了竞合的合力（相加）能促进绩效，而且竞合的差值与绩效呈反向关系，并进一步证明了高强度水平上的竞合平衡有助于企业从这些关系中创造和获取价值。

（4）细化了网络治理的方式方法，探讨了不同网络治理方式的情景作用。竞合关系和网络治理都是当前研究的前沿热点（刘衡、李垣，2009；李维安等，2014），进一步对社会网络治理进行分类，从正式网络协调和非正式社会协调两种方式提供更为细致的社会治理策略。其中：正式社会关系治理方式主要有形式化机构，比如价格自律委员会、产学研合作等；非正式社会网络主要是个人自愿的私人交往关系，比如，同学会、族群等，研究证明了这两种协调治理方式在嵌入性与竞合关系之间的调节作用是不同的，并用仿真模型探索多元交互下多重反馈效应。

（二）政策启示与建议

（1）海归创业的嵌入性决策应该充分考虑嵌入后的竞合张力，并在创业发展中充分利用竞合张力进行持续创新，推动竞合张力到达平衡新高度，从社会网络中获得最大收益。同时，在创业过程中，创业者要根据不同嵌入性导致的竞合失衡，选择科学的网络治理模式去平衡与各方的竞合关系，实现多赢创新。其中有几点具体启示与建议可以更好地指导海归创业本土化落地回归，推动创新创业走向新高度：

第一，海归回国选择创业地点应综合考虑关系嵌入性、结构嵌入性与制度嵌入性。虽然调研发现海归创业者优先考虑制度嵌入性，但从核心竞争力角度看，建议优先考虑结构嵌入性以形成更稳定的相对优势和结构，特别是对于高科技型海归创业者来说，最好不要依据情感因素“择一城而居”，而要选择一个能产生产业链协同效应的地方进行创业，并通过经营良好的社会网络关系来放大自身技术的互补效应、弱化替代效应，与产业链上下游企业形成稳定的战略合作关系。具体来说，可以重点考虑创业技术产品在本地产业链中的位置与作用，全面评价创业技术产品对本地原有产业的互补性和替代性：当技术产品的互补性高，可以从本地充分享受政策扶持与制度红利，并减少与在位者的竞争压力；当技术互补性低而替代性较高时，则应综合考虑结构嵌入与关系嵌入，发挥关系嵌入促进结构嵌入的作用。

第二，海归创业过程中要注意嵌入性失衡问题。所谓嵌入性失衡既包括嵌入不足又包括嵌入过度，嵌入性不足会让创业者“孤悬网外”难以融入本地网络，带来商业化、不接地气、融资难等问题；而嵌入过度会让创业者深陷“盘丝洞”甚至被本地网络挟裹，带来创新不足、同质化竞争加剧等问题。在避免嵌入性失衡方面，有两种具体做法：一是发挥不同嵌入性相互促进的协同效应，比如，可用结构嵌入性拉动企业关系嵌入外地市场，也可用关系嵌入推动企业结构嵌入新产业体系；二是控制竞合张力维持嵌入性平衡，控制的关键在于选择合适的网络治理方式与手段，比如借助商会协会或个人亲朋关系等。

第三，选择有效的网络治理方式构建良好的竞合生态。作为创业者，很容易因为面临“新进入缺陷”（liability of newness）和错综复杂的社会关系而导致竞合关系失衡，这种失衡会导致张力过大进一步挫伤创业者的积极性与创新力，比如，竞争过大而合作不足会让很多海归创业者感到失落，而合作过多也让创业者无暇专注专业研发。在选择网络治理方式时，一个重要考量因素是创业者“来时的路”——创业嵌入性：当关系嵌入较高而技术竞争力不强时候，很显然要侧重非正式网络治理方式（私人社交）增进合作；当技术结构嵌入较高而关系网络薄弱时候，可以让非正式网络治理水平高于正式网络治理水平到达新高度下的平衡，而且技术优势越明显，非正式网络治理水平作用越明显；正式网络治理方式（协会商会）可以在技术稳定期用于增强竞争力。但维系非正式社会网络治理往往需要很高的社会成本与精力，因此，创业者要统筹考虑各方因素选择有效的治理方式。

（2）政府全面落实创新驱动发展战略，大力推进科技创新推动经济高质量发展，应充分认识并重视海归人才对经济发展的贡献，这也是加快实施人才强国战略，确立人才引领发展的战略地位的一个具体方面，将引进、鼓励海归人才回国创业的政策设计融入当前形势下的产业转型升级、建设现代化经济体系等发展战略，统筹考虑经济、制度、社会治理等各方面因素，打造一个健康有序的营商环境。留学人员经过在外多年历练成长和学习生活，在技术、市场等方面都具有独特优势，“留得住、留得好”才能为本土经济发展带来新活力和集聚效应。针对留学归国人才创业方面，有以下几点政策建议：

第一，在新工业革命背景下，基于科技创新的新动能是推动经济结构转型升级的内在动力。产业集群转型升级本质上是一次重新构建产业架构与价值网络的过程（金碚，2014），海归创业嵌入本地网络后，需要与许多不同类型的个体协调各种动态的、有机的复杂关系，如果他们的利基市场和任务重叠，个体之间的界面就会变得模糊并导致重复、不确定性和混乱。政府制度设计应该重点围绕创业生态的竞合关系，维持整个产业集群处于一个动态的张力平衡状态，由系统整体张力涨落推动个体创新，在具体操作层面，可着重于两点：一是中介机构建设，二是充分鼓励竞争。

第二，大力推动社会中介服务机构建设，完善社会结构化的协调机制。许多商业活动的知识含量正在上升，与隐性和未编码的知识打交道的“知识工作者”数量的增加意味着简单的、标准化的物理界面不再满足许多行业的交互和交换需求。相反，更复杂的知识必须在合作伙伴之间流动，灰色的责任边界以及在业务过程中产生的知识产权主张需要被有效管理（Williamson & Meyer，2012），而中介服务机构和协会商会等社会组织可以在专业上、职能上与政府协同互补，共同帮助海归创业者融入本地社会市场、促进知识分享与交流。

第三，建立开放与竞争有序的现代市场体系。当前产业制度层面设计存在“合作有余、竞争不足”的倾向，而新技术、新业态的创业需要在竞争中才显示出自己的优势，政府制度设计应该针对创业这类新进入者，考虑鼓励他们在竞争中体现自身价值，这种竞争不是鼓励其与大企业硬碰硬竞争，而是扶持型竞争，比如政府购买竞争、参与技术标准制定等方式，在扩大公共服务选择机会、提供财政补贴支持等提升竞争与经济效率方面，至少不影响竞争政策的有效实施为其基本准则。

三、研究不足与未来研究展望

虽然本书通过大量文献梳理与调查研究，并采用多种研究方法得出了一些有意义的结论和发现，但受到自身研究能力以及数据可获得性、研究工具等方面限制，还存在一些不足，有待未来研究中进行改进和完善；不过本研究得到的一些结论和发现仍可以在很多方面为其他研究者提供启示和思路，同时创业领域中许多重要的理论和实践问题也有待进一步深入探讨。

（一）研究不足

（1）在一些关键指标测量上还存在不足。对于嵌入性测量我们采用了指标转化措施，比如，用创业者及管理人的籍贯信息测量关系嵌入性，用产业关联度与技术水平测量结构嵌入性，用从政府获取的财政补贴与税收优惠等测量制度嵌入性，这些指标具有一定依据与合理性，但仍然不能涵盖嵌入性的全部属性特征。本研究指标测量的最大难点是竞合关系（张力），虽然参考了现有研究的一些测量做法，比如技术专利重合度、网络结构分析等，但因为在实际中数据可获得性难度大（如：对全网结构测量确定企业竞合关系），而且竞合关系是一个变化的过程，无法通过某个时点来确定竞合关系及其变化。因此，竞合强度最后采用的是主观评价竞争与合作强度二分法，这会隐匿掉竞合逻辑整体的一部分概念属性。

（2）在案例研究与统计分析的实证部分，本研究的样本选择与数据处理存在一定局限性。从样本代表性上来看，虽然对象是面向全国的创业者，但收集到并最终作为研究对象的仍集中在浙江、福建等省份，因此样本的代表性和典型意义方面还有待完善，未来可以分产业、分区域进行归类；而统计问卷的发放工作主要借助个人熟悉的渠道，集中在山东、浙江、福建等省份，也存在样本偏差。在数据采集处理上，案例研究结合了实际调研访谈与二手数据，但很多创业者处于初期阶段，难以获得全面完整数据；并且由于受条件限制，统计问卷主要是采用单轮次问卷收集的截面数据，从创业嵌入性发展阶段特征来看，采用二轮或多轮次问卷收集数据可以提高研究信度与效度，也可以得到更科学准确的结论。

（二）未来研究展望

（1）海归创业嵌入性可采用更多视角与方法进行深入研究。目前关于海归创业嵌入性研究主要是国内外双重嵌入、国外嵌入（移民嵌入）与国内回流嵌入三个方面，从研究视角上来说，主要是集中在文化认知、社会关系、产业技术等方面，但近年来海归创业正在经历日新月异的变化，例如，他们对资本的角逐日趋激烈，资本圈、投资社群嵌入性成为一个热点议题；新兴的“海创帮”依托国内知名企业的新技术、新模式进行海外创业的热潮改变了海外嵌入途径，线上社交网络的兴起从结构嵌入和关系嵌入的双视角带来新的“向导性”，未来可以倾向于关注这些新动向。从研究方法上看，当前这些研究主要是采用案例研究与统计分析两种方法，虽然案例研究可以分析观察不同阶段嵌入特征变化情况，但也存在量化不足、主观性因素过大等问题。虽然也有少量统计分析采用了二阶段时滞分析，但动态性仍明显不足，未来研究可采用定性与定量相结合的仿真模拟方法，从多元视角更系统化地考虑创业嵌入过程中的各种因素变量，分析创业嵌入过程中的动态演化规律性，深入探究不同主体、不同阶段网络嵌入性的协同交互和影响，比如，海归创业者的制度嵌入性与本土创业者结构嵌入性是如何相互影响的，海归创业者从初期阶段向发展阶段过渡期的创业嵌入性变化会产生什么样结果等等。

（2）创业网络竞合关系的研究。本研究认为嵌入性失衡是竞合关系变化的一个主要原因，并且受到网络治理方式的调节，但我们在研究中也发现，即使在嵌入性平衡条件下，随着市场环境变化，竞合张力也是处于持续涨落变化的状态，例如推出一款新产品或开发一种新商业模式都会改变原有竞争格局，而对这种网络结构变化的竞合测量、评价还没有一个完整的体系。虽然很多学者研究了竞合对企业创新绩效的作用效果，但创新改变竞合关系的研究还很少，特别是这种竞合与创新之间还存在持续迭代、互为因果、相互促进的关系，更有待未来进一步深入研究，包括渐进式创新、突破性创新对竞合关系影响以及竞合强度分布对不同创新类型的影响。

（3）关于网络治理对创业的影响，未来研究可以扩展到虚拟网络中在线治理方面的研究。本研究主要侧重关注人们现实中的网络行为与治理方式，比如，私人聚会、中间人调和等非正式网络治理方式以及同学会、协会商会等正式网络治理方式。但新一代互联网信息技术不断渗透到社会的方方面面，将人们生活万物互联并形成了超链接（Christakis & Fowler，2009），这类新技术构建起一个不同于传统社会网络的虚拟化社会场景并延伸到线下的真实世界中，比如很多游戏玩家在游戏中同甘共苦建立的友谊，可以让他们成为现实中真实的好朋友；APP 的交友社区也能反向将现实生活中具有相似爱好的人聚集在同一虚拟空间来强化已有社交网络的联系。这种大范围的隐匿性互动具有独特优势，各种信息交流可以超越地理、天气与时间等客观因素限制，在我们的社会视域之外快速传播，还可以打破人们的种族、文化、肤色等认知歧视，弱化原来的社会等级，让更多的“边缘人”参与到社会网络里，重建和创造出更多的新连接，而这种互动很难在现实世界里组织起来。我们发现，海归群体对网络社交也情有独钟，他们尤其喜欢尝试或应用新的软件工具进行社交互动或者办公，但是广泛的连结也意味着很多不确定性，现实生活中有人因为关系过度嵌入做出非理性承诺，那么建立在虚拟世界的线上网络关系，人们又应该如何去定义和把控它的嵌入程度呢？基于此，我们认为未来对海归创业者与社会网络的关系研究应该扩展到虚拟网络的方式：首先，分析线上与线下的两种社会网络对网络治理的方式与效果会带来什么差异，以及通过哪些路径和机理对海归创业者的创业产生影响，不同导向类型的创业在两种社会网络中又会表现出什么特征；其次，分析这两种社会网络互融发展所带来的交互作用，以及如何扬长避短地发挥出最大组合效应，为创业者构建一个竞合环境良好的创业沃土。

参考文献

[1] Adler, P. S., & Kwon, S.-W. Social capital: Prospects for a new concept [J]. Academy of Management Review, 2002.27 (1): 17 - 40.

[2] Andersson, U., Forsgren, M., Holm, U. The strategic impact of external networks: subsidiary performance and competence development in the multinational corporation [J]. Strategic Management Journal, 2002, 23 (11): 979-996.

[3] Antràs, P., Chor, D., Fally, T., et al. Measuring the Upstreamness of Production and Trade Flows. The American Economic Review, .2012.102 (3): 412-416.

[4] Arribas, I., Hernández, P., Vila, J. E. Guanxi, performance and innovation in entrepreneurial service projects [J]. Management Decision, 2013. 51 (1): 173-183.

[5] Autio E, Kenney M, Mustar P, et al. Entrepreneurial innovation: The importance of context. Research Policy, 2014.43 (7): 1097-1108.

[6] Bacon, E., Williams, M.D., Davies, G. Coopetition in innovation ecosystems: A comparative analysis of knowledge transfer configurations [J].Journal of Business Research, 2020 (115): 307-316

[7] Bagwell, S. From mixed embeddedness to transnational mixed embeddedness An exploration of Vietnamese businesses in London [J]. International journal of entrepreneurial behaviour & research, 2018.24 (1): 104-120.

[8] Bai, W., Holmstrom-Lind, C., Johanson, M. Leveraging Networks, Capabilities and Opportunities for International Success: A Study on Returnee Entrepreneurial Ventures [J]. Scandinavian Journal of Management, 2018, 34 (1): 51-62.

[9] Basole, R.C., Park, H., Barnett, B.C. Coopetition and convergence in the ICT ecosystem [J]. Telecommunications Policy.2015, 39 (7): 537-552.

[10] Bedford, D.S. Management control systems across different modes of innovation: Implications for firm performance [J]. Management Accounting Research, 2015 (28): 12-30.

[11] Bengtsson M., Kock S. Coopetition—Quo vadis ? Past accomplishments and future challenges [J].Industrial Marketing Management, 2014, 43 (2): 180-188.

[12] Bengtsson, M., Kock, S., Lundgren-Henriksson et.al. Coopetition research in theory and practice: Growing new theoretical, empirical, and methodological domains [J]. Industrial

Marketing Management，2016，57.

[13] Bennett，R.J.，Smith，C.，The influence of location and distance on the supply of business advice [J]. Environment and Planning A. 2002（34）：251–270.

[14] Bhagavatula，S.，Elfrin，T.，van Tilburg，A. et.al. How social and human capital influence opportunity recognition and resource mobilization in India' s handloom industry [J]. Journal of Business Venturing，2010. 2（3）：245–260.

[15] Borgatti，S.P.，Mehra，A.，Brass，D.J. et al. Network Analysis in the Social Sciences [J]. Science，2009，323（5916）：892–895.

[16] Bouncken R.B.，Fredrich V. Coopetition：Performance Implications and Management Antecedents [J]. International Journal of Innovation Management，2012，16（5）：1–28.

[17] Bouncken，R.B.，Kraus，S. Innovation in knowledge–intensive industries：The double-edged sword of coopetition [J]. Journal of Business Research.2013.66（10）：2060–2070.

[18] Bullinger，A.，Neyer，A.–K.，Rass，M. and Moeslein，K. Community–based Innovation Contests：Where Competition Meets Cooperation [J]. Creativity and Innovation Management.2010.19（3）：290–303.

[19] Burt，R.S. Toward a structural theory of action：network models of social structure，perception and action [J]. American Journal of Sociology，1982，63（3）：858–860.

[20] Busenitz，L.W.，Gomez，C.，Spencer，J.W. Country institutional profiles：unlocking entrepreneurial phenomena [J]. Academy of Management Journal，2000. 43（5）：994–1003.

[21] Byung–Jin（Robert）Park，Manish K. Srivastava，Devi R. Gnyawali. Walking the tight rope of coopetition：Impact of competition and cooperation intensities and balance on firm innovation performance [J]. Industrial Marketing Management，2014，43（2）.

[22] Cabras，I.，Bosworth，G. Embedded models of rural entrepreneurship：The case of pubs in Cumbria，North West of England [J]. Local Economy. 2014.29（6–7）：598–616.

[23] Capaldo，A.Network governance：A cross–level study of social mechanisms，knowledge benefits，and strategic outcomes in joint–design alliances [J]. Industrial Marketing Management. 2014.43（4）：685–703.

[24] Capaldo，A. Network governance：A cross–level study of social mechanisms，knowledge benefits，and strategic outcomes in joint–design alliances [J]. Industrial Marketing Management，2014，43（4）.

[25] Chell，E.，& Baines，S. Networking，entrepreneurship and microbusiness behaviour [J]. Entrepreneurship & Regional Development，2000（12）：195 - 215.

[26] Chen，M. J.，Miller，D. Competitive dynamics：themes，trends，and a prospective research platform [J]. Academy of Management Annals，2012.6（1）：1–76.

[27] Cheng，H.K.，Liu Y.，Tang Q. The impact of network externalities on the competition

between open source and proprietary software [J].Journal of Management Information Systems, 2011, 27 (4): 201–230.

[28] Chiambaretto P, Frederic L R, Mira B, Robert M. Better, faster, stronger, the impact of market oriented coopetition on product commercial performance [J]. Quantitative Methods, 2018.21 (1): 574–610.

[29] Chiambaretto, P., Dumez, H. Toward a Typology of coopetition: a multilevel approach [J]. International Studies of Management & Organization, 2016, 46 (2–3): 110–129.

[30] Chou, H.H., Zolkiewski, J. Coopetition and value creation and appropriation: The role of interdependencies, tensions and harmony [J].Industrial Marketing Management, 2018.70 (5): 25–33.

[31] Christakis, N.A., Fowler, J.H. 大连接：社会网络是如何形成的以及对人类现实行为的影响（2009）[M]. 简学译. 北京：中国人民大学出版社，2012.

[32] Cosenz F, Noto G.A dynamic business modelling approach to design and experiment new business venture strategies [J]. Long Range Planning, 2018, 51 (1): 127–140.

[33] Cumming, D.Government policy towards entrepreneurial finance: Innovation investment funds [J].Journal of Business Venturing, 2007.22 (2): 193–235.

[34] Czakon, W., Klimas, P., Mariani, M.Behavioral antecedents of coopetition: A synthesis and measurement scale [J]. Long Range Planning, 2019.

[35] Czakon, W., Srivastava, M.K., Roy, F.L., et al. Coopetition strategies: Critical issues and research directions [J]. Long Range Planning.2020, 53 (1): 1–9.

[36] Czernek–Marszaek, K.Social embeddedness and its benefits for cooperation in a tourism destination [J]. Journal of Destination Marketing & Management, 2020.15.1–17.

[37] Czernek–Marszaek, K.The overembeddedness impact on tourism cooperation [J]. Annals of Tourism Research, 2020, 81.1–12.

[38] Dagnino, G.B.Coopetition Strategy: a new kind of interfirm dynamics for value creation, coopetition strategy [M]. London, Routledge.2009.

[39] Dahl, M.S., Sorenson, O.Home sweet home: entrepreneurs' location choices and the performance of their ventures [J]. Management. Science. 2012.58: 1059–1071.

[40] Daidj, N., Jung, J. Strategies in the Media Industry: Towards the development of co–opetition practices ? [J].Journal of Media Business Studies, 2011, 8 (4): 37–57.

[41] Dana, L.P., Granata, J., Lasch, F.et al. The evolution of co–opetition in the Waipara wine cluster of New Zealand [J]. Wine Economics and Policy.2013.2 (1): 42–49.

[42] Dangelico, R.M., Garavelli, A.C., Petruzzelli. A.M.A system dynamics model to analyze technology districts' evolution in a knowledge–based perspective [J]. Technovation, 2010, 30 (2): 142–153.

[43] Dequech, D.Cognitive and cultural embeddedness: Combining institutional economics and

economic sociology [J]. Journal of Economic Issues, 2003. 37（2）: 461 - 470.

[44] Dheera, R. J.S., Lenartowiczb, T. Career decisions of immigrants: Role of identity and social embeddedness [J]. Human Resource Management Review. 2018（28）: 144 - 163.

[45] Dorn, S., Schweiger, B., Albers, A.Levels, phases and themes of coopetition: A systematic literature review and research agenda [J]. 2016.34.（5）: 484–500.

[46] Dustmann, C., Kirchkamp, O. The optimal migration duration and activity choice after re–migration [J]. Journal of Development Economics, 2002. 67（2）: 351–372.

[47] Easton, G.Methodology and Industrial Networks [J].Business Marketing: An Interaction and Network Perspective, 1995: 411–492

[48] Edwards, J. The Study of Congruence in Organizational Behavior Research: Critique and a Proposed Alternative Organizational Behavior and Human Decision Processes, 1994. 58（1）: 51–100.

[49] Edwards, J.R.Regression analysis as an alternative to difference scores [J]. Journal of Management, 1994, 20（3）: 683–689.

[50] Elfring, T., Hulsink, W..Networking by entrepreneurs: Patterns of tie–formation in emerging organizations [J]. Organization Studies, 2007, 28（12）: 1849–1872.

[51] Farquharson M., Pruthi S.Returnee entrepreneurs: Bridging network gaps in China after absence dagger [J]. South Asian Journal of Management. 2015. 22（2）: 9–35.

[52] Felzensztein, C., Gimmon, E., Deans, K.R.Coopetition in regional clusters: Keep calm and expect unexpected changes [J].Industrial Marketing Management. 2018（69）: 116–124.

[53] Fernandez, A.S, Roy, F.L., Gnyawali, D.R.Sources and management of tension in co–opetition case evidence from telecommunications satellites manufacturing in Europe [J]. Industrial Marketing Management, 2014, 43（2）: 222–235.

[54] Fredström, A., Peltonen, J., Wincent, J.A country–level institutional perspective on entrepreneurship productivity: The effects of informal economy and regulation [J].Journal of Business Venturing.2020.（2）online: https: //doi.org/10.1016/j.jbusvent.2020.106002.

[55] Galkina, T, Lundgren–Henriksson, E.L.Coopetition as an entrepreneurial process: Interplay of causation and effectuation [J]. Industrial Marketing Management.2017, 67: 158–173.

[56] Garson, G. D.Partial Least Squares: regression and structural equation models [M]. NC: Statistical Associates Publishers. 2016.

[57] Gnyawali D, R., He, J.etc.Impact of Co–opetition on firm competitive behavior: an empirical examination [J].Journal of Management, 2006, 32（4）: 507–530.

[58] Gnyawali D.R., Park B.J.Co–opetition and technological innovation in Small and Medium–Sized Enterprises: A multilevel conceptual model [J].Journal of Small Business

Management, 2009, 47 (3): 308–330.

[59] Gnyawali, D.R., He, J., Madhavan, R.Impact of Co–opetition on Firm Competitive Behavior: An Empirical Examination. Journal of Management, 2006.32 (4): 507–530.

[60] Gnyawali, D.R., Madhavan, R.Cooperative networks and competitive dynamics: A structural embeddedness perspective [J]. Academy of Management Review. 2001.26 (3): 431–445.

[61] Grabner, G. (ed.). The Embedded Firm. On the Socioeconomics of Industrial Networks[M]. London: Routledge. 1993.

[62] Gilsing V A, Duysters G M . Understanding novelty creation in exploration networks—Structural and relational embeddedness jointly considered [J]. Technovation, 2008, 28 (10): 693–708.

[63] Granovetter, M.Economic action and social structure: The problem of embeddedness [J]. American Journal of Sociology, 1985, 91 (3): 481–510.

[64] Gruenhagen, J.H. Returnee entrepreneurs and the institutional environment: Case study insights from China [J]. International Journal of Emerging Markets, 2019. 14 (1): 207–230.

[65] Gubert F, Nordman C.Return migration and small enterprise development in the Maghreb [R]. European University Institute, Robert Schuman Centre for Advanced Studies . 2008. http: // www.eui.eu/RSCAS/Publications/.

[66] Gulati, R., et al.Strategic networks [J]. Strategic Management Journal, 2000.21 (3): 203 - 215.

[67] Gulati, R.Alliances and networks [J]. Strategic Management Journal, 1998, 19 (4), 293 - 317

[68] Hakansson H., Johansson J.A model of industrial networks. [C], Edited by Axelsson, B., Easton, G. Industrial Networks: A New View of Reality (1st Edition). London, Routledge, 1992.

[69] Halinen, A., Tӧrnroos, J. Å.Using case methods in the study of contemporary business networks [J]. Journal of Business Research, 2005. 58 (9): 1285–1297.

[70] Hamel, G.Competition for competence and inter–partner learning within international strategic alliances [J]. Strategic Management Journal, 1991. 12: 83–103 (Summer special issue).

[71] Hess, M. “Spatial” relationships ? Towards a reconceptualization of embeddedness [J]. Progress in Human Geography, 2004. 28 (2): 165–186.

[72] Hite, J. M.Evolutionary processes and paths of relationally embedded network ties in emerging entrepreneurial firms [J]. Entrepreneurship: Theory and Practice, 2005.30 (1): 113 - 144.

[73] Hite, J.M., Hesterly, W.S.The evolution of firm networks: From emergence to early growth

of the firm [J]. Strategic Management Journal.2001.22 (3): 275 - 286.

[74] Huang, S., Ye, G., Zhou, J.et al. Institutional contexts, institutional capability and accelerated internationalization of entrepreneurial firms from emerging economies [J]. Nankai Business Review International, 2010.

[75] Hung, S.C.The plurality of institutional embeddedness as a source of organizational attention differences [J]. Journal of Business Research, 2005, 58 (11): 1543–1551.

[76] Inkpen, A.C., Tsang, E. W. K.Social capital, networks, and knowledge transfer [J]. The Academy of Management Review, 2005. 30 (1): 146 - 165.

[77] Jack, S.L., Anderson, A.R.The effects of embeddedness on the entrepreneurial process [J]. Journal of Business Venturing, 2002. 17 (5): 467–487.

[78] Jack, S., Dodd, S.D., Anderson, A.R.Change and the development of entrepreneurial networks over time: a processual perspective [J]. Entrepreneurship & Regional Development, 2008.20 (2): 125–159.

[79] Jack, S.L., Anderson, A.R..The effects of embeddedness on the entrepreneurial process[J]. Journal of Business Venturing, 2002, 17 (5): 0–487.

[80] Jackson M.O. Social and Economic Networks (2008) [M]. 柳茂森译 . 北京：中国人民大学出版社，2011.

[81] Jarzabkowski, P., Spee, A. P. Strategy–as–practice: A review and future directions for the field [J]. International Journal of Management Reviews, 2009. 11 (1): 69–95.

[82] Johanna, D., Soren, K., Lundgren–Henriksson. Conceptualizing Coopetition Strategy as Practice: A Multilevel Interpretative Framework [J]. International Studies of Management & Organization, 2016, 46: 94–109.

[83] Johannisson, B.Paradigms and entrepreneurial networks - some methodological challenges [J]. Entrepreneurship & Regional Development, 1995.7 (3): 215–232.

[84] Jones, G., Wadhwani, R.D. eds. Entrepreneurship and Global Capitalism [M]. Northampton, MA: Edward Elgar Publishing. 2007.

[85] Jones, C., Hesterly, W.S., Borgatti, S.P. A general theory of network governance: exchange conditions and social mechanisms [J]. Academy of Management Review.1997 (22).4: 911–945.

[86] Kalantaridis, C., Bika, Z. Local embeddedness and rural entrepreneurship: case–study evidence from Cumbria, England [J]. Environment and Planning A, 2006 (38) 1561–1579.

[87] Kampmann C E, Oliva R . Structural dominance analysis and theory building in system dynamics [J]. Systems Research & Behavioral ence, 2010, 25 (4): 505–519.

[88] Kao T.W.D., Su H.C., Chen Y.S..The curvilinear relationships between structural embeddedness and productive efficiency: An exploratory study [J]. International Journal of

Production Economics, 2019, 212: 176–185.

[89] Kao, T.W., Su, H.C., Chen, Y.S.The curvilinear relationships between structural embeddedness and productive efficiency: An exploratory study [J].International Journal of Production Economics.2019 (212): 176–185.

[90] Kenney, M., Breznitz, D., Murphree, M.Coming back home after the sun rises: Returnee entrepreneurs and growth of high tech industries [J]. Research Policy.2013.42 (2): 391–407.

[91] Kim, K.H.Coopetition: Complexity of cooperation and competition in dyadic and triadic relationships [J]. organization dynamics.2020 (49): 1–6.

[92] Kloosterman, R., Van Der Leun, J., Rath, J.Mixed embeddedness: (in) formal economic activities and immigrant businesses in the Netherlands [J]. International Journal of Urban and Regional Research, 1999. 23 (2): 52–266.

[93] Klopf, P., Nell, P. C.How. "space" and "place" influence subsidiary host country political embeddedness [J]. International Business Review. 2018.27 (1): 186 - 197.

[94] Kolk, B., Veen–Dirks, P.M.G., Bogt, H.J.How combinations of control elements create tensions and how these can be managed: an embedded case study [J]. Management Accounting Research, 2020, 48.1–15.

[95] Lado, A.A., Boyd, N.G., Hanlon, S.C.Competition, cooperation and the search of economic rent: a syncretic model [J], Academy of Management Review, 1997.22 (1): 110–141.

[96] Larsen, K., Lomi, A.representing change: a system model of organizational inertia and capabilities as dynamic accumulation processes [J].Simulation Modelling Practice and Theory, 2002, 10: 271–296.

[97] Larsson, J.P., Wennberg, K., Wiklund, J.et al. Location choices of graduate entrepreneurs [J]. Research Policy.2017, 46 (8): 1490–1504.

[98] Laumann, E.O., Pappi, F.U.networks of collective action. a perspective on community influence systems. [M]. NY. Academic Press, INC.1976.

[99] Lechner, C., Dowling, M.Firm networks: external relationships as sources for the growth and competitiveness of entrepreneurial firms [J]. Entrepreneurship & Regional Development, .2003.15 (1): 1–26.

[100] Leyden, D.P., Link, A.N., Siegel, D.S.A theoretical analysis of the role of social networks in entrepreneurship [J]. Research Policy, 2014. 43 (7): 1157–1163.

[101] Li H., Zhang Y., Li Y. et al.Returnees versus locals: Who perform better in China' s technology entrepreneurship [J]. Strategic Entrepreneurship Journal, 2012.6 (3): 257–272.

[102] Li, H.Role of overseas ethnic and non–ethnic ties and firm activity in the home country

in the internationalization of returnee entrepreneurial firms [J].Journal of International Management. 2020, 26 (1): 1–15.

[103] Li, Y.R., Chen, Y.Opportunity, embeddedness, endogenous resources, and performance of technology ventures in Taiwan' s incubation centers [J]. Technovation, 2009.29 (1): 35–44.

[104] Li, Y. Q ., Wang, X.H., Huang L.et.al. How does entrepreneurs' social capital hinder new business development ? A relational embeddedness perspective [J]. Journal of Business Research.2013 (66): 2418 - 2424

[105] Lin, J.L., Fang, S.F., Fang, S.R. etc. Network embeddedness and technology transfer performance in R&D consortia in Taiwan [J].Technovation, 2009, 29 (11): 763–774.

[106] Lin, D., Zheng, W., Lu, J., et al. Forgotten or not ? Home country embeddedness and returnee entrepreneurship [J]. Journal of World Business, 2019, 54 (1): 1–13.

[107] Lin, H.C., Lin, P.C.The interplay between CEO–TMT exchange level and differentiation: Implications for firm competitive behaviors and performance [J]. Journal of Business Research, 2019, 95: 171–181.

[108] Liu, R. Cooperation, competition and coopetition in innovation communities [J]. Prometheus, 2013, 31 (2): 91–105.

[109] Lin, H.M., Huang, H.C., Lin, C.P. How to manage strategic alliances in OEM–based industrial clusters: Network embeddedness and formal governance mechanisms [J]. Industrial Marketing Management 2012 (41): 449 - 459.

[110] Manolova, T.S., Eunni, R.V., Gyoshev B.S. Institutional environments for entrepreneurship: Evidence from emerging economies in eastern Europe. Entrepreneurship Theory & Practice, 2008.32 (1): 203–218.

[111] Mariani, M.M.Coordination in inter–network co–opetitition: Evidence from the tourism sector [J]. Industrial Marketing Management.2016.53: 103–123.

[112] Murphy, B. Gregory, Jeff W. Trailer and Robert C. Hill, Measuring performance in entrepreneurship research [J], Journal of Business Research, 1996. 36 (1): 15–23.

[113] Narayanan, V.K., Fahey, L. The relevance of the institutional underpinnings of Porter' s five forces framework to emerging economies: an epistemological analysis [J].Journal of Management Studies, 2005.42 (1): 207–223.

[114] Nee, V., Ingram, P.Embeddedness and Beyond: Institutions, Exchange and Social Structure. in M.C. Crinton. V.Nee (eds.), The New Institutionalism in Sociology [M]. Stanford, California: Stanford University, 1998.

[115] North, D.C.Institutions, Institutional Change and Economic Performance [M]. Cambridge university press. 1990.

[116] Ojasalo J. Management of innovation networks: a case study of different approaches [J].

European Journal of Innovation Management.2008，11（1）：51–86.

［117］Oliver C . The institutional embeddedness of economic activity［J］. Advances in Strategic Management，1996（13）：163–186.

［118］David. W .Asset servicing at a second–tier financial centre：Framing embeddedness through mechanisms of the firm–territory nexus［J］. Geoforum，2017，80：1–12.

［119］Otto P . A system dynamics model as a decision aid in evaluating and communicating complex market entry strategies［J］. Journal of Business Research，2008，61（11）：1173–1181.

［120］Peng，G.，Wang，Y.，Kasuganti，R. Technological embeddedness and household computer adoption［J］. Information Technology & People，2011，24（4）：414–436.

［121］Peng，T.–J. A.，Bourne，M.The coexistence of competition and cooperation between networks：implications from two Taiwanese healthcare networks［J］. British Journal of Management，2009.20（3）：377–400.

［122］Peng，H.，Duysters，G.，Sadowski，B.The changing role of guanxi in influencing the development of entrepreneurial companies：a case study of the emergence of pharmaceutical companies in China［J］. International Entrepreneurship and Management Journal. 2016（12）：215 - 258.

［123］Peng，T.J.A.，Yen，M.H.，Bourne，M. How rival partners compete based on cooperation？［J］. Long Range Planning，2017.51（2）：351–383.

［124］Petter，R. R. H.，Resende，L. M.，Andrade J ú nior，et.al. Systematic review：An analysis model for measuring the coopetitive performance in horizontal cooperation networks mapping the critical success factors and their variables［J］. Annals of Regional Science，2014.53（1）：157 - 178.

［125］Pichler J H . Modellanalyse und Modellkritik：Darstellung und Versuch einer Beurteilung vom Standpunkte der ganzheitlichen Wirtschaftslehre［M］. Duncker & Humblot，1967.

［126］Pressey，A.D.，Vanharanta，M.Dark network tensions and illicit forbearance：Exploring paradox and instability in illegal cartels［J］. Industrial Marketing Management，2016（55）：35–49.

［127］Qin F. Not a lonely journey：social embeddedness and the return migration of highly skilled Chinese engineers from the United States［C］. Labor and Employment Relations Association Series Proceedings of the 63rd Annual Meeting. 2011.

［128］Qin，F.，Estrin，S.Does social influence span time and space？ Evidence from Indian returnee entrepreneurs［J］. Strategic Entrepreneurship Journal，2015.9（3）：226 - 242.

［129］Qin，F.，Wright，M.，Gao，J. Are "sea turtles" slower？ Returnee entrepreneurs，venture resources and speed of entrepreneurial entry［J］. Journal of Business Venturing.2017（32）：694 - 706.

[130] Rank, O. N. The effect of structural embeddedness on start-up survival: A case study in the German biotech industry [J]. Journal of Small Business and Entrepreneurship, 2014. 27 (3): 275 - 299.

[131] Rath J., Kloosterman R. The economic context, embeddedness and immigrant entrepreneurs [J].International Journal of Entrepreneurial Behaviour&Research, 2002, 8 (1/2): 162-167.

[132] Ravi Mantena, Rajib L.Saha. Co-opetition between differentiated platforms in two-sided markets [J].Journal of Management Information Systems, 2012, 29 (2): 109-139.

[133] Raza-Ullah, T., Bengtsson, M., Kock S. The coopetition paradox and tension in coopetition at multiple levels [J]. Industrial Marketing Management, 2014, 43 (2).

[134] Ricarda, B., Bouncken, V. FredrichS.K. Configurations of firm-level value capture in coopetition [J]. Long Range Planning, 2019.

[135] Ritter, T.The Networking Company: Antecedents for Coping with Relationships and Networks Effectively [J].Industrial Marketing Management, 1999, 28 (5): 467-479.

[136] Rowley, T., Behrens, D., Krackhardt, D.Redundant governance structures: an analysis of structural and relational embeddedness in the steel and semiconductor industries [J]. Strategic Management Journal, 2000 21 (3): 369 - 386.

[137] Ruiz-Ortega, M.J., Garc í a-Villaverde, P.M., Parra-Requena, G.How structural embeddedness leads to pioneering orientation [J]. Technological Forecasting & Social Change.2018 (134): 186-198.

[138] Samuel, B.Microeconomics: Behavior, Institutions, and Evolution [M]. New Jersey, Princeton University Press, 2004.

[139] Sanou, F.H., Le Roy, F., Gnyawali, D.R.How does centrality in coopetition networks matter? An empirical investigation in the mobile telephone industry [J]. British Journal of Management.2016 (27): 143-160.

[140] Scott, J.Social Network Analysis: A Handbook (2000) [M]. 刘军译. 重庆：重庆大学出版社，2007.

[141] Shrivastava, P. and Kennelly, J.J.Sustainability and place-based enterprise [J]. Organization & Environment, 2013. 26 (1): 83-101.

[142] Smith, W.K., Lewis, M.W.Toward a theory of paradox: a dynamic equilibrium model of organizing [J]. Academy Management Review. 2011. 36 (2): 381 - 403.

[143] Steiner, A., Atterton, J.Exploring the contribution of rural enterprises to local resilience [J]. Journal of Rural Studies, 2015. 40: 30-45.

[144] Suarez-Villa, L.The E-economy and the Rise of Technocapitalism: Networks, Firms and Transportation [J]. Growth and Change, 2003, 34 (4): 390-414.

[145] Tang Z., Tang J.Entrepreneurial orientation and SME performance in China' s changing

environment：The moderating effects of strategies [J].Asia Pacific Journal of Management，2012.29（2）：409–431.

[146] Teller，C.，Alexander，A.，Floh，A.The impact of competition and cooperation on the performance of a retail agglomeration and its stores [J]. Industrial Marketing Management，2016，52.

[147] Thuy，H.N.T.，S，P.S.，Jones.J.T.，et al. Managing the Re–Entry process of returnee government scholars in an emerging transition economy – An embeddedness perspective[J]. Australian Journal of Public Administration，2018，77（2）：154–171.

[148] Tidström，A.Managing tensions in coopetition [J]. Industrial Marketing Management，2014，43（2）.

[149] Tidström，A.，Rajala，A.Coopetition strategy as interrelated praxis and practices on multiple levels [J]. Industrial Marketing Management.2016.58：35–44.

[150] Toth，Z.，Peters.L.D，Pressey，A.，et al. Tension in a value co–creation context：A network case study [J]. Industrial Marketing Management，2018.70（4）：34–45.

[151] Tsai W. Social structure of coopetition within a multiunit organization：coordination，competition and intraorganizational knowledge sharing [J]. Organization Science，2002，13（2）：179–190.

[152] Tsai，W.，Ghoshal，S.Social capital and value creation：the role of intrafirm networks [J]. Academy of Management Journal，1998.41（4）：464 – 476.

[153] Ulibarri，N.，Scott，T.A. Linking network structure to collaborative governance [J]. Journal of Public Administration Research and Theory，2016，27（1）：163–181.

[154] Uzzi，B.Social Structure and Competition in Interfirm Networks：The Paradox of Embeddedness [J]. Administrative Science Quarterly，1997，42（1）：35–67.

[155] Uzzi，B . The sources and consequences of embeddedness for the economic performance of organizations：the network effect [J]. American Sociological Review，1996，61（4）.674–698.

[156] Vasilchenko，E.，Morrish，S. The Role of Entrepreneurial Networks in the Exploration and Exploitation of Internationalization Opportunities by Information and Communication Technology Firms [J]. Journal of International Marketing. 2011，19（4）：88–105.

[157] Vlasov，M.，Bonnedahl，K.J.，Vincze，Z. Entrepreneurship for resilience：embeddedness in place and in trans–local grassroots networks [J]. Journal of Enterprising Communities：People and Places in the Global Economy.2018，12（3）：374–394.

[158] Wen，Q.，Qiang，M.S.，Coordination and knowledge sharing in construction project–based organization：a longitudinal structural equation model analysis [J].Automation in Construction，2016，72.

[159] Wright，M.，Liu，X.H.，Buck，T.，Fliatotchev，I，Returnee entrepreneurs，science

park location choice and performance: An Analysis of High-Technology SMEs in China [J]. Entrepreneurship Theory and Practice, 2008.32 (1): 131–155.

[160] Yami, S., Nemeh, A.Organizing coopetition for innovation: the case of wireless telecommunication sector in Europe. Industrial Marketing Management, 2014. 43 (2): 250–260.

[161] Yan, Y., Dong, J.Q. How Coopetition affects knowledge recombinant capabilities: toward a network perspective [J].Academy of Management Proceedings, 2018.

[162] Yoon, H., Kim, N., Buisson, B, Phillips, F.A cross-national study of knowledge, government intervention, and innovative nascent entrepreneurship [J].Journal of Business Research.2018 (84): 243 - 252.

[163] Zhao J., Wei J., Xi X. et al. Firms' heterogeneity, relationship embeddedness, and innovation development in competitive-alliances [J]. Industrial Marketing Management, 2020, 91: 114–128.

[164] Größler, A.An exploratory system dynamics model of strategic manufacturing capabilities [J]. Journal of Manufacturing Technology Management, 2010, 21 (6), 651–669.

[165] Sterman J.D. 朱岩，钟永光译. 商务动态分析方法基于复杂世界的系统思考与建模 [M]. 北京：清华大学出版社 2008.

[166] 蔡宁，吴结兵，殷鸣. 产业集群复杂网络的结构与功能分析 [J]. 经济地理，2006 (03)：378–382.

[167] 岑咏华，陶琳玲，马丹丹，王晓书. 社会网络中的行为扩散综述：理论、影响因素与双层研究框架 [J]. 情报理论与实践，2016，39 (08)：133–138.

[168] 陈代还，段异兵，潘紫燕. 二元关系网络对海归科学家产出的影响：以中国“青年千人计划”为例 [J]. 中国科技论坛，2015 (09)：143–147.

[169] 陈菲琼，任森. 创新资源集聚的主导因素研究：以浙江为例 [J]. 科研管理，2011，32 (01)：89–96.

[170] 陈和平，龚孩谚. 社会网络理论应用于公司治理研究的文献述评 [J]. 财会月刊，2017 (33)：67–72.

[171] 陈建军，黄洁. 集聚视角下中国的产业、城市和区域——国内空间经济学最新进展综述 [J]. 浙江大学学报（人文社会科学版），2008 (04)：12–21.

[172] 陈敏灵，王雪，王孝孝，周彬. 创业者的社会资本、创业经验对企业融资及 IPO 的影响研究 [J]. 西安石油大学学报（社会科学版），2019，28 (06)：11–20+47.

[173] 陈乃琦. 投身农业创业的海归女高管 [J]. 国际人才交流，2016 (06)：27–29.

[174] 陈怡安. 国际智力回流：文献评述与展望 [J]. 科技进步与对策，2014，31 (23)：183–188.

[175] 陈卓琼. 海归创业从“纸上谈兵”到更接地气 [N]. 中国青年报.2018.10.9，第 12 版。

[176] 程刚，董新春. 海归创业怎样找准支点 [J]. 人民论坛，2018 (16)：128–129.

[177] 池仁勇. 中小企业创新网络的理论与实践[M]. 北京：科学出版社，2009.
[178] 丛嘉、沈琳琳、胡启元. 海归如何营造朋友圈？[N] 人民日报海外版.2016.1.28，第7版.
[179] 崔清新、崔静、胡浩. 百川奔流终归海 同心筑梦正当时：党的十八大以来我国形成最大规模留学人才“归国潮”[N]. 人民日报.2017，2.23，第4版。
[180] 戴琳，包先建. 竞争与合作均衡：企业网络联盟中竞合关系协调的关键[J]. 价值工程，2011，30(17)：111–112.
[181] 戴云，陈玉兰. 基于二元网络的海归创业演进过程研究[J]. 企业经济，2017，36(01)：58–63.
[182] 邓建高，张敏，朱兰亭，王敏，张杰. 社会治理协同创新系统社会网络分析[J]. 中国科技论坛，2016(04)：18–24.
[183] 方问禹. 浙江：数字经济“一号工程”激发“澎湃动力”. 新华网.[EB/OL].http://www.xinhuanet.com/2019-07/29/c_1124812877.htm，2019-07-29.
[184] 方兴东. 浙江网络经济崛起历程考察和未来启示[J]. 互联网天地，2017(05)：26–29.
[185] 冯嘉雪. 海归创业贵在本土化[J]. 中国新时代，2011(8)：70–73.
[186] 傅白水. 网络新经济：浙江经济转型动力[J]. 浙江经济，2008(06)：26–27.
[187] 高伟，柳卸林. 嵌入全球产业链对中国新兴产业突破性创新的影响研究[J]. 科学学与科学技术管理，2013，34(11)：31–42.
[188] 葛宏翔. 社会资本对创业绩效的作用研究——基于资源整合的中介效应分析[J]. 技术经济与管理研究，2019(12)：41–45.
[189] 耿超. 创业网络治理机制对新企业绩效的影响作用研究[D]. 天津财经大学.2012.
[190] 韩靖.“海归”创业呈现新特点[N]. 人民日报海外版.2017.12.30，第10版。
[191] 韩炜，杨俊，张玉利. 创业网络混合治理机制选择的案例研究[J]. 管理世界，2014，000(002)：118–136.
[192] 韩兆柱，李亚鹏. 网络化治理理论研究综述[J]. 上海行政学院学报，2016，17(04)：103–111.
[193] 何会涛，袁勇志. 海外人才跨国创业研究现状探析与未来展望——基于双重网络嵌入视角[J]. 外国经济与管理，2012，34(06)：1–8.
[194] 何天骄. 新一轮海归创业潮：转型与跨境[J]. 中国中小企业，2016(6)：52–55.
[195] 后锐，杨建梅，姚灿中. 物流产业竞争关系复杂网络模型研究[J]. 管理学报，2010，7(03)：406–411.
[196] 胡洪浩. 海归创业研究前沿与展望[J]. 科技进步与对策，2014，31(17)：151–155.
[197] 胡锐，朱蓉. 海归”创业有精彩，也有痛楚[J]. 三湘都市报.2016.3.9，第E5版.
[198] 胡雯 刘笑. 海外人才创新创业治理模式选择——基于上海和武汉的双案例比较研究

[J]. 科学学研究，2019，37（3）：526-534.
[199] 化祥雨. 从块状经济迈向全球网络经济 [J]. 浙江经济，2019（15）：63.
[200] 吉敏. 技术创新、网络演化与产业集群升级 [M]. 北京：科学出版社，2013.
[201] 纪志耿. 资源与亲情双重张力下农民工返乡创业的“四川模式”及其挑战 [J]. 中央财经大学学报，2012（06）：54-59.
[202] 蒋春燕，赵曙明. 公司企业家精神制度环境的地区差异：15 个国家高新技术产业开发区企业的实证研究 [J]. 经济科学，2010（6）：101-114.
[203] 焦扬，杨增雄. 竞合战略理论文献综述 [J]. 商品与质量，2012（S1）：30.
[204] 金梁. 回归桑梓 兴业强浙 [N]. 浙江日报，2017-03-06（006）.
[205] 康淑娟，安立仁. 网络嵌入、创新能力与知识权力——基于全球价值链的视角 [J/OL]. 科学学与科学技术管理：1-12 [2019-12-25].http：//kns.cnki.net/kcms/detail/12.1117.G3.20191106.1656.011.html.
[206] 兰建平，苗文斌. 嵌入性理论研究综述 [J]. 技术经济，2009，28（01）：104-108.
[207] 黎耀奇，谢礼珊. 社会网络分析在组织管理研究中的应用与展望 [J]. 管理学报，2013，10（01）：146-154.
[208] 李东红，乌日汗，陈东. “竞合”如何影响创新绩效：中国制造业企业选择本土竞合与境外竞合的追踪研究 [J]. 管理世界，2020，36（02）：161-181-225.
[209] 李鹏飞. 基于嵌入悖论的创业网络结构研究 [D]. 大连理工大学.2019.
[210] 李平，蒲晓敏，田善武. 嵌入式创新范式研究 [J]. 管理评论，2019，31（07）：3-12.
[211] 李乾文，蔡慧慧. 海归创业研究现状与未来研究方向探析 [J]. 南京审计大学学报，2016，13（05）：30-36.
[212] 李维安，林润辉，范建红. 网络治理研究前沿与述评 [J]. 南开管理评论.2014.17（5）：42-53 .
[213] 李兴光，王玉荣，杨博旭，高菲. 多重网络嵌入对创业意向的影响——基于自我效能感的中介作用 [J]. 技术经济，2019，38（08）：78-85.
[214] 李颖，赵文红，薛朝阳. 创业导向、社会网络与知识资源获取的关系研究：基于信号理论视角 [J]. 科学学与科学技术管理.2018（2）：130-141.
[215] 梁萍平. 嵌入性和海归创业绩效的研究 [D]. 浙江工业大学.2012.
[216] 林竞君. 网络、嵌入性与产业集群：一个国外研究综述 [J]. 世界经济情况，2005（10）：31-33+5.
[217] 凌波. 创投引导基金的“终极使命”：助力先进产业发展 [N]. 宁波日报.2020.1.16，第 A11 版。
[218] 刘芳宇. 听海归说科研创业难在哪？ [N]. 南方日报.2016.3.21，第 SC01 版。
[219] 刘衡，李垣. 竞合理论研究前沿探析 [J]. 外国经济与管理.2009.31（9）：1-8.
[220] 刘衡，王龙伟，李垣. 竞合理论研究前沿探析 [J]. 外国经济与管理，2009，31

（09）：1–8+52.
［221］刘军. 整体网分析讲义：UCINET 软件实用指南［M］. 上海：格致出版社，2009.
［222］刘亭，阎逸. 腾笼换鸟，凤凰涅槃［N］. 浙江日报，2017–09–18（00005 版）.
［223］刘馨蔚. 中国迎来最大海归潮 蓬勃热土希冀人才适应本土化［J］. 中国对外贸易，2019（11）：59–61.
［224］刘蕴. 社会网络关系嵌入过度与企业资源获取：双中介模型［J］. 企业经济，2018（04）：38–43.
［225］陆洛. 主管领导行为与员工工作表现之关联——初探华人双文化自我的运作［J］. 心理学进展，2011，01（02）：51–61.
［226］陆一，薛澜，林耀等. 海归企业发展的机遇与挑战［J］. 中国质量技术监督，2016（08）：76–77.
［227］栾开. 网络化治理公共管理现代化发展的新趋势［J］. 管理观察，2019（24）：85–86.
［228］罗家德. 关系与圈子——中国人工作场域中的圈子现象［J］. 管理学报，2012，9（02）：165–171+178.
［229］罗剑锋. 企业竞合理论研究综述［J］. 财务与金融，2012（02）：66–70.
［230］马金城，王磊. 系族控制人掏空与支持上市公司的博弈：基于复星系的案例研究［J］. 管理世界，2009（12）：150–163.
［231］毛剑峰. 一位浙商的自述“回归”这条路，走对了［J］. 今日浙江，2015（21）：99.
［232］梅亮，黄海霞，陈劲，任宗强. 创新生态系统研究评述——基于主干与分支属性的知识结构分析［J］. 创新与创业管理，2017（01）：1–14.
［233］孟华，朱其忠. 基于不同理论视角的企业边界研究综述［J］. 经济论坛，2019（09）：128–139.
［234］苗丹国，陈可淼，杨晓京. 出国留学，培养有家国情怀国际视野的建设人才［N］. 中国教育报.2019.9.27，第 5 版。
［235］彭贝贝，彭华涛，黄钟晨. 创业的价值开发行为及治理研究述评［J］. 社会科学动态，2019，29（05）：114–121.
［236］彭伟. 基于双重网络嵌入的海归创业企业成长机制研究［M］. 北京：经济科学出版社，2017.
［237］乔亦婷. 从亲缘、地缘、业缘角度论古今商帮［J］. 安阳师范学院学报，2018（4）：64–67.
［238］秦兴俊，张俊瑞，孟祥展，王良辉. 社会网络与公司内部治理：释义、路径与效果［J］. 河北经贸大学学报，2017，38（04）：83–91.
［239］屈群苹. 嵌入式治理：城市基层社会治理压力的组织化解逻辑：基于浙江省 H 市 S 社区的理性审视［J］. 浙江学刊，2019（06）：51–57.
［240］任宗强. 基于创新网络协同提升企业创新能力的机制与规律研究［D］. 浙江大学.

[241] 尚春香. 浙江经济：突破瓶颈天地宽 [D]. 中国市场，2006 (4)：59-60.

[242] 石帮. 中国古代十大商帮 [J]. 协商论坛，2007 (08)：57-58.

[243] 宋之杰，孙其龙. 创新成功时间不确定条件下企业研发竞合模式分析 [J]. 科学学与科学技术管理，2012，33 (07)：118-125.

[244] 孙冰，沈瑞，徐顽强，等. 行业竞争强度对创新扩散效率的影响——知识吸收能力的中介作用 [J]. 科技进步与对策，2017.34 (1)：

[245] 孙伟，赵 盎. 基于产业集群的社会网络理论研究综述 [J]. 工业技术经济，2006 (09)：55-57.

[246] 唐东波. 市场规模、交易成本与垂直专业化分工：来自中国工业行业的证据 [J]. 金融研究，2013 (05)：185-197.

[247] 汪潮涌. 海归创业不成功主要原因是“不接地气” [N]. 科技日报，2016-05-26 (008).

[248] 汪琦. 第四届世界浙商大会昨天开幕 48 个总投资 1548 亿元大项目现场签约 [N]. 每日商报，2017-11-30 (4B).

[249] 王德建. 网络治理的生成机制研究 [D]. 山东大学，2006.

[250] 王宁，邵京等. 嵌入性视野下的旅游经济 [J]. 旅游学，2012，27 (11)：14-17.

[251] 王鹏. 责任嵌入：党组织参与非公企业发展的路径选择 [J]. 人民论坛，2019 (30)：96-97.

[252] 王爽. 中国商帮的前世今生 [N]. 中国社会科学报，2013-04-15 (A06).

[253] 王松，盛亚. 不确定环境下集群创新网络合作度、开放度与集群增长绩效研究 [J]. 科研管理，2013，34 (02)：52-61.

[254] 王晔，张铭洪. 网络经济学（第三版）[M]. 北京：高等教育出版社.2019.

[255] 王印传，崔欣. 企业省际转移的“双重嵌入”初探：以北京企业邻近转移嵌入河北为例 [J]. 城市，2019 (07)：46-51.

[256] 王颖. 规模、利润与企业边界：经济学均衡范式下的企业成长理论 [J]. 当代财经，2018 (05)：15-24.

[257] 吴碧林，眭鸿明. 行业协会的功能及其法治价值 [J]. 江海学刊，2007.6：196-200.

[258] 吴家曦，陈建忠，陈利华. 加快向现代产业集群转型升级 [J]. 浙江经济，2011 (20)：36-39.

[259] 吴美花，葛慧超. 浙商控制上百家上市公司：资本版图彰显全球布局 [N]. 浙江日报，2017-03-27 (00007 版).

[260] 吴锐侠. 产业集群嵌入性和根植性研究综述 [J]. 商.2015 (45)：273.

[261] 吴松强，何春泉，夏管军. 江苏先进制造业集群：关系嵌入性、动态能力与企业创新绩效 [J/OL]. 华东经济管理：1-7 [2019-12-25].https：//doi.org/10.19629/j.cnki.34-1014/f.190906012.

[262] 吴晓波，许冠南，杜健. 网络嵌入性：组织学习与创新 [M]. 北京：科技出版

社.2011.
[263] 吴中书，李云帆.浙商回归：浙江经济的救赎迷局 [J].凤凰周刊，2013 (34)：162-169.
[264] 谢洪明，陈盈，程聪.网络强度和企业管理创新：社会资本的影响 [J].科研管理，2012，33 (09)：32-39.
[265] 徐雷，唐晓华."双能力"视角下企业竞争力与市场规模的互动机理 [J].技术经济，2012，31 (05)：122-128.
[266] 徐长生，王晶晶，汪海.竞争程度、市场规模与创新——一个基于联立方程模型的中国经验研究 [J].华中科技大学学报（社会科学版），2008 (04)：59-64.
[267] 许晖，单宇.新兴经济体跨国企业子公司网络嵌入演化机理研究 [J].管理学报，2018，15 (11)：16-25.
[268] 许自然.大数据扫描77位创业板海归董事长：多数创于十年前，制造业超六成，留美35人 [N].每日经济新闻.2017-09-07，A3版.https：//m.nbd.com.cn/articles/2017-09-07/1145722.html。
[269] 闫俊，葛宝山，董保宝.高科技新创企业关系嵌入与结构嵌入的交互对绩效的影响——双元创新的中介效用研究 [J].南方经济，2018 (10)：27-48.
[270] 闫莹.基于合作竞争的网络组织演化研究 [D].天津大学，2010.
[271] 阎海峰.海归创业的短板在哪里？ [N].文汇报，2015-07-31 (007).
[272] 杨虎涛，姜景军.区位差异、企业能力与企业边界——对威廉姆森模型的拓展 [J].学习与实践，2018 (02)：58-67.
[273] 杨玲丽."嵌入性"约束下的产业转移制度安排—江苏省南北挂钩共建产业园区的经验借鉴 [J].科技进步与对策，2015 (5)：48-53.
[274] 杨永明.浙江"网络集群"经济发展模式构建 [J].商业经济，2011 (04)：58-60.
[275] 杨震宁，李东红，范黎波.身陷"盘丝洞"：社会网络关系嵌入过度影响了创业过程吗？ [J].管理世界，2013.(12)：101-116.
[276] 姚珏.复星.浙商创新回归的样本 [N].浙江日报，2015-10-19 (11).
[277] 姚铮，顾慧莹.创始人社会资本结构特征对科技型创业企业风险投资可得性的影响 [J].浙江大学学报（人文社会科学版），2019，49 (01)：195-213.
[278] 余华.浙商回归：历史回顾与未来发展 [J].浙江经济，2018 (22)：44-45.
[279] 袁建伟.香港跨界华人企业家的网络构建与制度性信任 [J].湖北民族学院学报（哲学社会科学版），2014，32 (001)：44-51.
[280] 张传校.浙江：侨资企业转型布局战略性新兴产业 [J].中国战略新兴产业，2018 (09)：17.
[281] 张海鹏，张海瀛.中国十大商帮 [J].党政论坛（干部文摘），2011 (06)：36-37.
[282] 王世权，王丹.公司创业网络本质解构与作用机理和治理要义探析——基于利益相关者视角 [J].外国经济与管理，2011，33 (006)：9-17.

［283］张怀英．创业企业竞合关系分析：概念模型与现实检视［J］．贵州社会科学，2018（05）：120–127.

［284］张利斌，张鹏程，王豪．关系嵌入、结构嵌入与知识整合效能：人—环境匹配视角的分析框架［J］．科学学与科学技术管理，2012，33（05）：78–83.

［285］张铭洪．网络经济学［M］．高等教育出版社，2007.

［286］张鹏，黄攀．比较优势动态演化下的战略性新兴产业区域嵌入研究［M］．广东：华南理工大学出版社，2016.

［287］张全智．确保消费维权进校园活动出实效［J］．工商行政管理，2009（15）：61.

［288］张枢盛，陈继祥．中国海归企业基于二元网络的组织学习与技术创新——一个跨案例研究［J］．科学学与科学技术管理，2014（01）：117–125.

［289］张淑谦，徐顺治，李登科．社会网络理论及其研究述评［J］．智库时代，2019（37）：264+268.

［290］张夏．海归就应该各有各的精彩［N］．人民日报海外版.2015.9.10，第7版.

［291］张晓棠，荆心．企业创新中的网络嵌入性悖论解析［J］．价值工程，2012，31（21）：13–15.

［292］张喆，贾明，马晓婷．企业间竞合关系研究综述及其前景展望［EB/OL］．北京：中国科技论文在线［2013–01–10］.http：//www.paper.edu.cn/releasepaper/content/ 201301–483.

［293］赵文，李文霞，孙国强．二元社会网络与海归企业创新绩效——基于模糊集的定性比较分析［J］．华东经济管理，2017，31（06）：113–118.

［294］浙江工商：数措并举优化网络环境做强网络经济［J］．工商行政管理，2009（15）：57.

［295］郑胜华，丁元杰．创新网络五维度分析及展望［J］．浙江工业大学学报（社科版）：2014.13（4）：394–399.

［296］郑玮，沈睿，林道谧等．海归创业者本土适应对企业绩效的影响机制研究［J］．管理学季刊，2016（Z1）：92–109.

［297］周建国，童星．社会转型与人际关系结构的变化：由情感型人际关系结构向理性型人际关系结构的转变［J］.．江南大学学报：人文社会科学版.2002.5（1）：49–52.

［298］周劲波，陈丽超．我国创业政策类型及作用机制研究［J］．经济体制改革.2011（1）：41–44.

［299］周志强，龙勇．竞合关系的研究评述［J］．科技管理研究，2010.30（07）：204–207.

［300］朱华友，何钰凝，李涵．浙商回归的动力机制及对地区转型发展的影响：企业再地方化视角［J］．浙江师范大学学报（社会科学版），2017，42（05）：1–8–129.

［301］庄晋财，芮正云，曾纪芬．双重网络嵌入、创业资源获取对农民工创业能力的影响［J］，中国农村观察，2014（3）29–41.

［302］邹雅婷．为海归创业者提供出彩舞台［N］．人民日报海外版.2016.7.12 第9版.

［303］张环宙．亲缘关系嵌入视角下乡村旅游微型企业的生成与成长实证研究［D］.2019.

附录一

留学生归国创业访谈问卷

尊敬的________，您好！

我们这次主要是对留学生归国创业的有关情况做一下了解，请您结合自身经历对归国后开展创业情况做一下介绍。

1. 您什么时候去哪个国家留学？在国外留学所学专业、年限以及当时的背景情况能做一下简要介绍吗？

2. 您回国前在海外有无工作经历呢？什么时候决定回归故乡开展投资或商业活动的，这次回国创业的动机或者原因能做一下介绍吗？

3. 您回到此地创业，主要考虑到哪些因素呢？从社会关系、产业技术链以及当地制度环境方面介绍一下，其中您最看重哪块资源呢？

4. 你归国后是否直接创业？还是工作过一段时间？如果有工作，请问从事什么业务呢？

5. 您目前创业项目和您的学习专业有关联，还是和您的工作职业有关联？

6. 您在本地主要竞争者有哪些？存在竞争原因可简要介绍一下吗？主要合作者有哪些？合作主要内容是什么？

5. 您遇到的最大困难或者问题是什么？通过什么途径去解决呢？比如，是中间人，还是协会，还是政府部门出面帮助解决呢？

6. 贵单位回归到本地，您评价自身在产品或者服务上面，有什么独特的优势呢？与本地其他相关企业竞争严重吗？

7. 贵单位回归到本地后，主要看重本地在哪些方面的优势呢？能对企业以后发展有哪些方面的好处或帮助呢？

8. 贵单位的生产运营方面与本地有哪些联系，主要包括：市场占比多少，产品的原材料本地采购占多少？员工管理层的本地人占多少？

9. 您经常参加本地的行业协会和商会年会吗？如果经营中遇到问题，您会考虑咨询专业机构吗？比如，律师事务所、会计师事务所或者咨询公司等机构。

10. 您怎么处理与地方村民、社区居民等关系？是否参与这些公共事务或慈善活动呢？这些活动对企业和个人有什么影响呢？

11. 您回归到家乡后，主要参加哪些社交方面活动？是否经常参加一些同学聚会，亲戚聚会和私人聚会呢？参加这些活动有谈企业经营方面的事情吗？是否有生意上的事情是通过这个渠道找到解决方法的？

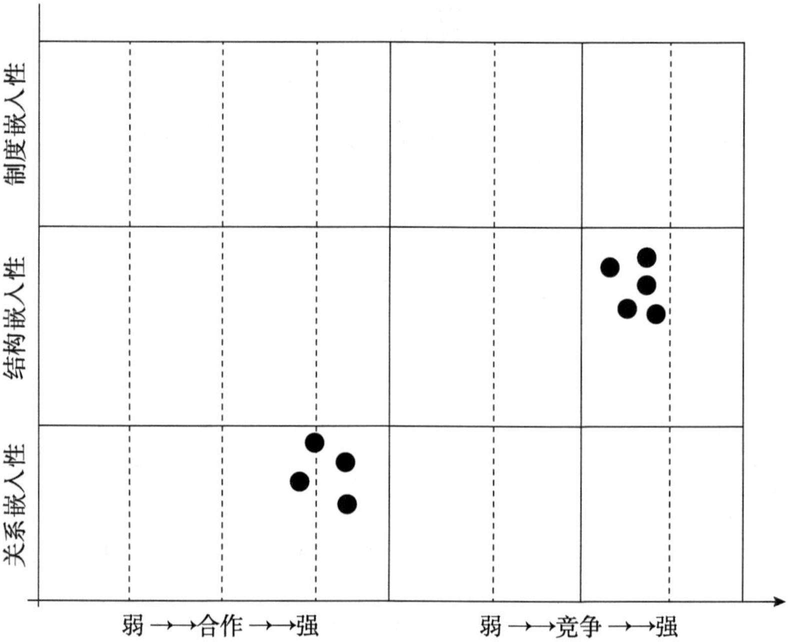

图 1　访谈记录画布（举例）

留学生归国创业调查问卷

您好：非常感谢您抽出宝贵时间参与我们的调查！您所提供回答和信息将严格保密，不会被泄露，相关数据的分析及结果仅供本课题研究所用。如果对此次调查您有任何疑问，请联系 ******** ，或发送邮件至 ****@gmail.com。谢谢！如果您对本研究结论感兴趣，届时我们会将研究结论及时发您，请留下您的邮箱________________，谢谢！

一、创业基本情况

出国留学时间：____________；留学国家：_________；留学专业：__________。

留学归国时间：____________；创业时间：_________；创业领域：__________。

公司名称：________________；公司注册资本_________万元；

主要产品与服务：__________；员工数量_________。

二、问卷填写方式

请您在 1—7 的数字中，根据贵公司近三年的实际情况与下列陈述的符合程度，在您最认同的数字上面打钩，数字大小代表着您的同意程度："1"—完全不同意；"2"—不同意；"3"—有点不同意；"4"一般；"5"—有点同意；"6"—同意；"7"—完全同意。

三、问卷填写

我们在回归创业时候，考虑的情感因素	完全不同意← ⟷ →完全同意						
1. 对当地的感情深厚、热爱这个地方	1	2	3	4	5	6	7
2. 在当地有较多的人际交往关系	1	2	3	4	5	6	7
3. 与本地的其他成员关系融洽和谐	1	2	3	4	5	6	7
4. 与当地的政府 / 社区的互相信任度高	1	2	3	4	5	6	7
5. 与当地其他成员相互帮助、共享信息	1	2	3	4	5	6	7
我们在回归创业时候，考虑的产业因素	完全不同意← ⟷ →完全同意						
1. 我们企业或产品在当地有很高影响力	1	2	3	4	5	6	7
2. 我们产品 / 服务与当地产业关联密切	1	2	3	4	5	6	7
3. 我们产品 / 服务在当地具有独特性	1	2	3	4	5	6	7
4. 我们产品 / 服务符合当地政策规划	1	2	3	4	5	6	7
5. 当地资源产业基础能促进我们发展	1	2	3	4	5	6	7
我们在此地创业与考察的其他地方相比	完全不同意← ⟷ →完全同意						
1. 当地政府支持海归创业财政力度较大	1	2	3	4	5	6	7
2. 当地政府对本创业项目非常重视	1	2	3	4	5	6	7
3. 当地政府对海归留学人员非常关心	1	2	3	4	5	6	7

4. 当地政府办事效率简洁而高效	1	2	3	4	5	6	7
5. 当地创业园区的基础设施较为完善	1	2	3	4	5	6	7
我们企业与本地企业的竞争合作关系	完全不同意← ⟷ →完全同意						
1. 与本地上下游企业有较多的业务合作	1	2	3	4	5	6	7
2. 与本地企业机构相互学习交流经验	1	2	3	4	5	6	7
3. 与本地企业共同维护本地市场形象	1	2	3	4	5	6	7
4. 与本地企业共同应对市场动荡变化	1	2	3	4	5	6	7
5. 与本地企业产品 / 服务同质化程度高	1	2	3	4	5	6	7
6. 不断加强投入提高产品 / 服务竞争力	1	2	3	4	5	6	7
7. 合作交流中保护自己核心技术 / 秘密	1	2	3	4	5	6	7
8. 优先选择与本地之外企业合作研发	1	2	3	4	5	6	7
与同类企业相比，近三年来企业的进步	完全不同意← ⟷ →完全同意						
1. 销售收入不断上升	1	2	3	4	5	6	7
2. 资产回报率不断提升	1	2	3	4	5	6	7
3. 主要产品市场份额不断扩大	1	2	3	4	5	6	7
4. 运营效率不断提升	1	2	3	4	5	6	7
在我们与企业关系协调中	完全不同意← ⟷ →完全同意						
1. 借助乡贤、前辈等本地名望人士协调	1	2	3	4	5	6	7
2. 借助同乡、同学或熟人扩大交际圈	1	2	3	4	5	6	7
3. 参加公益与慈善活动提高声誉	1	2	3	4	5	6	7
4. 通过私人关系认识和结交利益相关者	1	2	3	4	5	6	7
5. 遵从本地协会、商会等机构协议规定	1	2	3	4	5	6	7
6. 听取律所、专利、中介等机构的建议	1	2	3	4	5	6	7
7. 履行社区村委等组织的社会环保义务	1	2	3	4	5	6	7
8. 通过协会、商会等机构协调企业关系	1	2	3	4	5	6	7

再次感谢您的配合与问卷作答，谢谢！

****** 学院

年　月　日

附录二

1. 问卷量表信度检验

题项	项已删除的刻度均值	项已删除的刻度方差?	校正的项总计相关性	多相关性的平方	项已删除的Cronbach's Alpha	Cronbach's Alpha	AVE
A1	21.85	22.103	.773	.616	.931	.935	.722
A2	21.71	22.004	.845	.745	.916		
A3	21.97	22.492	.858	.766	.914		
A4	21.97	23.134	.834	.728	.919		
A5	21.99	22.390	.828	.710	.919		
B1	22.44	15.926	.791	.650	.859	.893	.531
B2	22.91	15.806	.706	.515	.878		
B3	23.04	15.557	.731	.540	.872		
B4	23.02	16.284	.716	.522	.875		
B5	22.65	16.366	.757	.603	.866		
C1	20.01	30.445	.736	.559	.834	.871	.643
C2	19.67	31.608	.681	.499	.847		
C3	19.96	30.145	.698	.509	.844		
C4	19.68	30.080	.747	.567	.831		
C5	19.17	33.777	.624	.406	.861		
D1	18.63	6.277	.731	.547	.882	.897	.687
D2	18.28	6.407	.829	.690	.848		
D3	18.37	6.548	.765	.605	.869		
D4	18.64	5.940	.771	.601	.868		
E11	16.55	15.431	.816	.668	.947	.948	.805
E12	16.24	14.623	.886	.830	.926		
E13	16.15	14.614	.921	.870	.916		
E14	16.24	15.021	.868	.763	.932		

续表

题项	项已删除的刻度均值	项已删除的刻度方差?	校正的项总计相关性	多相关性的平方	项已删除的 Cronbach's Alpha	Cronbach's Alpha	AVE
F1	16.25	10.555	.698	.512	.870		
F2	16.45	9.570	.776	.603	.840	.884	.565
F3	16.64	9.151	.729	.558	.861		
F4	16.25	9.347	.797	.635	.831		
X1	6.95	15.107	.813	.670	.874		
X2	6.99	15.668	.787	.620	.884	.909	.754
X3	7.11	15.265	.821	.680	.872		
X4	6.95	15.774	.752	.566	.896		
H1	7.05	13.753	.920	.849	.951	.965	
H2	7.04	14.411	.908	.828	.954		.856
H3	7.09	14.664	.926	.858	.950		
H4	7.04	14.072	.898	.807	.958		

表 2　旋转成分矩阵

因子	题项	成分							
		1	2	3	4	5	6	7	8
关系嵌入性	A1	.808	−.128	.094	.124	.095	.127	.038	.088
	A2	.862	−.223	.056	.045	.050	.140	.029	.034
	A3	.864	−.193	.138	.079	.064	.092	.074	.042
	A4	.837	−.196	.215	.111	.056	.100	.078	.001
	A5	.859	−.075	.178	.024	.028	.129	.131	.062
结构嵌入性	B1	.086	−.073	.866	.087	−.021	.053	.076	.092
	B2	.081	−.032	.763	.102	.126	.145	.142	.114
	B3	.103	.002	.801	.154	.068	.105	−.034	.135
	B4	.202	−.030	.758	.029	.065	.138	.176	.130
	B5	.178	−.012	.810	.150	.023	.114	.008	.113
制度嵌入性	C1	.028	−.014	−.037	.017	.847	−.003	.037	−.036
	C2	.035	−.026	.050	−.024	.793	.059	−.012	.079
	C3	.006	−.078	.030	−.010	.810	.050	.014	.085
	C4	.026	.021	.121	−.014	.835	.089	.024	.057
	C5	.158	.067	.064	.160	.738	.073	.064	−.025
合作强度	D1	.141	−.014	.211	.123	.063	.789	.148	.070
	D2	.115	−.009	.054	.059	.084	.903	.076	.083
	D3	.133	.003	.148	−.017	.020	.855	.144	.015
	D4	.162	.039	.132	.202	.141	.813	.070	.128
竞争强度	J1	.121	.026	.152	.837	.050	.076	.179	.142
	J2	.059	−.008	.132	.904	.030	.070	.177	.108
	J3	.083	.032	.135	.919	.025	.091	.188	.061
	J4	.092	−.055	.100	.889	.017	.107	.184	.023

续表

因子	题项	成分							
		1	2	3	4	5	6	7	8
创业绩效	F1	.134	−.052	.112	.220	.021	.198	**.756**	.063
	F2	.150	−.033	.099	.207	.135	.081	**.817**	.073
	F3	.080	−.027	.109	.200	−.013	.180	**.823**	.064
	F4	−.024	−.093	.019	.097	.000	.003	**.749**	.167
非正式社会治理	X1	.279	.048	.138	.110	−.057	.136	.174	**.617**
	X2	−.034	−.073	.151	.130	.068	.046	.018	**.776**
	X3	.091	.012	.143	.013	.000	.058	.145	**.826**
	X4	−.038	−.098	.096	.054	.128	.047	.057	**.744**
正式社会治理	H1	−.219	**.925**	−.062	−.013	−.011	−.020	−.060	−.048
	H2	−.165	**.932**	−.030	−.006	−.024	.029	−.043	−.007
	H3	−.188	**.936**	−.034	.010	.003	.016	−.089	−.017
	H4	−.149	**.927**	−.010	.004	−.005	−.010	−.019	−.072

变量描述性统计与相关系数（n=275）

变量	均值	标准差	行业	创业时间	规模	A 均值	B 均值	C 均值	D 均值	E1 均值	绩效均	X 均	H 均	VIF
行业编码	.76	.430	1											——
创业时间	2.847	.6741	-.017	1										——
Ln（人员）	6.25	1.509	-.050	-.085	1									——
A 均值	5.45	1.202	-.071	-.059	.034	1								1.229
B 均值	5.71	1.052	.026	-.012	.034	.335**	1							1.285
C 均值	4.94	1.388	-.038	-.020	.039	.181**	.170**	1						1.080
D 均值	6.16	.839	-.013	.076	-.035	.338**	.302**	.218**	1					1.275
E1 均值	5.47	1.291	.036	.049	.115*	.215**	.288**	.104*	.281**	1				1.179
绩效均	5.47	1.051	-.126*	-.050	.063	.501**	.334**	.195**	.345**	.378**	1			——
X 均	5.31	1.030	-.070	.003	.033	-.045	-.065	.099	-.154*	-.004	.015	1		1.155
H 均	5.61	.853	-.093	.187**	-.011	-.311**	.297**	.213**	-.045	.256**	.295**	-.094	1	1.031

*. 在 0.05 水平（单侧）上显著相关。**. 在 .01 水平（单侧）上显著相关。N=275

后 记

创业是高层次留学归国人才顺应当前经济发展趋势、实现自我价值和社会价值的一种最具时代特色的方式。近年来，大量海归创业弄潮儿勇向涛头立，对中国的创新创业做出了巨大贡献，并在很多领域独立风骚。对海归创业的研究，国内外一批学者从不同理论视角与学科领域进行了大量研究，本研究基于社会网络的嵌入性与网络治理的视角，分析海归创业的竞合过程机理，涉及知识面广、调研范围大且案例众多，我们在处理素材并抽象理论模型、概念化（诸如嵌入性、竞合张力等）变量时都面临很大挑战，难免存在不足之处，很多困惑也期待与同行们进行深入探讨。

本研究成果来自任宗强主持的 2015 年国家教育部人文社会科学研究青年基金项目“海归创业的竞合关系及其网络治理对创新绩效的影响：基于嵌入性视角研究”（No.15YJC630104），并获得了浙江省哲学社会科学重点研究基地（温州大学）温州人经济研究中心的资助。在此，本人表示衷心感谢！

在课题研究过程中，我们调研了一批海归创业企业与政府部门，例如，温州中津先进科技研究院的王振宇博士、温州市委政研室的倪考梦等以及部分浙江大学校友的大力支持；写作过程中，我们也参考了大量的全球化智库(CCG) 与智联招聘发布的海归创业研究报告以及对海归创业有着深入研究的王辉耀先生的一些研究成果，向他们表示衷心感谢！本书出版过程中，得到了经济日报出版社的肖小琴、陈礼滟二位老师大力支持，向她们辛勤付出致以诚挚谢意！我的研究生虞曦凯和黄奥两位同学参与了大量材料搜集整理，并认真负责后期排版与校对工作，也一并向他们表示感谢！

任宗强

2020 年 12 月 25 日

图书在版编目（CIP）数据

海归创业：嵌入性视角的竞合关系 / 任宗强著. --
北京：经济日报出版社，2020. 12
ISBN 978 - 7 - 5196 - 0754 - 8

Ⅰ. ①海… Ⅱ. ①任… Ⅲ. ①创业 - 研究 - 中国
Ⅳ. ①F249. 214

中国版本图书馆 CIP 数据核字（2020）第 256098 号

海归创业：嵌入性视角的竞合关系

作　　者	任宗强
责任编辑	梁沂滨
责任校对	刘　颖
出版发行	经济日报出版社
地　　址	北京市西城区白纸坊东街 2 号 A 座综合楼 710（邮政编码：100054）
电　　话	010 - 63567684（总编室）
	010 - 63584556（财经编辑部）
	010 - 63567687（企业与企业家史编辑部）
	010 - 63567683（经济与管理学术编辑部）
	010 - 63538621　63567692（发行部）
网　　址	www. edpbook. com. cn
E - mail	edpbook@ 126. com
经　　销	全国新华书店
印　　刷	北京建宏印刷有限公司
开　　本	710 × 1000 毫米　1/16
印　　张	16. 75
字　　数	265 千字
版　　次	2021 年 4 月第 1 版
印　　次	2021 年 4 月第 1 次印刷
书　　号	ISBN 978 - 7 - 5196 - 0754 - 8
定　　价	49. 00 元